法治建设与法学理论研究部级科研项目成果
山东省社科普及与应用重点项目成果
上海政法学院上海市高原学科法学环境资源法建设项目

正外部性视野下的
环境法律激励问题研究

张百灵 / 著

The Incentive System of Environmental Law
from the Perspective of Positive
Externality Theory

知识产权出版社
全国百佳图书出版单位

图书在版编目（CIP）数据

正外部性视野下的环境法律激励问题研究／张百灵著 . —北京：知识产权出版社，2017.9

ISBN 978 - 7 - 5130 - 5140 - 8

Ⅰ . ①正⋯ Ⅱ . ①张⋯ Ⅲ . ①环境法学—研究 Ⅳ . ①D912. 604

中国版本图书馆 CIP 数据核字（2017）第 225315 号

责任编辑：彭小华　　　　　　　　　责任校对：王　岩
封面设计：SUN 工作室　　　　　　 责任出版：刘译文

正外部性视野下的环境法律激励问题研究

The Incentive System of Environmental Law from the Perspective of Positive Externality Theory

张百灵　著

出版发行：知识产权出版社 有限责任公司　　网　　址：http://www.ipph.cn

社　　址：北京市海淀区气象路 50 号院　　邮　　编：100081

责编电话：010 - 82000860 转 8115　　　　责编邮箱：huapxh@ sina. com

发行电话：010 - 82000860 转 8101/8102　　发行传真：010 - 82000893/82005070/82000270

印　　刷：北京科信印刷有限公司　　　　经　　销：各大网上书店、新华书店及相关专业书店

开　　本：880mm×1230mm　1/32　　　印　　张：8

版　　次：2017 年 9 月第 1 版　　　　　印　　次：2017 年 9 月第 1 次印刷

字　　数：220 千字　　　　　　　　　 定　　价：38. 00 元

ISBN 978 - 7 - 5130 - 5140 - 8

前　言

一、研究背景

十八届四中全会报告《中共中央关于全面推进依法治国若干重大问题的决定》从"约束"和"促进"两个维度指出了我国未来环境法制发展的方向，即"加快建立有效约束开发行为和促进绿色发展、循环发展、低碳发展的生态文明法律制度"。2016年12月发布的《"十三五"生态环境保护规划》确立了"提高生态环境质量"的核心目标，并规定了"加大保护力度、强化生态修复"等重要措施，和以往以环境污染治理为主的环境规划呈现出明显的差异。环境质量的提高既要保护和改善生态环境资源存量，又要扩大和提升生态环境资源增量①。但是，纵观我国目前的环境资源立法，其主要约束环境资源开发利用过程中产生的负外部性，着眼于抑制"存量"的减少，对于环境养护、生态修复、水源涵养等扩大环境资源"增量"的环境正外部性行为，却存在促进和激励不足的弊端。如何在加强约束、保持环境资源"存量"的同时，调动社会积极性、扩大环境资源"增量"成为当前环境法制建设中的重要问题。

法律是一种重要的行为规范，它通过对行为人利害的影响实现对行为人行为的引导。环境法律不但具有惩罚和震慑的传统法

① 张升："'十三五'时期的生态问题应突出'保护'和'修复'"，载 http：//mp. weixin. qq. com/s/jBP4wbkSiUQK6jMJm - rjuQ，2016 年 12 月 22 日。

律功能，还具有激励功能，可以激励行为主体作出法律所要求和期望的行为而实现法律目的。环境问题的持续恶化彰显着以"抑负性"为主要功能的传统环境法存在着难以克服的缺陷和不足，从世界各国和我国环境法的发展看，以"主动性、增益性"① 为主要特征的第二代环境法已经逐渐形成，其以利益的增进为主要目标，在手段上突破了传统的行政管制，而是构建起系统的激励机制，发挥环境法的激励功能。因此，环境法在通过"损害担责""限期治理""区域限批""按日处罚"等法律制度抑制和矫正人们的环境负外部性行为的同时，还要借鉴"正外部性"理论，加强环境法的"正向构建"，这是发挥环境法激励功能的应然之义，也是扩大环境资源"增量"的必然要求。

基于这样的思考，本书通过借鉴经济学中的"正外部性"理论，以环境法的激励功能为主线，运用经济分析、规范分析、实证分析等方法，对我国环境法进行系统化地深入研究，力图思考和回答下列问题。例如，何为环境法的激励功能？正外部性视角下的环境法如何有效促进环境资源的供给？发挥环境法的激励功能为何需要加强环境法的"正向构建"？在加强和重视环境法的"正向构建"的情况下，环境法的理念、价值、原则、制度需要进行哪些更新和完善？通过对上述问题的思考，分析环境法如何发挥激励功能，促进环境公共利益的有效增进和公平分享。

二、研究现状

（一）国内研究现状

外部性是经济学中的重要理论，经济学界对外部性的研究较为广泛和深入。与此同时，我国法学界对外部性问题的关注和研

---

① 郭武："论中国第二代环境法的形成和发展趋势"，载《法商研究》2017 年第 1 期，第 91 页。

究也由来已久。环境法学界较多关注的是环境负外部性问题，从正外部性视角审视和完善我国环境法律激励的研究还几近空白，但对于环境正外部性问题的关注以及环境法律激励问题的研究已经开始并渐成热点。

1. 法学界对外部性问题的研究

从目前国内相关文献来看，从法学视角对外部性的研究主要表现在三个方面：外部性的研究历史、外部性的定义以及法的外部性问题。

首先，关于外部性的研究历史。黄文艺教授主张："'外部性'问题一直是法学界内部自由主义和反自由主义的思想家们争论的问题。"[①] 张守文教授也认为，从法学上说，法学研究在很多情况下是在解决外部性问题。[②] 胡元聪博士通过考察自由主义法学派和反自由主义法学派、个体主义法律观和整体主义法律观的相关论述指出，"边沁的功利主义思想、英国密尔的'密尔原则'与其功利主义思想以及哈耶克的自由思想和'外部性'有着逻辑上的勾连"。[③]

其次，关于外部性的法学界定。学者们大多从权利与义务的视角着手，例如，王廷惠认为，"外部性的本质是围绕行使权利引发的利益冲突"。[④] 胡元聪教授直接对法学视野下的外部性进行定义，即"外部性不是一个过程而是一种结果，是经济主体之间权利与义务的不对等，以至于利益的失衡。负外部性是一个经

---

① 张维迎：《信息、信任与法律》，生活、读书、新知三联书店 2003 年版，第 286 页。

② 张守文："宏观调控权的法律解析"，载《北京大学学报（哲学社会科学版）》2001 年第 3 期。

③ 胡元聪："外部性概念的法学视野考察"，载《经济法论坛》2009 年第 1 期，第 127～128 页。

④ 王廷惠："外部性与和谐社会的制度基础——兼论政府角色定位"，载《广东经济管理学院学报》2006 年第 1 期，第 16 页。

济主体在行使其权利时，将本应该由自己承担的义务施加给其他经济主体；正外部性是一个经济主体在行使其权利时，将其可由自己行使的权利让渡给他人且没有对受让人施加任何义务。"①

再次，对法的外部性问题进行研究。例如，郑鹏程教授认为，"在现代社会，法律的制定与实施，常常存在给第三人带来额外成本或收益的情形"，他把这种情形称为"法的外部性"，"法的外部性有两种表征，立法外部性与法的实施外部性"②，此外，他还对经济法制定与实施的外部性及其内在化进行了分析③。还有的分析了经济法的外部性及其治理。④

2. 法学界对环境正外部性问题的关注

与以往环境法学界主要关注环境负外部性不同，近年来，正外部性问题已经引起学者的关注。

李启家教授指出，环境法应该在正视负外部性的同时关注正外部性问题，并认为负外部性和正外部性在我国环境法的四大行政机制（行政强制、经济激励、行政指导、公众参与）中都有反映。⑤刘国涛教授明确提出了环境法的"正向构建"，他把"促进正外部性行为为主的环境法制建设方式"称为环境法体系的"正向构建"，并分析了"正向构建"的理由和国内外的发展趋势。⑥张怡教授在分析我国环境法发展时指出，"对环保法的

---

① 胡元聪："法与经济学视野中的外部性及其解决方法分析"，载《现代法学》2007年第6期，第130页。

② 郑鹏程："法的外部性"，载《文史博览（理论）》2005年第2期，第53页。

③ 郑鹏程："经济法制定与实施的外部性及其内在化"，载《中国法学》2003年第5期。

④ 薛焱：《中国经济法外部性问题研究》，武汉理工大学2007年硕士学位论文。

⑤ 李启家："环境资源法律制度体系的完善与创新"，载中国环境法网，http//jyw.znufe.edu.cn/hjfyjw/Article/2008-1/2008111214147230.html，2003年9月29日。

⑥ 刘国涛：《和谐社会之环境立法研究——生物自然力法制构建与农业实践》，知识产权出版社2012年版，第75页。

重塑，不但要继续发挥环境责任原则在污染治理、自然资源的开发利用上实现环境正义的特殊功能，还要顺应环境保护工作日益深入的趋势，把对环境正外部性问题纳入法律调整的视野。"[1] 沿着这样的思路，她提出了环境法应该构建"养护者受益权"并对此进行了详细的论述。胡元聪教授分析了农业保险正外部性的经济法激励措施[2]。

3. 环境法律激励问题的研究

我国学者付子堂[3]、倪正茂[4]、胡元聪[5]等人已经开展了法律激励功能、激励法学、激励制度的研究，《清洁生产促进法》《循环经济促进法》等法律也规定了大量的经济激励措施。可以说，目前环境法律激励问题已经得到学界关注，相关研究从单纯的"激励工具"深入到"激励原则""激励制度和机制"，从"立法激励"扩展到"执法激励""守法激励"等。

徐祥民教授认为，激励手段已经在环境保护实践中普遍存在，激励制度或机制不足以包容激励的全部内容，应该确立环境的激励原则[6]。张璐教授在《环境产业的法律调整——市场化渐进与环境资源法转型》一书中论述了环境法的经济激励机制，主要涉及收费制度的改进与完善、生态税收制度的建立、政府补贴的有效使用、环境产业基金的形成与设立等内容[7]。巩固博士从

---

① 张怡、王慧等：《农业水土养护法律制度创新研究》，厦门大学出版社 2009 年版，第 65 页。

② 胡元聪："农业保险正外部性的经济法激励探析"，载《南方金融》2014 年第 3 期。

③ 付子堂：《法律功能论》，中国政法大学出版社 1999 年版。

④ 倪正茂：《激励法学探析》，上海社会科学出版社 2012 年版。

⑤ 胡元聪：《外部性问题解决的经济法进路研究》，法律出版社 2010 年版。

⑥ 徐祥民、时军："论环境法的激励原则"，载《郑州大学学报（社会科学版）》2008 年第 4 期，第 43～44 页。

⑦ 张璐：《环境产业的法律调整——市场化渐进与环境资源法转型》，科学出版社 2005 年版，第 89～93 页。

守法激励的视角论述了环境法的发展，他认为："法的实效如何，能否获得认真遵守和良好实施，最终取决于其提供的守法激励是否足够——是否创造了依法而为符合当事人理性选择的制度环境。"① 基于此，应该从政府激励、法律责任、守法援助、社会支持等方面完善环境法。何艳梅教授在《环境法的激励机制》一书中论述了我国建立环境法激励机制的正当性和可行性，并以可持续发展观为指导，构建环境法的核心激励机制、赋能激励机制、民事激励机制、行政激励机制、程序激励机制和国际激励机制。② 颜运秋教授分析了环境公益诉讼的激励机制，例如，建立公益诉讼基金与保险制度、费用减免制度、法律援助制度和原告胜诉奖励制度等。③

4. 正外部性理论的具体应用

环境法学界对"生态补偿""生态系统服务""生态价值论""公益诉讼"等相关法律问题的研究体现了正外部性理论的运用。

在《生态保护及其利益补偿的法理判断——基于生态系统服务价值的法理解析》一文中，杜群教授指出，"生态保护利益是指通过人类保护生态系统而从生态系统获取的综合正向绩效，以生态利益或惠益体现。"④ 这里的"生态保护利益"实际上是生态保护产生的正外部性。此外，她对生态系统服务价值的界定、生态保护利益补偿的法理分析也体现了正外部性理论的内容。陈德敏教授指出，流域生态补偿"以内化外部成本为原则，其基本

① 巩固："守法激励视角中的〈环境保护法〉修订与适用"，载《华东政法大学学报》2014年第3期，第30页。
② 何艳梅：《环境法的激励机制》，中国法制出版社2014年版。
③ 颜运秋、罗婷："生态环境保护公益诉讼的激励约束机制研究"，载《中南大学学报（社会科学版）》2013年第3期，第42～46页。
④ 杜群："生态保护及其利益补偿的法理判断——基于生态系统服务价值的法理解析"，载《法学》2006年第10期，第71页。

依据在于流域生态服务的受益者享受着良好的流域生态与水源供给，却没有提供相应的流域生态恢复补偿资本、对流域生态环境破坏的补偿以及对利益受损者提供相应的补偿。"① 这实际上是正外部性理论的具体应用。章晓民和汪剑歆分析了公益诉讼的正外部性，并指出"由于公益诉讼的原告的诉讼是明显不经济的，必须改变原告诉讼成本与收益严重不对称的状况，重新进行利益分配"。② 此外，还有学者分析了生态资源的外部效益及其矫正，也即生态补偿的理论基础③、正外部性理论在西部生态建设中的应用④、农业生产正外部性环境价值评估⑤以及耕地保护的经济补偿研究⑥等。

5. 环境法的价值、功能等内容的研究

环境法学界关于环境法的价值、功能等诸多论述也与正外部性理论的思路具有一致性，给予本书诸多借鉴。刘建辉博士在《环境法价值论》中分析了舒适性问题和环境法的精神功利价值，他指出，"将舒适性的内容个别的权益化和权利化，在成文法上将其规定下来，将是今后的任务"。⑦ 目前我国环境法对舒适性问题关注不够，但随着公众环境需求的增长，环境舒适应该成为环境法的价值目标之一，这正是增进环境利益的题中之意。

---

① 陈德敏、董正爱："主体利益调整与流域生态补偿机制——省际协调的决策模式与法规范基础"，载《西安交通大学学报（社会科学版）》2012 年第 2 期，第 67 页。

② 章晓民、汪剑歆："公益诉讼及其'外部性'的经济学分析"，载《社会科学》2005 年第 8 期，第 63 页。

③ 胡仪元："生态补偿的理论基础再探——生态效应的外部性视角"，载《理论探讨》2010 年第 1 期。

④ 林建华："基于外部性理论的西部生态环境建设的基本思路"，载《西北大学学报（哲学社会科学版）》2006 年第 4 期。

⑤ 周镕基、吴思斌、皮修平："农业生产正外部性环境价值评估及其提升研究——以湖南省为例"，载《农业现代化研究》2017 年第 3 期。

⑥ 邓春燕：《基于外部性理论的耕地保护经济补偿研究——以长寿区为例》，西南大学 2012 年硕士学位论文。

⑦ 刘建辉：《环境法价值论》，人民出版社 2006 年版，第 299 页。

钭晓东教授在《论环境法功能之进化》中认为，环境法"功能进化的路径是在彰显倾斜保护功能基础上，深化利益增进功能，拓展互助共赢功能，从而实现多元利益的和谐共生、共进、再生"①。正外部性理论在环境法中的应用主要是为了促进环境利益的维护与增进，和上述论证的主旨具有一致性。

（二）国外研究现状

早在 20 世纪 80 年代，萨缪尔森就已经指出："尽管像污染或全球变暖等负外部性的问题常常是新闻热点，但从经济角度看，正外部性的问题也许更为重要。"② 但他主要是从经济角度提出对正外部性问题的关注。

国外环境法学界对于环境负外部性问题关注较多，还没有文献详细论述正外部性理论对环境法的贡献以及在环境法中的应用，但也有部分学者对外部性展开了相应的研究和应用，主要包括：

1. 环境法的外部性问题

Jeffrey L. Dunoff 和 Joel P. Trachtman 在对国际法进行经济分析时注意到了环境法的外部性问题，他们指出，"各州的活动或不活动都可能会给其他州带来正外部性或负外部性，例如，一个州的环境法（或其中的缺陷）可能会对其他州产生负外部性或正外部性，如一个州的法律（不）允许污染物排向其他州。一国环境法也会由于对外国商品采取严格的准入标准而对其他国家产生不利影响，或者对国内行业采取宽松的标准而带来竞争力方面的影响（金融外部性）"③。Samuel Issacharoff 和 Catherine M.

---

① 钭晓东：《论环境法功能之进化》，科学出版社 2005 年版，第 6 页。

② ［美］保罗・A. 萨缪尔森・威廉・D. 诺德豪斯：《经济学（第 18 版）》，萧琛等译，人民邮电出版社 2008 年版，第 32 页。

③ Jeffrey L. Dunoff, Joel P. Trachtman. Economic analysis of international law. Yale Journal of International Law. 24 Yale J. Intl L. 1 (1999), 8.

Sharkey 也注意到了环境法的外部性问题，他们指出，"由于利益外溢，一个州的法律（包括环境法）的运行在影响本州居民成本或收益的同时，也会给其他州带来外部性影响。"① David Shapiro 也认为，一个州的活动（包括立法）会对其他州产生正外部性或负外部性。② 但遗憾的是，他们仅仅提出了环境法的外部性问题，并没有展开详细的论述和深入的分析。

2. 对正外部性行为的关注

2003 年，美国雪域大学法学院的 David M. Driesen 出版了《环境法的经济动力》（*The Economic Dynamics of Environmental Law*）一书，该书从新的角度详细说明了"经济动力"如何直接影响环境法和环境政策的改革。他认为："缺乏管制的市场不能产生足够的环境创新"，"传统的环境管制虽然也促进了技术创新，但还远远不够，"③ 因此需要环境法和环境政策的激励和发展。Gregory S. Crespi 指出，环境法应该对正外部性行为予以激励，"'公地悲剧'使学生们认真考虑正外部性和负外部性的经济影响"，"环境法在使负外部性内部化的同时，政府也开始制定各种方案解决公共物品正外部性的'搭便车'问题，因此应该重新评价环境法的效率属性。"④ A. Dan Tarlock 在分析美国热带雨林破坏的原因及解决对策时指出，"国际环境法力图对国际决策产生影响，在经济条款中，法律应该有助于热带雨林国家享

---

①　Samuel Issacharoff, Catherine M. Sharkey. Emerging Issues in Class Action Law. UCLA Law Review. 53 UCLA L. Rev. 1353 (2006), 7.

②　同上。

③　Benjamin J. Richardson. The economic dynamics of environmental law by David M. Driesen. Journal of environmental law. 15 J. Envtl. L. 422 (2003), 3.

④　Gregory S. Crespi. Teaching the new law and economics. University of Toledo law review. 25 U. Tol. L. Rev. 713 (1994), 4.

受到热带雨林保护带来的正外部性。"① Gregory N. Mandel 意识到，"环境创新能够带来显著的正外部性，但是目前环境法缺少对发明者的激励，难以促进对环境有益的技术创新"②，因此他探讨了当环境法不能促进环境创新时，知识产权法在促进环境创新方面的作用。此外，Allen M. Parkman 在分析政府在资助儿童的作用时，也谈到了环境法中的各种正外部性现象，例如，精心修剪的草坪给邻人带来的愉悦等，因此要予以激励。③

3. 对正外部性行为的具体激励措施

Nathan Paulich 的建议主要围绕濒危物种保护展开，他指出，"濒危物种保护法在物种保存和恢复方面的作用逐渐减少，因为目前的控制规则给私人土地所有者造成了大量损失，产生了与濒危物种保护法的目标背离的不当激励。对于私人土地所有者的保持和管理工作给公共物品产生的正外部性，应该建立激励机制予以奖励。"他继而分析了美国采取的各种激励机制以及将来应该采取的机制，主要包括："栖息地保护计划、免责规定协议、申请人保护协议、赔偿程序以及基于市场的各种方法，例如，'保护银行'的应用、区域间的可持续发展权等"。④

三、主要内容

本书借助经济学中的正外部性理论，分析环境法如何发挥激

---

① A. Dan Tarlock. Exclusive sovereignty versus sustainable development of a shared resource: the dilemma of Latin American rainforest management. Texas international law journal. 32 Tex. Int1 L. J. 37（1997），3.

② Gregory N. Mandel. Promoting environmental innovation with intellectual property innovation: a new basis for patent rewards. Temple journal of science, technology & environmental law. 24 Temp. J. Sci. Tech. & Envtl. L. 51（2005），1.

③ Allen M. Parkman. The government's role in the support of children. BYU journal of public law. 11 BYU J. Pub. L. 55（1997），2.

④ Nathan Paulich. Increasing private conservation through incentive mechanisms. Stanford journal of animal law & policy. 3 Stan. J. Animal L. & Polÿ 106（2010），1.

励功能，促进环境公共利益的有效增进和公平分享。研究内容主要包括：

　　第一章分析了环境问题的两面性及其环境法规制。环境问题是本书研究的逻辑起点。从人类对环境资源的行为方式来看，可以把环境问题分为两类：环境资源的过度使用与环境资源的有效供给不足，这两类环境问题的共同根源在于环境资源开发、利用、保护与改善过程中存在着外部性。环境问题的解决应该从规制"过度利用"和激励"有效供给"两个方面入手，相应的环境法制建设也应该涵盖环境法的"正向构建"和"负向构建"两个方面。但是，我国环境法在产生之初主要是对环境负外部性行为进行规制，忽视环境正外部性行为的激励，导致了一系列问题的出现。本书在分析上述问题的基础上指出，需要在规制环境负外部性行为的基础上，借鉴正外部性理论，进行环境法的"正向构建"，激励各种环境正外部性行为。

　　第二章结合环境法的激励功能分析了环境法的"正向构建"。法律是一种重要的行为规范，它通过对行为人利害的影响实现对行为人行为的引导。本书借鉴管理学、法学理论分析了法律激励的理论基础，对环境法的激励功能进行了解读和考查，认为环境法不但具有惩罚和震慑的传统法律功能，还具有激励功能，这种激励不同于罚款、责任承担等方式，其主要是一种"正向激励"，即以激励的方法使人"向上""向善"。发挥环境法的激励功能需要加强环境法的"正向构建"，"正向构建"就是"以促进正外部性行为为主的环境法制建设方式"，其区别于传统的利益限制型法律规范，它通过一系列强制性和激励性法律制度和措施的结合，促进环境公共利益的维护和增进，实现经济利益和环境利益的共赢。环境法的"正向构建"既有理论依据又有现实需求。在理论上，公共经济学、伦理学、制度经济学等学科的发展为环境法的"正向构建"提供了理论依据；在环境保护现实中，存在大量的正外部性现象，产生"利益外溢"问题，急需环境法对此进行回应。

第三、四、五、六章是本书的重心和落脚点，它们都是围绕如何发挥环境法的激励功能，进行环境法的"正向构建"而展开。本书从法律理念、法律价值、法律体系、法律原则和法律制度等方面进行了全方位的分析和展望。第三章分析了我国环境法律价值的发展。本书认为，加强环境法的"正向构建"，需要对传统法律价值观进行更新，把法律价值扩展到自然系统之中，尊重自然的价值，构建新的自由价值观和公平价值观。同时，发挥环境法的激励功能，需要把环境法的价值目标从维护传统安全向保障生态安全扩展，在此基础上，把环境法的生存价值（维护生态安全和人体健康）扩展到发展价值，确立环境法的舒适性价值。环境法律价值目标的扩展具有重要的意义，它完善了环境法的价值体系，回应了社会公众环境需求的增长，体现了对多重环境利益的维护和增进。

第四章和第五章主要分析了我国环境法律体系和法律原则的完善。其中，第四章论述了我国环境法律体系的完善。目前，我国环境法已经形成较为完整的法律体系，但却存在结构性失衡和内容性缺失等问题，主要表现便是污染防治、自然资源立法的不断增多与生态保护与修复立法的缺失和滞后。发挥环境法的激励功能，需要重视环境治理、生态修复相关法制的研究。因此，需要在正外部性理论的指导下加强我国生态保护与修复立法，促进环境法体系的发展和完善。本书通过借鉴美国、日本、德国、澳大利亚等国生态保护与恢复的立法与实践，探讨了我国生态保护与修复的立法模式、立法理念、基本原则和主要制度。

第五章结合环境法的理念转变，分析了我国环境法应该设立的基本原则。从正外部性角度分析，环境法律理念应该从"末端"向"源头"溯进，从"消极"向"积极"转变，从对环境利益的损耗救济发展为对环境利益的促进补偿。发挥环境法的激励功能，需要在"损害担责"和"受益补偿"的基础上，确立"增益受偿"原则，激励企业团体、社会公众积极参与到环境公共利益的维护和增进中。在我国确立"增益受偿"原则既有价值合理性，又有现实迫切性。应该转变环境法的基本理念，完善环境法的激励机制，确立环境增益者的法律权利体系，为"增益受偿"原则的贯彻提供全面保障。

第六章分析了我国环境法律激励制度的发展。从正外部性的视角分析，我国环境法律制度主要是围绕增加环境公共物品供给、促进环境利益的维护和公平分享进行设计。本书对环境法律激励制度进行了类型化构建。为了促进生产者的正外部性行为，应该建立和完善环境生产制度，其主要作用是促进社会公众积极、主动、自愿地参与到环境资源再生产过程中，由于环境资源再生产产生的生态效益具有外溢性，为了实现正外部性内部化，还需健全生态产品交易制度和生态补偿制度。为了促进消费者的正外部性行为，应该完善绿色消费制度。为了有效救济受到侵害的环境公共利益，应该完善环境公益诉讼制度，构建社会组织参与维护环境公益诉讼的激励机制。

四、主要观点

1. 环境问题的解决和环境质量的提高既要保护和改善生态环境资源"存量"，又要扩大和提升生态环境资源"增量"，因此，环境法律既要抑制和矫正人们的环境负外部性行为，还要借鉴"正外部性"理论，激励和促进环境正外部性行为。

2. 环境法的激励功能主要是"正向激励"。发挥环境法的激励功能，需要加强环境法的"正向构建"，重视环境治理、生态修复相关法制建设。

3. 发挥环境法的激励功能，需要把环境法的生存价值扩展到发展价值，确立环境法的舒适性价值；需要转变环境法的理念，从利益损耗与救济发展为利益增进与补偿。

4. 应该在"损害担责""受益补偿"基础上，构建环境法的"增益受偿"原则，这是发挥环境法激励功能、应对"公地悲剧"和"搭便车"问题、完善生态利益公平分享机制的重要体现。

5. 环境正外部性行为涵盖生产、消费等多重领域，应该围绕这些领域形成环境法律激励的制度体系。

五、研究方法

1. 法经济学研究方法。把外部性理论运用于环境法领域，把经济学中的"成本、收益"转化为法学中的"损害、利益"，在法学视野下对正外部性进行界定和分析，并探讨环境保护中的"利益外溢"内部化问题以及我国环境法的未来发展问题。

2. 实证分析研究方法。对我国公众环境意识提高的研究、对环境法体系的剖析等，都采用了实证分析的方法。

3. 管理学、生态学等多学科研究方法。运用管理学方法分析法律激励的理论基础，借用生态学中的综合生态系统管理理论分析生态修复法制等。

六、创新点

1. 区别于传统环境法学对负外部性及其内部化问题的研究，全面审视环境正外部性及其内部化问题，构建环境公共利益有效促进和公平分享的激励机制。

2. 明确指出激励功能是环境法的重要功能之一，并认为这种激励主要是一种"正激励"。

3. 总结管理学的研究成果，并运用法学理论分析激励功能，构筑环境法律激励功能的完整理论框架。

4. 在"损害担责"与"受益补偿"原则和理念的基础上，

构建"增益受偿"原则。

5. 进行激励制度的类型化构建，针对生产行为、消费行为分别设计激励制度。

七、不足之处

借用"正外部性理论"分析环境法律激励问题涉及内容非常广泛，受到时间、精力等因素的限制，本书仍存在许多不足之处。例如，基于环境法的激励功能构建了增益者的法律权利体系，但对此内容的研究还不够细致；环境法的"正向构建"和"负向构建"相辅相成，但本书对环境法"负向构建"的完善阐释不够详细；对于生态产品交易的理论基础研究不够深入等。在今后的工作中，作者将会继续对上述问题加以关注和研究。

目 录 / *CONTENTS*

第一章 环境问题的两面性
及其环境法规制

从人类对环境资源的行为方式来看，可以把环境问题分为两种类型：环境资源的过度使用与环境资源的有效供给不足，这两类环境问题的共同根源在于环境资源开发、利用、保护与改善的过程中存在着外部性。环境问题的解决应该从规制"过度利用"和激励"有效供给"两个方面入手，相应的环境法制建设也应该涵盖环境法的"正向构建"和"负向构建"两个方面。但是，我国环境法在产生之初主要是对环境负外部性行为进行规制，忽视环境正外部性行为的激励，导致一系列问题的出现。需要在规制环境负外部性行为的基础上，借鉴正外部性理论，进行环境法的"正向构建"，激励各种环境正外部性行为。

第一节 外部性视野下的环境问题

一、环境问题的两面性：环境资源的过度使用与供给不足

美国参议院军事委员会主席萨姆·努恩曾经说过："我们的国家安全正面临着一种新的、与众不同的威胁——环境的破坏。我认为，我们国家最重要的安全目标之一，必须是使正在加速的

全球性环境破坏步伐得到逆转。"① 在当今社会，环境问题像瞬间打开的"潘多拉魔盒"——呈现在人类面前，整个世界都笼罩在环境污染、生态破坏的阴影之下，环境问题成为影响人类可持续发展的重要障碍，对环境问题的应对成为世界各国共同的目标。

环境问题的表现形式多种多样，目前世界各国面临的环境问题包括但不限于以下几种：土壤污染、重金属污染、大气污染、温室效应、臭氧层破坏、土地沙漠化、森林面积减少、物种灭绝、水资源危机、海洋污染、固体废物和危险废物越境转移等。纵观这些纷繁复杂的环境问题，我们发现，它们都和人类不当的环境资源利用行为有关。因此，从人类环境资源利用行为方式来看，可以把环境问题分为两种类型：环境资源的过度使用与环境资源的有效供给不足。

环境资源的过度使用主要是指人类的各种开发、利用环境资源的行为超过自然界的产出、供给能力，一般包括环境污染和生态破坏两个方面。环境污染属于过度投入性损害，即人类向环境排入的污染物超过环境消纳污染物的能力。"如果人类在一定时空条件下对原材料的索取超出了大自然的供给能力，或者对废弃物的排放超出了大自然的吸纳、消解能力，就必然造成自然生态系统受损、失衡、退化。"② 例如，人类生活和生产中产生大量"消耗臭氧层物质（ODS）"和废气导致臭氧层破坏、大气污染，企业排放大量污水造成河流污染等。生态破坏属于过度取出性损害，即人类从自然界索取能源、资源超过了自然的供给能力。例如，过度开采矿产资源、滥砍滥伐滥牧等。当然，这两类损害并

---

① ［美］诺曼·迈尔斯：《最终的安全：政治稳定的环境基础》，王正平、金辉译，上海译文出版社 2001 年版，第 3 页。

② 刘卫先："我国环境法实施机制的缺陷及其克服"，载《中州学刊》2017 年第 6 期，第 40 页。

非截然分开，它们往往交互发生于人类的环境资源开发利用行为中。

环境资源的供给不足主要是指人类对于环境污染、生态破坏缺乏有效的治理和修复，对自然资源缺乏有效的维护。自然界本身具有一定的修复能力，但如果人类的开发利用行为超过生态的承载力，那么自然界将失去维持平衡的能力，遭到摧残或归于毁灭。因此，对于环境资源，不但需要克制人们的过度开发利用，还需要人们积极进行污染治理、资源更新以及生态修复。环境问题的解决除了沿用修复、补救等保护性措施之外，还需要人们把"保护"与"创造"有效结合起来，通过人为作用有效介入环境资源的再生产，弥补自然供给的不足，增加环境资源的人类供给。当然，增加环境资源的供给需要在尊重生态规律的前提下，在人类的开发利用行为尚未超越生态承载力之前，借助人工力量实施对自然的"回馈"行为。以环境容量①的利用为例，无论是环境容量的过度使用还是有效供给不足，都会导致环境问题的出现。一般而言，某种环境要素的环境容量是有限的，但在一定条件下，人们也可以通过能量的增减和物质的投入适当扩大环境容量。为了实现环境容量的持续利用，不但需要人们积极进行技术、设备和生产工艺的改进，减少污染物的排放，还需要人们对排放的污染物进行治理、对环境要素进行投入以改善环境系统结构，使环境要素自身净化能力得到提高，也即适度增加环境容量的供给。

二、环境问题的重要根源：外部性

环境危机的深化促使人们开始反思造成环境问题的根源所在。巴里·康芒纳教授在《封闭的循环》中指出，导致环境问

---

① 环境容量是指某环境单元所允许承纳污染物质的最大数量。

题的原因主要包括：人口增长、富裕、需求、进取意识、教育、利润、宗教、技术进步、政客、社会制度等①。戴维·皮尔斯和杰瑞米·沃福德认为，环境问题的原因主要是"贫穷、人口增长、债务、国际贸易结构、错误的多边援助政策以及对环境反映迟钝的外国私人投资等"②。导致环境问题的原因是多维的，任何单一的视角都不能对此进行完全的概括和阐述。科技、制度、文化、人口等因素都是环境问题产生的外部原因，对环境问题根源的探讨应该与环境资源本身的属性相结合。环境资源是典型的"公共物品"，其本身具有的有用性、稀缺性和公共性导致在开发、利用、保护和改善环境资源的过程中容易出现外部性，这是环境问题产生的内部根源。

（一）外部性的含义与特征

外部性（Externality）又称为外部经济（External Economies）或外部效应（External Effects）。一般而言，经济学领域的外部性是指某经济主体的活动对其他经济主体产生的外部影响，而这种影响未能通过市场交易或价格体系反映出来，也即行为人的私人成本与社会成本、私人收益与社会收益不一致的情形。外部性有正、负之分，正外部性意味着边际社会收益大于边际私人收益，社会从私人经济活动中得到的额外收益并未通过一定手段或途径转移到私人手中；负外部性则是指边际私人成本小于边际社会成本，私人并未承担超过私人成本部分的成本。③简而言之，"正外部性是指某个经济行为主体的活

---

① ［美］巴里·康芒纳：《封闭的循环——自然、人和技术》，侯文蕙译，吉林人民出版社1997年版，第2~7页。

② ［英］戴维·皮尔斯、杰瑞米·沃福德：《世界无末日——经济学·环境与可持续发展》，张世秋等译，中国财政经济出版社1996年版，第7页。

③ 李郁芳、李项峰、蔡彤：《政府行为外部性的经济学分析》，经济科学出版社2009年版，第32页。

动使他人或社会受益，而受益者又无须花费代价；负外部性是指某个经济行为主体的活动使他人或社会受损，而造成负外部性的人却没有为此承担成本。"①

一般而言，外部性具有如下特征：

1. 外部性存在的前提是它首先有效应。"一方当事人（施加影响的一方）必须对另一方当事人（受影响的一方）产生了影响，影响不仅存在，而且必须有正的或负的意义。"② 如果没有影响，则不会产生外部性。当然，外部性属于正外部性还是负外部性需要取决于受影响者的价值判断以及所处的条件。例如，某人在自家花园里种植了大量的花卉，邻居甲无偿欣赏了这些美景，对他而言就存在正外部性；而邻居乙由于花粉过敏导致脸部肿痛，对她而言就是一种负外部性。因此，对于外部性问题的解决，需要根据其影响范围、影响程度以及受影响者的状况采取相应的措施。

2. 外部性中的利益或损害并没有通过市场交易或价格体系体现出来。外部性是指没有支付代价的利益或损失，是市场交易机制之外的一种经济利益关系，因此，交换关系不是外部性。当然，没有通过市场交易的原因是多方面的，包括难以交易（如许多无形生态产品的交易）、产权界定不清、交易成本太高、行政阻碍等。

3. 外部性主要是有意或无意的伴随效应，而本原性的、预谋性的影响不属于外部性。有意的伴随效应，主要指经济主体为了自己的利益，明知某种经济行为有可能产生外部性，但仍有意识而为的现象；无意的伴随效应，主要是指随着经济活动的进行

---

① 厉以宁：《西方经济学（第二版）》，高等教育出版社 2005 年版，第 238 页。
② ［澳］黄有光：《福祉经济学——一个趋于更全面分析的尝试》，张清津译，东北财经大学出版社 2005 年版，第 99 页。

而伴生的、并非故意制造的效应。① 例如，工厂主要目的是生产盈利，排放烟雾、废水等只是在生产过程中附带产生的，这便是外部性。预谋性的行为，例如，凶杀、抢劫等则不属于外部性行为。

4. 外部性既是市场失灵的表现，又是政府失灵的表现，其解决方式具有多样性。一般而言，人们认为外部性是市场失灵的表现，因此得出政府干预的结论。但政府制定公共决策、税收与补贴政策等行为也会产生外部性，因此，在外部性的治理上便存在多种选择。

（二）外部性的内部化

外部性的存在说明市场和政府都有可能出现失灵，无论是正外部性还是负外部性都导致无法实现资源配置的帕累托最优，因此，如何对外部性进行治理、实现外部性的内部化成为外部性理论发展中的重要内容。目前，主要形成以下四种内部化的途径。

1. 经济措施：税收和补贴

根据庇古的"庇古税"理论，对产生负外部性的经济行为主体课以税收，对产生正外部性的经济行为主体进行补贴，可以实现资源配置的帕累托最优。"庇古税"理论在目前得到广泛的应用，国际社会和世界各国广泛采取的"污染者负担"原则便是"庇古税"理论应用的典型，征收污染税（污染费）成为各国普遍采取的污染控制措施之一。但是，庇古税的方式也存在诸多缺陷，例如，忽视外部性的相互性、忽视了政府在解决外部性问题中的成本和产生新的外部性问题。在庇古的理论假设中，市场缺陷需要政府干预，而政府不仅是全知全能的，而且还追求社

---

① 石声萍：《经济外部性问题研究》，西南农业大学 2004 年博士学位论文，第 32 页。

会福利最大化。但是在实践中，政府往往难以掌握企业排污的充分信息，并且也存在大量的以权谋私、权钱交易等寻租行为。

对于正外部性问题，庇古提出通过补贴予以解决。一般而言，以下两种情况需要获得补贴：首先，对受损者进行补贴。例如，庇古在《福利经济学》中曾经指出，受火车火花影响的车轨旁的种田者应该获得补贴。其次，对产生正外部性的行为主体进行补贴。例如，医院、博物馆等某些公共机构应该获得政府的补贴。庇古提出的对正外部性进行补贴的方式在环境保护领域也得到注重和应用，各国普遍建立的生态补偿机制便是实现正外部性内部化的有效途径。

2. 政府措施：行政管制和行政指导

当市场调节不能解决外部性引起的资源配置不当问题时，经济学家普遍认为，政府的行政管制成为解决外部性问题的必要手段。针对各种负外部性行为，政府可以通过禁令和颁布标准来实现最优资源配置，这成为目前各国解决外部性问题时最常用的手段。例如，在环境保护领域，由环境管理部门制定排污标准并要求污染企业严格遵守；对于某种污染严重的产品，政府可以通过颁发禁令的方式禁止企业生产；如果企业违反禁令或者标准，将受到政府的严惩甚至是取缔。

行政指导是政府在解决外部性问题中的另一项重要措施，与行政管制的严厉性、强制性不同，行政指导更加具有亲和性和能动性，它使行政管制中政府和公众之间的排斥与对立关系得到缓和，并试图把双方置于一个相对平等的平台，使双方产生交流与对话的可能。例如，目前我国在推行清洁生产和循环经济时，便广泛采用了行政指导的方式。

3. 产权交易

根据科斯的理论，产权设置是优化资源配置的基础，解决外部性的关键是明确产权，即可以通过交易成本的选择和私人谈判、产权的适当界定和实施来实现外部性内部化。科斯在《社会成本问题》的开篇指出了庇古理论解决外部性存在的问题。根据庇古以及因袭庇古观点的经济学家的论述，如果某化工厂（甲，污染者）的烟尘给邻近的居民（乙，受害者）带来了有害影响，那么可以要求工厂主对烟尘所引起的损害负责赔偿，或者根据工厂排出烟尘程度对工厂主征税，或者责令该厂迁出居民区。但科斯指出，"这些解决办法并不合适，因为它们所导致的结果不是人们所需要的，甚至通常也不是人们所满意的。"① 科斯指出问题的实质是外部性具有相互性，外部性是由污染者和受害者共同造成的，这也是他在《社会成本问题》中着重表达的思想之一。他认为，"我们正在分析的问题具有相互性，即避免对乙的损害将会使甲遭受损害。必须决定的真正问题是，允许甲损害乙，还是允许乙损害甲？关键在于避免较严重的损害。"② 所以，解决外部性的关键是明确权利赋予哪一方，即明确产权，在进行权利初始界定③的基础上，通过市场自由交易使权利得到重新安排而达到资源配置最佳。尽管科斯定理本身也具有一定的局限性，但他的主张推动了外部性理论的长足发展，产权交易成为解决外部性问题的主要方式之一。

产权交易在环境保护领域应用的典型便是排污权交易。20世纪60年代，约翰·戴尔斯在科斯定理的基础上提出了排污权交易理论，他在《污染、产权、价格》一书中提出了污染权的概念并提出通过排污权交易的方式解决环境污染问题。该理论在

① ［美］科斯："社会成本问题分析"，载《财产权利与制度变迁：产权学派与新制度学派译文集》，上海三联书店1994年版，第3页。

② ［美］科斯："社会成本问题分析"，载《财产权利与制度变迁：产权学派与新制度学派译文集》，上海三联书店1994年版，第4页。

③ "权利初始界定"不在于把权利界定给谁，而在于界定何种权利。

实践中得到广泛的应用，目前，美国、日本、德国、澳大利亚等国已经实行了排污权交易制度，我国也开展了排污权交易的实践。

4. 社会准则：黄金律和良心效应

美国经济学家约瑟夫·E. 斯蒂格利茨认为，通过社会准则的教育是解决外部性问题的方式之一，这种教育的主要内容就是"黄金律"教育，即"要产生外部经济性，不要产生外部不经济性"。例如，由于人们的行为相互影响，通过家长对孩子的教育可以有效避免外部性的发生。这种方式在家庭等较小的单位较多应用，但却难以解决社会产生的各种外部性。此外，澳大利亚经济学家黄有光还提出通过"良心效应"解决外部性。他认为，任何外部性的产生，都或多或少存在着良心效应，即"良心"发挥着一定的作用。例如，某工厂产生污染时，尽管由于"良心"的作用，厂主也会感到内疚，但与企业利益比起来，厂主还是不会在意这种内疚感；而工厂的工人也会因为排污产生内疚感，为了弥补内心的创伤，他们会要求厂主给予一定的附加工资或者抗议污染，这样，从某种程度上说，"良心效应"对于遏制外部性的产生便具有一定的作用。但无论是黄金律还是良心效应都主要依赖于社会教育和人们的道德素养，这种方式具有一定的效果，但由于缺乏激励和强制，其对于外部性问题的解决作用有限。

当然，并非所有的外部性都要实现内部化。首先，某些外部性的内部化难以实现。例如，在许多复杂外部性中，往往存在内部化的诸多困难。其次，外部性内部化需要付出一定的成本和代价，只有当内部化的成本小于其收益时，才有必要内部化。最后，对于那些偶然发生的外部性也没有必要内部化，只有当外部性存在持续性和积累性并妨碍到社会正常产出或有损社会公平正义时，才有必要采取相关措施加以衡平。

（三）外部性与环境问题的产生

对环境问题最著名的刻画当属美国学者哈丁（Hardin）的"公地悲剧"（Tragedy of the Commons）理论，而"公地悲剧"的经济学释义便是外部性①。根据哈丁的论述，在公共草场上放牧的牧民都从自己的私利出发，试图扩大自己的牧羊量，当每一位牧民都如此思考、过度放牧时，就会导致"公地的悲剧"——草场持续退化，直至无法养羊，最终导致所有牧民破产。之所以出现这个问题，是因为当牧民多增加一只牧羊时所获得的私人收益会超过私人成本——部分成本由牧场上的其他人承担了。也就是说，每个个体在追求自己的个人收益时把一部分成本转嫁给了他人，而"当某个人的行动所引起的个人成本不等于社会成本，个人收益不等于社会收益时，就存在外部性"②。

环境资源具有整体性、公共性，个体在环境资源的利用中不具有排他性和竞争性，而每个个体为了实现自己利益的最大化，往往倾向于对环境资源的过度使用。正如皮尔思和沃福德在《世界无末日——经济学、环境与可持续发展》一书中所分析的："许多可再生资源都不归私人拥有，所以存在着许多个实际上或者潜在的使用者"，这样导致"每个人都有利用更多资源的积极性，因为这样可以得到更多的个人利润"，因此，"如果所有用户都以这种方式行为，资源就会面临过度开发的风险。"③ 正是由于环境资源具有有用性、稀缺性和公共性的属性，每个人都在个人理性的支配下，过度开发、使用甚至破坏环境资源，最终导致环境问题的显现。

---

① 具体而言是"负外部性"。

② 吴竞择：《金融外部性与金融制度创新》，经济管理出版社 2003 年版，第 15 页。

③ ［英］戴维·皮尔斯、杰瑞米·沃福德：《世界无末日——经济学·环境与可持续发展》，张世秋等译，中国财政经济出版社 1996 年版，第 293～294 页。

上述现象是环境资源开发利用过程中的典型负外部性行为，在环境资源保护与改善过程中，存在大量的环境正外部性行为，环境利益的"外溢"产生大量的"搭便车"现象，导致私人维护环境利益的动力不足。

三、正、负外部性的环境法规制

外部性是导致环境问题的重要根源，而"环境法是指以保护环境为目的所制定之法条整体"①，没有环境问题的显现和生态危机的恶化便没有环境法的产生和发展，因此，外部性成为环境法学研究中无法回避的问题。此外，外部性产生于环境社会关系却又打乱了环境社会关系，而环境法需要调整被外部性打乱的环境社会关系。无论是人们之间的环境资源开发、利用关系，还是环境资源保护、改善关系，围绕环境资源的行为都有可能产生外部性从而破坏环境社会关系，由于"调整社会关系和解决社会冲突"是法律的使命，并且法律具有至上性、公正性、公开性、民主性等特点，法律调整成为各类社会关系调整机制中最重要的部分。

从外部性的视角分析，环境问题的解决应该从规制"过度利用"和激励"有效供给"两个方面入手，相应的环境法制建设也应该涵盖环境法的"正向构建"和"负向构建"两部分，实现"法制体系的协调"②。但是，我国环境法在产生之初主要是用来解决环境污染、生态破坏、"公地悲剧"等环境问题，也即主要对环境负外部性行为进行规制，这导致了环境管理工作重心偏颇、管理手段单一、环境公共物品供给法律制度缺失、环境法实施效果不佳、环境法律体系不协调等问题的出现。需要在规制

---

① 陈慈阳：《环境法总论》，中国政法大学出版社2003年版，第38页。

② 刘国涛、张百灵：《农村资源开发与环境保护法制保障研究》，法律出版社2016年版，第127～128页。

环境负外部性行为的基础上，借鉴正外部性理论，激励各种环境正外部性行为。由于我国环境法已经存在大量的规制环境负外部性的法律规定，因此，本书不再对环境法的"负向构建"进行阐释，而是着重围绕如何发挥环境法的激励功能，进行环境法的"正向构建"展开论述。

第二节　我国环境法对负外部性的规制及反思

外部性既是一种成本、收益不对等的现象，同时经过马歇尔、庇古、科斯、布坎南等诸多经济学者的反复论证和不懈研究，它已经发展成为一种重要的理论工具。本书对外部性的阐述，既包括对外部性现象的分析，又包括对外部性理论的应用。外部性在环境法中的应用主要体现在两个方面：作为理论基础的外部性和作为分析工具的外部性。外部性是指导环境法制建设的重要理论，是环境法中某些法律原则或法律制度确立的直接依据。人们通过把经济学中外部性的研究成果运用在环境立法中，即采用经济效果最佳的措施并将其制度化来指导环境法的发展。同时，外部性对环境法更具有方法论上的意义。对于一种理论而言，解释（Explanation）乃是其首要功能[1]，因此，借鉴经济学中的成本——收益分析方法，我们不但可以运用外部性理论解读环境问题，还可以对环境法的某些制度、措施从不同的视角加以理解。

一、我国环境法偏重负外部性规制的典型剖析

借鉴负外部性理论，我国环境法对各种环境负外部性行为进

---

[1]　［美］詹姆斯·M. 布坎南：《公共物品的需求与供给》，马珺译，上海人民出版社 2009 年版，第 1 页。

行规制，这在我国的环境管理机制、法律制度和侵权责任原则中都有体现。

（一）环境管理机制的考察

经济学研究表明，外部性是市场失灵的重要表现，这为政府干预提供了有力的注脚。1958 年，自美国麻省理工学院的贝特（Bator）教授在《市场失灵》一文中使用"市场失灵"对外部性、不完全竞争等内容进行概括之后，"市场失灵"这一概念得到了广泛应用。按照经济学的理论观点，企业是以营利为目的的社会组织，通过市场机制使企业自觉治理污染和破坏，并负担污染和破坏造成的社会损害费用是难以做到的，环境污染、噪音干扰等负外部性问题是市场无法克服的痼疾，只有政府介入，通过"庇古税""政府补贴""强制性规制"等命令－控制型管理方式才能使负外部性内部化。借鉴经济学领域的上述观点，各国都强调政府在环境保护中的作用，注重国家对环境的管理。例如，"在 20 世纪 60 年代，西方国家都对工厂排放的各种污染物制定了比较严格的环境标准，并强制企业予以遵守。"① 因此，从某种程度上而言，各国环境管理都具有政府主导的特征，我国也不例外。

一般而言，环境管理机制主要包括行政强制、行政指导、经济刺激、公众参与四种。在市场失灵和负外部性理论的影响下，我国确立了以行政强制为主，行政指导、经济刺激、公众参与为辅的环境管理机制。

行政强制环境管理机制主要是"以制定环境法律法规和环境

---

① 曲格平：《梦想与期待：中国环境保护的过去与未来》，中国环境科学出版社 2000 年版，第 163 页。

标准，并强制予以实施的方式，来达到国家确定的环境环保要求。"① 目前环境法通过设置各种环境管理制度、规定各种环境管理措施，发挥政府在纠正环境负外部性行为中的主导作用。1973 年，我国开始实行的第一项环境管理制度——"三同时"②制度就是强调行政手段的典型，之后在 1979 年《环境保护法（试行）》中增加的排污收费制度和环境影响评价制度，也是由政府主导，并作为一种强制行为通过政府体制实施的。1989 年，第三次全国环境保护会议又出台了五项新的环境管理制度：环境目标责任制度、城市环境综合整治定量考核制度、排污许可证制度、限期治理制度和污染物集中控制制度，纵观这些法律制度，大多具有行政强制的性质。虽然排污收费制度在一定意义上是经济刺激的一种，但由于其建立在国家制定污染物排放标准的基础上，实施过程中也体现出强烈的行政强制色彩。

随着经济社会的不断发展和环境管理思想的转变，20 世纪 90 年代以后，行政指导、经济刺激、公众参与等管理手段在我国不断增多。例如，征收环境资源税、开展排污权交易、确立环境标志制度、通过立法加强公众参与、试行环境合同、环保协议等。但总体而言，目前我国还是采取以行政强制为主的环境管理机制，多数环境法律制度都具有行政强制的性质。"中国环境保护法的模式具有国家负责为主、群众参与不足、强化行政管理手段、单向、线性、静态的特点。"③ 而之所以出现这种现象，和负外部性理论的影响密不可分。作为"史上最严"的 2014 年

---

① 曲格平：《梦想与期待：中国环境保护的过去与未来》，中国环境科学出版社 2000 年版，第 163 页。

② 即建设项目中的防治污染的设施必须与主体工程同时设计、同时施工、同时投产使用。

③ 王伟达："中国环境保护法的发展及其法律模式问题"，载《同济大学学报（社会科学版）》1998 年第 4 期，第 50 页。

《环境保护法》仍具有浓厚的"管制法"色彩，与 1989 年《环境保护法》相比，该法赋予环境保护管理部门更多行政职权，例如，现场检查、按日处罚、调查取证、行政审批、行政处罚、环保设备检查、环保产品认证、移送公安机关行政拘留等，通过赋予管理部门广泛的环境管理权来开展环境保护工作。

（二）基本法律制度的考察

在我国环境保护基本法律制度中，环境资源税费制度、环境资源许可制度和污染物集中控制制度等都受到了负外部性理论的影响。其中，环境资源税费制度是对负外部性行为规制的典型，也是污染者负担原则的具体应用。

环境资源税费制度是关于环境资源税费征收的法律规范的总称。环境资源税费是指国家依法对向环境排放污染物的排污者以及环境资源的开发利用者征收的环境资源税或环境资源费。根据《环境保护法》《矿产资源法》《森林法》《水土保持法》等相关法律规定，目前我国的环境资源税费制度主要包括：排污收费制度、矿产资源税制度、土地复垦费制度、水土流失防治费制度、森林植被恢复费制度等。环境资源税费作为环境保护领域中控制环境污染的重要手段，最早可以追溯到庇古在《福利经济学》中的论述，庇古用企业污染的例子说明了负外部性的存在，并主张应该根据污染者所造成的危害对排污者征税，用税收方式弥补私人成本和社会成本之间的差距，使资源配置回到帕累托最优状态。后来，人们把这种税称为"庇古税"。由此可见，环境资源税费制度的理论基础便是"庇古税"，该制度设计的机理主要是针对排污者、环境资源开发利用者的各种环境污染、破坏行为，通过政府收取一定的费或税，用于环境资源的修复和治理，以实现排污者、环境资源开发利用者负外部性行为的内部化，促进环境资源的合理开发利用。

环境资源许可证制度是有关环境资源行政许可的各种法律规范的总称，具体包括排污许可证制度、建设用地规划土地许可证制度、森林采伐许可证制度、取水许可证制度、探矿和采矿许可证制度等，这些制度的设置主要是为了把各种对环境有影响的活动以及自然资源开发利用活动纳入国家的统一管理，特别是对各种损坏环境资源的活动进行监督管理。它是政府运用行政手段管理环境资源的主要形式，从经济学角度看，是对各种环境负外部性行为的监督管理，是负外部性理论的具体应用。此外，限期治理制度和污染物集中控制制度也体现了运用国家行政手段对环境负外部性行为的规制，从中也可以看到负外部性理论的影子。

（三）对侵权归责原则的修正

外部性在法学中的应用可以追溯到科斯将侵权视为一种外部性行为，并提出通过产权交易的方式进行解决。萨缪尔森也认为，矫正外部性政策之一就是"承担后果的法规"，"在这种制度下，外部经济效果的产生者将对由此而造成的对其他人的任何损害负有法律上的责任。"[1] 可见，萨缪尔森把外部性视为一种侵权行为并主张运用"法规"把外部性内部化。当然，外部性也有大小轻重之分，大小轻重的不同显示了对当事人侵害程度的不同，导致相应法律规则设置的差异，"负面影响的广度以及这种影响而产生的社会成本的大小决定了负外部性的强弱，而负外部性的强弱则决定了以罚款等经济处罚和徒刑等刑事处罚为形式的公权干预的必要性及其程度。"[2] 也就是说，如果产生的负外部性比较轻微，一般可以通过民事责任的设置进行规制，如果产生的负外部性比较严重，可能需要利用公权通过刑法、行政法等

---

① ［美］保罗·A. 萨缪尔森，威廉·D. 诺德豪斯：《经济学（第12版）》，中国发展出版社1992年版，第1221页。

② 应飞虎："为什么'需要'干预？"，载《法律科学》2005年第2期，第54页。

法律予以规制。外部性理论的引入为侵权问题的解决提供了新思维，促进了侵权法归责原则的演变，具体而言就是："促使侵权行为法领域中过失责任原则向严格责任原则的变迁。"① 按照传统的过失责任原则，加害人对于损害的发生有故意过失时才承担法律责任，但这样的规则原则在应对缺陷产品致损、环境污染等负外部性问题时显得无能为力，为了彰显社会公平正义，各国纷纷修正侵权法理论，对负外部性的行为主体采取了严格责任原则。由此可见，外部性理论对于促进侵权法的发展发挥了重要作用，正如有的学者所言："将外部性理论应用于侵权法的分析是法经济学的有益尝试，它为我们理解侵权法律制度提供了新的视角，也为评价侵权法的效率提供了依据。"② 在此之后，越来越多的法理、民法、行政法、经济法等领域的学者纷纷把外部性理论引入法学研究和应用中。

二、我国环境法偏重负外部性规制的原因分析

我国环境法偏重对环境负外部性行为的规制并非偶然，它既和环境法产生的时代背景有关，又和环境法发展的历史阶段相连，具体包括以下几个方面。

（一）环境法自身理论不足

无论从世界范围还是国内视野来看，环境法都是一门新兴的法学学科。从世界范围看，大规模的环境立法产生于 20 世纪 60 年代之后。例如，日本政府于 1967 年颁布了《日本公害对策基本法》并在 1970 年召开了"公害国会"，"制订了包括《公害对

---

① 郑鹏程："论经济法制定与实施的外部性及其内在化"，载《中国法学》2003 年第 5 期，第 114 页。

② 魏建、黄少安："经济外部性与法律"，载《中国经济问题》1998 年第 4 期，第 24 页。

策基本法》修正案在内的公害 14 法"①，奠定了现行环境政策的基础。英国除了围绕水、噪声、大气、固体废弃物的污染防治进行了大量的环境立法，还制定了一部综合性污染控制法规即《1974 年污染控制法》。美国环境法也在 20 世纪 70 年代以后获得了大发展，不仅制定了国家基本环境政策的立法——1969 年《国家环境政策法》，还对大多数环境污染和自然资源破坏予以控制，使美国环境法形成了比较完整的体系。② 1972 年，联合国人类环境会议的召开加深了人们对环境问题的认识，扩大了环境问题的关注范围，促使世界各国环境法迅猛发展起来。我国环境法也正是在这一潮流中开始起步，1973 年，国务院召开了我国第一次环境保护工作会议，拟定了《关于保护和改善环境的若干规定（试行）草案》，拉开了中国环境保护工作的序幕；1979 年，《环境保护法（试行）》颁布，标志着我国环境法正式产生。从 20 世纪 70 年代初产生至今，我国环境法只有 40 余年的历史，与其他具有百年甚至千年历史的传统法学学科相比，年轻的环境法还缺乏夯实的理论支持，因此环境法在建立之初便从其他学科中汲取了诸多养分。正如李启家教授所言："环境法学作为新兴的和后进的法学学科，从一开始便受到环境科学和经济学理论的强烈影响。"③ 这在国内外环境法发展过程中概莫能外。

　　20 世纪 60 年代末期，为了应对环境污染治理费用不公平分

---

　　① ［日］岩佐茂：《环境的思想——环境保护与马克思主义的结合处》，韩立新等译，中央编译出版社 2006 年版，第 14 页。

　　② 20 世纪 70 年代之后，美国制定的关于污染防治的立法主要包括：《清洁空气法》《联邦水污染控制法》《固体废物处置法》《联邦农药法》《有毒物质控制法》《综合环境反应、赔偿和责任法》《海洋倾倒法》《安全饮用水法》《噪声控制法》等；关于保护自然资源的立法主要包括：《海岸带管理法》《濒危物种法》《联邦土地政策法》《露天采矿控制和回填法》以及关于保护森林的法规。参见王曦：《美国环境法概论》，武汉大学出版社 1992 年版，第 174 ~ 175 页。

　　③ 李启家："环境资源法律制度体系的完善与创新"，载中国环境法网，http//jyw. znufe. edu. cn/hjfyjw/Article/2008 - 1/2008111214147230. html，2003 年 9 月 29 日。

担的问题，经济合作与发展组织（OECD）提出了"污染者付费"原则，此后，这一原则在许多国家环境立法中得以借鉴或确立。尽管美国立法中没有明确规定"污染者负担原则"，但其20世纪七八十年代的环境立法还是受到了这一原则的影响，《清洁空气法》（1970）、《清洁水法》（1977）中的某些条款要求污染者承担责任以满足环境标准，《超级基金法》规定了土壤污染者的治理责任，并设立了一套严格、连带和溯及既往的法律责任制度。德国、日本还把"污染者负担原则"进行了扩大应用。例如，德国在循环经济立法中确立了"扩大生产者责任"原则，这是污染者负担原则在废弃物问题上的具体运用；日本的《循环型社会基本法》也确立了"排放者责任原则"，即废弃物的排放者负责对废弃物进行回收再利用和处理。我国环境法的产生和发展在很大程度上是借鉴国外先进立法经验的结果，从西方国家环境法中借鉴了"污染者负担原则"，把负外部性理论运用于我国环境法中。

（二）"自上而下"的政府主导型环境法产生方式

公众在西方发达国家环境法发展过程中发挥了重要的推动作用，环境立法最初来源于环境污染侵害公众健康权益的判例，并随着环境侵权个案的不断增多引起了社会的广泛关注。可以说，西方发达国家环境法发展是随着公众环境意识的提高、在公众的推动下长期"自然演化"的过程与结果，是一种"自下而上"的自然演进型产生方式。与西方国家环境法相比，我国环境法的产生缺乏民众环保力量的推动，难以形成保护环境的"自发秩序"。20世纪70年代的中国，人们的思想还被"文革"的思潮所禁锢，对于大多数人而言，"环境保护"还是一个陌生的词汇。即使在接触到环境问题的人群中，也有许多人把环境问题的原因归结为社会制度，认为环境问题是资本主义的产物，在社会主义国家里，不会产生环境问题。因此，当时的社会公众甚至包括许多领导人还缺乏对环境问题的认识，也缺乏环境保护的意识。此外，当时的中国还没有民间团体，无法像西方国家那样依靠民众的力量推动环境立法的出现，环境法的产生缺乏"社会大众"和"民间团体"的土壤，总体而言，"我国环境法的产生缺乏草根性和本土性。"①

我国环境法产生于 20 世纪 70 年代。1972 年，中国代表团参加了斯德哥尔摩联合国人类环境会议，在会议影响下，国务院召开了我国第一次环境保护工作会议，拟定了《关于保护和改善环境的若干规定（试行）草案》（1973），拉开了中国环境保护工作的序幕。会后，国务院批准了关于环境保护工作的规划，建立了环境保护工作机构，全国各地也纷纷设立了环境保护临时性机构，北京、上海、广州、天津、武汉等一批城市进行了环境污染的调查和评价工作，这对于人们认识环境问题起到了积极的推动作用。1979 年，我国《环境保护法（试行）》颁布，标志着我国环境法正式产生。20 世纪 80 年代，我国社会工作的重心是以经济建设为中心，但在政府的推动下，我国进一步制定了环境保护的政策和相关法律。因此，如果说西方发达国家环境法是长期的"自然演化"的结果，那么我国环境法的产生则是基于短期的"理性建构"。由于缺乏内在的驱动力，我国环境法是在政府的推动下采取的"自上而下"的产生方式，由此导致环境法具有较浓厚的行政色彩，在环境管理方法上采用了较多的行政手段。由于我国还处于计划经济向市场经济的转轨时期，市场经济尚未得到全面发展，因此，我国环境法在按照市场规律，调动企业、公民对于环境守法的自发性、自觉性方面做得不够。

---

① 李启家："环境资源法律制度体系的完善与创新"，载中国环境法网，http：//jyw. znufe. edu. cn/hjfyjw/Article/2008 – 1/2008111214147230. html，2003 年 9 月 29 日。

（三）部分地区环境污染严重

人们对于环境问题的认识经历了由浅到深、由局部到全面的发展过程，在我国环境法产生初期，人们对于环境问题的认识主要集中在严重的环境污染方面，因此也注重对负外部性理论的应用。当时的中国，最主要的环境问题就是严重的环境污染，"比较突出的，像大连湾、胶州湾、上海、广州这一带，海湾的污染已经非常严重……城市的大气污染，从东北一直到华南，几乎所有大中城市都面临大气污染问题……水污染也很突出。"① 尽管生态也遭到了诸多破坏，例如，草原退化、水土流失加剧等问题大量存在，但与水污染、大气污染这些与人们日常生活密切相关的问题相比，生态破坏的严重性还没有引起人们足够的重视，因此，当时中国的环境立法主要围绕污染防治问题展开。1974 年，针对严重的海湾污染，国务院颁布了《中华人民共和国防治沿海水域污染暂行规定》，此外，还针对当时人们普遍关注的"废水、废气、固体废弃物"颁布了一些新的环境标准，例如，《工业"三废"排放试行标准》《生活饮用水卫生标准》《食品卫生标准》等，为国家的环境管理提供了新规范。由此可见，我国环境污染的严重现实客观上需要污染防治立法的确立和发展。

（四）经济发展与环境保护具有"共时性"

根据马克思主义政治经济学经济基础决定上层建筑的基本原理，我国环境立法的诸多内容归根结底是由我国的经济状况决定的。"从最终极的意义上讲，法律体系是经济关系的反映，它必须适应于总的经济状况，因此，法律体系的形成是由客观经济规

---

① 曲格平：《梦想与期待：中国环境保护的过去与未来》，中国环境科学出版社 2000 年版，第 40 页。

律和经济关系决定的"[1]。在环境法产生初期，即使能够认识到生态损害的危害性，也难以有足够的经济力量进行修复和改善，而只能对于突出的环境污染问题"先予关照"、进行遏制。中西方的环境法都经历了产生、发展和完善的不同阶段，但是由于时代背景的不同，两者在每个阶段的关注重点也有所区别。

随着"二战"的结束和第三次科技革命的兴起，西方主要发达国家工业化进程不断加快并在 20 世纪五六十年代初步实现了现代化。在此之前，环境问题还不具有普遍性，也没有引起人们的广泛关注，因此，西方发达国家现代化过程中较少有来自环境保护的压力。直到 20 世纪六七十年代，世界性环境保护和环境立法的浪潮才源于西方主要发达国家。随着《寂静的春天》的问世、圣巴巴拉海峡污染事故的发生、"罗马俱乐部"的成立以及《增长的极限》报告的发布，西方生态环保主义运动得到新发展。尤其是 20 世纪 70 年代初期，在各种环保组织的推动下，西方国家的校园里、社会上掀起了一系列声势浩大的环境保护运动。在这些环保运动的推动下，西方国家的环境立法也大量涌现并对国际社会产生了深远的影响。例如，日本、英国、美国、德国等国家都在这一时期进行了大量的环境立法，形成了比较完整的法律体系。从西方发达国家环境法发展的历程中我们可以看出，"西方现代化的实现问题与环境保护的问题总体上是两个处于不同时代的问题，是'非共时性'问题"。[2]

但我国环境保护和现代化的进程却同时进行，环境保护和经济发展存在"共时性"的问题。20 世纪 70 年代末期改革开放后，我国开始了工业化、现代化的发展进程，同时也开启了环境

---

① 张文显：《法理学》，高等教育出版社、北京大学出版社 2012 年版，第 78 ~ 80 页。

② 孟庆磊：《环境责任论——兼对环境法若干基本理论问题的反思》，中国海洋大学 2008 年博士学位论文，第 222 页。

保护和环境立法的序幕，这种环境保护和经济发展的"共时性"在客观上导致环境利益和经济利益、环境保护和经济发展存在一定的冲突。在西方国家现代化过程中，人们还没有深刻意识到环境问题的危害性和环境资源的稀缺性，其现代化进程中很少受到环境保护的阻力，才可以采取"先污染、后治理"的环保道路。而当西方国家着力进行环境保护、环境修复时，现代化又为其提供了有力的经济支持和社会基础，可以说，西方国家因其现代化与环境保护的"非共时性"而有所受益。但是我国环境保护和经济发展却存在"共时性"问题，随着现代生态学和自然科学的发展，人们已经深刻意识到工业化、现代化对环境的破坏和危害，也深深地害怕于发达国家"先污染后治理"的惨痛教训，但面对尚不富足的生活现状和更加迫切的经济发展需要，在经济发展和环境保护的艰难抉择中，人们心中的天平还是会倾向于经济优先发展。因此，尽管我国《环境保护法》明确规定了环境保护坚持"保护优先"的原则，但现实中仍然存在着大量的为发展经济而置环境保护于不顾的实例。面对经济发展和环境保护的严重冲突，我国环境法在理念选择上体现出明显的"利益限制"的色彩。

三、我国环境法偏重负外部性规制的消极影响

在我国环境保护历程中，我国环境法加强对环境负外部性的规制具有必要性，但是，这种对负外部性的过多关注也给我国环境法带来了许多消极影响。

（一）环境管理工作重心偏颇、管理手段单一

长期以来，在环境管理工作中，我国注重对负外部性行为的抑制，忽视对正外部性行为的激励，导致环境管理工作中重心偏颇、管理手段比较单一。

首先，环境管理工作中重心偏颇。根据《环境保护法》规

定，地方各级人民政府应当对本行政区域的环境质量负责。环境质量的下降不仅包括环境污染、还包括资源损耗、生态破坏等，这应成为我国环境管理的重要内容。但从目前的实际环境管理工作来看，却是重污染防治、轻生态恢复，重污染收费、轻生态补偿。作为环境保护领域的基本法律，其涵盖环境污染防治和资源保护，但内容过多地集中在污染防治上，对资源和生态的保护仅是少量的政策宣示。① 尽管《环境保护法》第三章规定了"保护和改善环境"的要求和措施，但这些规定多采用原则性和宣示性语言，缺乏具体的操作性。

其次，环境管理手段比较单一。自环境法产生以来，受计划经济时代背景的局限和全能政府观念的影响，国家环境管理者的主要目光集中在企业排污等负外部性行为上，过分强调行政强制手段的作用，注重对企业负外部性行为的抑制，漠视市场和社会的调节力量，忽视对正外部性行为的激励，因此在环境管理工作中经济激励手段、公众参与机制运用不多。例如，"在环境保护立法领域，其基本原则和制度大多建立在行政管制、行政处罚的基础上；在资源立法领域，也是以行政主导的思想为主，其具体制度的安排与实施多是围绕政府供给与行政分配进行，市场供给机制几乎没有进入法律制度规定之中。"② 这种传统的以行政强制为主的环境管理模式已经显现出效率较低、成本过高等弊病，难以适应环境保护的需要。

（二）环境公共物品供给法律制度缺失

受资源稀缺和资源有限理论的影响，现行环境法更多关注的

---

① 胡耘通、陈德敏："基本法视域下的《环境保护法》考量"，载《生态经济》2013 年第 7 期，第 168 页。

② 宋磊："两型社会建设的环境法实施路径分析"，载《湖南行政学院学报》2009 年第 5 期，第 42 页。

是环境行为的"负外部性及其内部化",相关法律制度也主要围绕环境公共物品的"损害减少"和"使用消费"进行设计。例如,排污收费、排污许可证、污染物集中控制、自然资源税费等制度。但资源的稀缺和有限更需要我们积极促进环境正外部性行为、增加环境资源的有效供给,例如,开展植树造林、水土保持、生态修复等工程,对破坏的生态环境进行修复和改善,以及寻找、开发新的替代资源等。但目前我国关于环境公共物品"保持增益"和"生产供给"的法律制度比较缺失和不尽合理。

生态补偿制度对于促进公众参与环境公共物品供给具有重要的意义,我国也开展了生态补偿的立法实践,但由于该制度在具体设计上存在不合理之处,导致现实中实施效果不佳。例如,目前生态补偿制度都规定了对退耕还林农户的补偿时限,这导致在补偿期限内农户护林护草的积极性比较高,但一旦超过补偿期限无法享受补偿时,又出现农户毁林毁草的情况,产生新一轮的生态破坏。"按照阿马蒂亚·森的观点,应当给予发展的补偿。发展补偿最重要的不是有限定的经济补偿,而应是发展能力的补偿。"① 因此,传统"输血"式的补偿方式需要转变为"造血"式的补偿方式,在已有的资金补偿、实物补偿、政策补偿的基础上,更加注重能力补偿或智力补偿。而更多的关于环境公共物品供给的法律制度,例如,环境生产制度、生态产品交易制度等,我国环境法还缺乏应有的规定,导致公众和社会参与环境公共物品供给的积极性不高。

(三)环境法实施效果不佳

"一个切实可行并有效的法律制度必须以民众的广泛接受为基础,而相当数量的不满和反对现象的存在所标示的则是法律的

---

① 李启家:"中国第二代环境法的发展",载《上海法治报》2009 年 3 月 11 日。

一种病态而非常态"①。从实施效果来看，可以毫不夸张地说，我国环境法就处于这样的"病态"之中。截至 2017 年，我国先后制定颁布了近 30 部环境保护法律、60 余项行政法规形成了适应市场经济体系的环境法律和标准体系。然而，这些法律、法规的实施效果却不尽如人意。守法成本高、违法成本低，损失常常由社会和国家买单等不合理现象大量存在，森林草原不断退化、水土流失加剧、江河源头枯竭、生物多样性锐减等生态恶果不容忽视。当然，这其中的缘由不一而足，但重要原因之一就是环境法律规范背后落后的立法理念以及不完善的法律措施。

在负外部性理论的影响下，环境法的立法目的在于修改和校正不当的负外部性行为，实现负外部性的内部化。这具有一定合理性和必要性，然而，我国环境法对负外部性理论的过分强调和片面运用导致了"利益限制"的立法理念，其实质是"通过对一方或双方的利益限制对因环境资源破坏所致的利益减损进行分配和负担，以利益限制对基本环境资源的冲突与矛盾进行纠正"②。这种立法理念把经济利益和环境利益对立起来，但无论对哪一种利益的限制都会遭到人们内心的反对。法律的实施需要人们对法律规范基本精神的内心认同，在得不到认同的情况下，实施效果可想而知。环境法的实施既需要环境管理部门的强力执法，又需要企业和社会公众的自觉遵守，然而，在过分强调政府行政强制手段的环境管理模式下，政府权力不断扩张的同时企业和公众的"话语权"和利益却往往被忽视。这一方面致使政府行为得不到监督和规范，各种政府不作为、不当作为频繁发生，"政府失灵"现象大量存在；另一方面导致公众的环境需求得不

---

① 赵震江：《法律社会学》，北京大学出版社 1998 年版，第 358 页。
② 张璐：《环境产业的法律调整——市场化渐进与环境资源法的转型》，科学出版社 2005 年版，第 25 页。

到满足，企业参与环境保护的积极性不高、守法的主动性不够，环境法实施效果不佳。

四、偏重负外部性规制的反思与启示①

（一）偏重负外部性规制的反思

作为经济学中的重要概念，外部性本身没有问题，但由于对负外部性规制的偏重以及对负外部性理论的不当运用，我国环境法在借鉴外部性理论时出现了一些偏差和失误，主要体现在以下几个方面：

1. 应用失衡：把外部性等同于负外部性，忽视正外部性，造成了外部性理论的单向度应用。

与企业排污、噪声干扰、滥砍滥伐等显见的负外部性行为相比，生态修复、生物自然力、生态农业等典型的正外部性行为直到近年才开始进入人们关注的视野。我国环境法在借鉴外部性理论之初也主要用来分析环境污染、生态破坏等环境问题，导致人们产生了外部性等同于负外部性的错觉，相关法律制度主要围绕负外部性行为的事后抑制和环境资源的"损害减少"和"使用消费"进行设计，重视环境损益的防止、忽视环境增益的添加。环境问题的解决不但需要我们减少对环境资源的损害和使用，更需要我们积极补偿和回馈自然，促进生态修复等环境正外部性行为，增加环境公共物品的有效供给。但是，由于缺乏对正外部性的关注，我国关于环境资源"保持增益"和"生产供给"的法律制度非常缺乏，导致公众和社会参与维护环境公共利益的积极性不高。

2. 规制失衡：重视对企业等行为主体负外部性的规制，忽

① 参见张百灵："外部性理论的环境法应用：前提、反思与展望"，载《华中科技大学学报（社会科学版）》2015年第2期，第46~48页。

视对政府负外部性的消解。

我国环境法针对企业等行为主体创设的管制制度涵盖设计、生产、流通、消费、回收等多个阶段，涉及污染防治、资源开发、生态保护等多个领域。在污染防治领域，包括排污许可、排污收费、总量控制、"三同时"、现场检查、限期治理、按日处罚、停业关闭、治安拘留等制度；在资源开发领域，包括资源开发登记许可、资源税费、监督检查、行政处罚、行业监管等制度；在生态保护领域，包括限期治理、生态管护、征收税费等制度。但是，对于政府，环境法更多的是赋予职权使其"管好别人"，忽视加强责任追究使其"管好自己"。尽管被专家称为"史上最严"的 2014 年《环境保护法》把加强政府环境责任作为重点，新增了规范和制约政府环境行为的大量条款。但是，通过对《环境保护法》进行仔细研究和考量，我们发现，"该法给人民政府提出的义务性规定达 50 多处，给环境保护部门和有关部门提出的义务性规定达 30 多处，但是在法律责任部分，只有十项规定是指向政府以及有关部门的。也就是说，对政府而言多数还是号召性的条款，对政府和有关部门没有约束力。"① 在政府权力不断扩张、企业和公众的"话语权"和利益不断被忽视的情况下，政府的环境行为得不到有效监督和规范，政府不作为、不当作为频繁显现，环境冲突和群体性事件不断发生，形成了环境保护国家化与责任承担虚无化之间的悖论。

当然，上述只是我们借鉴外部性理论存在失误的表象，对表象背后的本质原因进行深入反思才是我们探讨的重点。之所以出现上述偏差和失误，是因为对于环境问题的成因分析和外部性的解决方法，经济学和法学具有不同的思量和价值选择，但我国环

① 孙佑海："新《环境保护法》：怎么看？怎么办？"，载《环境保护》2014 年第 10 期，第 21 页。

境法在借鉴外部性理论时，恰是忽视了不同学科之间的差别，缺乏对我国环境问题的本土化考量，犯下了简单移植的错误。

首先，"市场失灵"（Market Failure）抑或"政府失灵"（Governmental Failure）：对环境问题主因的不同思量。

较早对企业污染等环境问题进行关注的经济学家庇古指出，当出现外部性时，市场并不能解决这个问题，需要政府进行适当干预——对正外部性行为进行补贴，对负外部性行为进行征税或收费。经济学研究认为，企业是以营利为目的的社会组织，通过市场机制使企业自觉治理污染和破坏，并负担污染和破坏造成的社会损害费用往往难以实现，只有政府介入，通过强制性管理方式才能使负外部性内部化。因此，经济学界是从"市场失灵"问题分析外部性问题。尽管此后的研究表明政府同样存在失灵的危险，但并不妨碍经济学界把"市场失灵"作为环境问题的主要原因。

我国环境法把经济学界对环境问题原因的认识直接借鉴，以"市场失灵"作为环境问题的主因并制定了大量制约和规制企业负外部性行为的法律规范和制度。虽然"市场失灵"和"政府失灵"共存于我国环境保护领域，但我国环境问题的主因并非"市场失灵"，而是"政府失灵"。我国政府在环境问题应对上存在"先天不足"和"后天失调"的双重弊端，一方面，我国经济发展与环境保护具有"共时性"，客观上存在经济利益和环境利益、经济发展和环境保护之间的冲突，而政府（尤其是地方政府）担负着发展经济和保护环境的双重责任，容易出现重经济利益轻生态利益，重经济责任轻环境责任的行为偏好。另一方面，政府并非完美的化身，其本身存在着"权力寻租、政府公共决策被利益集团挟持等难以克服的缺陷。"① 从我国环境保护实践看，无论是环境政策制定中对环境资源支撑能力的忽视和对生态规律的违背，还是环境执法中对排污企业的偏袒和对负面环境信息的"雪藏"，都使政府在一定程度上成为环境污染者或生态破坏者。因此，破解当前阶段我国环境问题的良方，"应当是从解决'政府失灵'问题入手，达到消除或极大地减少资源环境领域'市场失灵'的目的。"②

其次，效率抑或公平：经济学与环境法学的不同价值取向。

经济学对外部性关注的目的是政府采取措施实现外部性内部化、克服市场配置资源的无效率或低效率，达到资源配置的最优状态。其背后体现的是经济学追求效率的基本价值取向，也即如何实现经济利益的最大化，其对环境利益的关注并不充分甚至是在"环境保护"的旗帜下为经济发展保驾护航。环境法作为基本法学部门之一，在其价值谱系中，公平价值应当优位于效率价值，环境法在追求公平价值的目标下，力图实现公平和效率的平衡，环境法对外部性的关注应该是实现环境损害的公平分担和环境利益的公平分享。在环境法产生初期，我们把经济学中外部性理论的研究成果运用在环境立法中，即采用经济效果最佳的措施并将其制度化来指导环境法的发展，很多制度在短期内对于环境问题的解决具有迅速且积极的效果，但从长远看却留下诸多后遗症。例如，我国环境保护中大量使用的行政强制、直接管制制度缺乏对不同区域环境状况不同、不同行业污染防治成本不同、不同企业治污水平不同的考量，采用同一标准进行"一刀切"，导致有失环境公平、阻碍治污科技创新等问题的出现。

---

① 柯坚："我国《环境保护法》修订的法治时空观"，载《华东政法大学学报》2014 年第 3 期，第 22 页。

② 王曦："建设生态文明需立法克服资源环境管理中的'政府失灵'"，载《环境保护》2008 年第 5 期，第 24 页。

（二）偏重负外部性规制的启示

上述种种偏差和失误给我国环境法带来了诸多弊端，反映在环境法制建设中，就是造成了环境法律体系的"畸形"，引发了环境保护工作重心的不当倾斜；"反映在环境管理工作中，就是重污染防治、轻生态建设，重污染收费、轻生态补偿，重环境损益的防止、轻环境增益的添加；反映在生态现实中，就是森林草原退化、水土流失、沙漠化、江河源头枯竭、生物多样性锐减等恶果。"① 因此，我们需要改变对外部性理论的单向度应用，充分挖掘外部性理论对环境法的贡献。

1. 外部性的类型化及其环境法借鉴

与概念式思维存在非此即彼的缺陷相比，类型化思维更有利于我们构建关于外部性的"统一建筑蓝图"②。类型化思维和方法的典型代表是德国学者马克斯·韦伯构建的"理想类型"（ideal - type），借助这一分析工具，我们可以把经济学领域的外部性归纳为九种类型③，深入挖掘不同类型的外部性都可以给予环境法诸多启示和借鉴。例如，与生产领域的外部性相比，过度

① 刘国涛：《和谐社会之环境立法研究——生物自然力法制构建与农业实践》，知识产权出版社 2012 年版，第 75 页。

② 林立：《法学方法论与现代民法》，中国政法大学出版社 2002 年版，第 142 页。

③ 根据外部性的作用效果，可以分为正外部性（外部经济性）与负外部性（外部不经济性）；根据外部性的产生领域，可以分为生产外部性和消费外部性；根据外部性产生的时空范围，可以分为代内外部性和代际外部性；根据外部性的根源，可以分为物质外部性与制度外部性；根据是否有竞争性和排他性，可以分为公共外部性和私人外部性；根据外部性的产生者和承受者能否通过某种交易实现帕累托改进，可以把外部性分为帕累托相关外部性和帕累托不相关外部性；根据外部性的承受者能否预期到外部性的存在，可以分为可预期外部性（稳定外部性）与不可预期外部性（不稳地外部性）；根据外部性的影响是否具有交互性，可以分为简单外部性（单项外部性）与复杂外部性（交互外部性）；根据外部性产生的前提条件，可分为竞争条件下的外部性与垄断条件下的外部性。在上述分类中，最为重要的是负外部性和正外部性之分。

消费、炫耀性消费等非理性消费行为引起的环境问题已日益严重，甚至有学者早在 20 世纪就断言："消费问题是环境危机问题的核心。"① 但是，我国环境法对于消费外部性问题还没有足够的关注，促进生态消费的法律体系尚未形成，相关法律制度也非常缺乏。在消费外部性日益凸显的时代，环境法应该通过产品环境标准、政府绿色采购、生态消费税收等制度为生态消费提供必要的激励和保障。代际外部性从纵向维度提出了消除前代对后代、当代对后代不利影响的问题，这与可持续发展理论和代际公平理论不谋而合，对于环境法构建立体的、多维度的利益平衡机制具有重要启示。制度外部性意指法律、政策、制度的制定及实施也会产生外部性。"由于利益外溢，一个州的法律（包括环境法）的运行在影响本州居民成本或收益的同时，也会给其他州带来外部性的影响。"② 郑鹏程教授也指出，"法律的制定与实施，常常存在给第三人带来额外成本或收益的情形"，他把这种情形称为"法的外部性"③。例如，长期以来环境法律责任偏轻对违法行为产生鼓励，造成守法成本高、违法成本低的环保困局，部门立法或区域立法会给其他人带来不利影响。我们应该把审视外部性的目光加以扩展，不再囿于传统的负外部性理论，通过对外部性理论进行全方位解析和多类型借鉴，为我国环境法的发展提供更多的理论来源和方法指导。

2. "政府失灵"的积极应对

"政府失灵"存在于环境管理、环境决策、行政执法多个环节，与个别的企业污染相比，其对于环境的潜在负面影响范围更

---

① ［美］施里达斯·拉尔夫：《我们的家园——地球》，夏堃堡等译，中国环境科学出版社 2000 年版，第 13 页。

② Samuel Issacharoff, Catherine M. Sharkey. Emerging Issues in Class Action Law, UCLA Law Review. 53 UCLA L. Rev, 2006, (7): 1353.

③ 郑鹏程："法的外部性"，载《文史博览（理论）》2005 年第 2 期，第 53 页。

广、时间更久，成为我国环境立法越来越完善、环境形势却越来越严峻这一困境的根本原因。因此，解决我国环境问题的出路，应该"以规范和制约有关环境的政府行为为战略突破口"[1]，采取措施矫正"政府失灵"现象。首先，环境治理权力分配的均衡化。我国中央政府和地方政府之间、地方政府之间、环境保护主管部门和其他部门之间在环境治理权力分配上均存在失衡现象。法律对中央和地方政府环境治理权力的范围缺乏明确划分，对地方政府跨区域环境治理合作缺乏明确规定，对于环境保护主管部门，法律规定其作为统一监督管理部门，但这主要是针对行政相对人而言的，法律并没有赋予环境保护主管部门对于其他行政主体在环境保护方面的"统一"权限和手段。[2] 应该理顺上述主体间的权力图谱，合理分配不同环境治理主体之间的权力，同时伴随着权力分配完善法律责任的分配与追究。其次，政府环境责任分配的层次化。改变重视地方政府环境责任、轻视中央政府环境责任的偏向，在环境风险防范、跨地区环境保护等方面让中央政府承担更多责任。对于地方政府，根据各层级地方政府能力的不同，分别设置不同的责任承担。再次，政府环境责任内容的多样化。政府不仅仅是生态环境监管者的角色，政府还应当承担起生态正义代言人、生态公共产品提供者和生态权利冲突仲裁者的责任[3]。最后，环境治理主体的多元化。借鉴环境治理理论，改进政府环境责任的同时，完善公众参与、排污权交易、环保产业、社区共管、环境保险等市场机制和社会调整途径，形成多元

---

[1]　王曦："新《环境保护法》的制度创新：规范和制约有关环境的政府行为"，载《环境保护》2014年第10期，第40页。

[2]　吴卫星："论环境规制中的结构性失衡——对中国环境规制失灵的一种理论解释"，载《南京大学学报（哲学·人文科学·社会科学版）》2013年第2期，第51页。

[3]　刘小龙、吕志："环境正义、利益博弈与政府责任"，载《医学与哲学（A）》2014年第2期，第9页。

化的环境治理主体。

3. 正外部性的应用与环境法的"正向构建"

环境问题的解决应该从规制"过度利用"和激励"有效供给"两个方面入手，但我国环境法"未能有效将激励机制和约束机制结合起来，实现激励与约束并举、激励与约束并重"①。因此，在对外部性理论多视角的诠释和借鉴中，尤其需要关注的便是正外部性理论。正外部性理论对于促进社会公共利益的维护和增进具有重要的指导意义，而目前我国环境保护工作中一系列问题的凸显也需要正外部性理论的指导，例如，生态修复、环境公共物品供给、生物相生功效的利用等。我们要重视正外部性理论的价值，发挥正外部性理论的作用，加强环境法的"正向构建"，促进和激励环境正外部性行为。

① 王清军："自我规制与环境法的实施"，载《西南政法大学学报》2017年第1期，第60页。

第二章　环境法的激励功能与
环境法的"正向构建"

环境法不但具有惩罚和震慑的传统法律功能，还具有不可或缺的激励功能，这种激励不同于罚款、责任承担等方式，其主要是一种使人"向上向善"的"正向激励"。发挥环境法的激励功能需要加强环境法的"正向构建"，环境法的"正向构建"既有理论依据又有现实需求。在理论上，公共经济学、伦理学、制度经济学等学科的发展为环境法的"正向构建"提供了理论依据；在环境保护现实中，存在大量的正外部性现象，产生"利益外溢"问题，急需环境法对此进行回应。

第一节　法律激励与环境法的激励功能

一、法律激励概述

（一）法律激励的含义

法律功能上的激励性是激励法最根本的特征①。法律是一种重要的行为规范，它通过对行为人利害的影响实现对行为人行为的引导，"行为的唯一正当理由，也是在逻辑上可以理解的理由，

---

① 倪正茂：《激励法学探析》，上海社会科学出版社 2012 年版，第 94 页。

说到底，是对功利的考量"①。在功利目的的指引下，法律便可通过"约束"和"激励"的双重功能实现法律秩序的维护。"作为规范意义上的法律制度，正是通过满足人的需要即激励与限制人的需要即约束这两种方式来实现对人的行为的指引和控制。"②

激励理论在法学中的应用首先需要明确激励的对象，激励对象在不同学科有不同表现。心理学的激励对象主要是作为个体以及社会成员的人；管理学的激励对象一般为员工、职工、组织成员等被管理者；而法学研究领域，现有的理论一般将法律激励的对象归结为当事人或行为主体③，也即法律行为的主体，具体包括：个人（自然人）、集体和组织（法人）、国家（国家机关）等。

从语义学的角度理解，激励指"激发动机、鼓励行为，从而形成一种动力，是指主体追求行为目标的愿望程度。"④ 简而言之，激励就是指激发和鼓励，即我们常说调动人的积极性，使之为一定行为。但是，激励不同于刺激，激励具有刺激性，但刺激不一定都是激励。刺激可能使人精神振奋、积极向上，达到激励的效果，也可能使人受挫或打击，从而产生消极的后果。因此，罚款、责任承担等方式具有刺激性，但不应该纳入法律的激励功能。

（二）法律激励的分类

法律激励是一个具有丰富内容的概念，按照不同的标准，可

①　［英］杰里米·边沁：《论道德与立法的原则》，程立显、宇文利译，陕西人民出版社 2009 年版，第 19 页。

②　谢玲、李爱年："责任分配抑或权利确认：流域生态补偿适用条件之辨析"，载《中国人口·资源与环境》2016 年第 10 期，第 111 页。

③　丰霏：《法律制度的激励功能研究》，法律出版社 2015 年版，第 45～46 页。

④　付子堂："法律的行为激励功能论析"，载《法律科学》1999 年第 6 期，第 22 页。

以分为不同的类型。

1. 正激励与负激励

在广义的概念上，法律激励有"正""负"之分。"正激励是通过奖赏等正面诱导，表现为一种拉力（pull）；负激励则是通过奖惩等负面推动力（push）。"① 正激励和负激励都可以对人类行为产生一定影响，达致规则设置的基本目的。"大自然将人类置于两位君主——快乐和痛苦——的宰制之下，唯有他们，才能指明我们所应为、决定我们所将为。"② 从狭义的角度分析，法律激励功能主要是一种"正激励"，即以激励的方法使人"向上""向善"③。

2. 赋能激励与奖赏激励

赋能激励是指激励方授予受激励方从事特定行为的权力权能、权利权能或对其从事特定行为进行能力建设，使之有资格、有能力、有意愿从事该行为。根据激励主体和性质的不同，又可以分为权利（力）激励、行政赋能激励、国际赋能激励和社会赋能激励等。④ 例如，《循环经济促进法》第 44 条就属于行政赋能激励，即"国家对促进循环经济发展的产业活动给予税收优惠，并运用税收等措施鼓励进口先进的节能、节水、节材等技术、设备和产品，限制在生产过程中耗能高、污染重的产品的出口"。

奖赏激励是指给予物质或精神奖赏的激励方法，又可以分为物质奖赏和精神奖赏两种。⑤ 奖励激励是我国立法中广泛采用的

---

① 倪正茂：《激励法学探析》，上海社会科学出版社 2012 年版，第 98 页。
② ［英］杰里米·边沁：《论道德与立法的原则》，程立显、宇文利译，陕西人民出版社 2009 年版，第 19 页。
③ 倪正茂：《激励法学探析》，上海社会科学出版社 2012 年版，第 98~100 页。
④ 何艳梅：《环境法的激励机制》，中国法制出版社 2014 年版，第 16 页。
⑤ 同上书，第 17 页。

一种激励方式。例如,《环境保护法》第 11 条规定:"对保护和改善环境有显著成绩的单位和个人,由人民政府给予奖励。"《清洁生产促进法》第 9 条规定:"中央预算应当加强对清洁生产促进工作的资金投入,包括中央财政清洁生产专项资金和中央预算安排的其他清洁生产资金,用于支持国家清洁生产推行规划确定的重点领域、重点行业、重点工程实施清洁生产及其技术推广工作,以及生态脆弱地区实施清洁生产的项目。"

当然,很多激励措施本身既属于赋能激励,又属于奖赏激励,例如,我国目前实施的生态补偿机制是包括了政府财政转移支付、权利赋予等各种激励的综合性激励制度。

3. 行为激励与结果激励

行为激励是仅激励人们的法律行为,结果激励是指联系对法律行为结果的评价来激励人们的法律行为。[1] 很多环境法律既有行为激励,又有结果激励。例如,《节约能源法》既有对"开发"和"推广应用"清洁燃料、石油替代燃料行为的激励,也有结果激励。该法第 67 条规定:"各级人民政府对在节能管理、节能科学技术研究和推广应用中有显著成绩以及检举严重浪费能源行为的单位和个人,给予表彰和奖励。"该条规定以"显著成绩"作为激励的条件,因此是一种结果激励。

二、法律激励的理论基础

激励理论最早来源于管理学。管理学的激励理论研究,大多是围绕着人的需要实现及其特点的识别以及根据需要类型和特点的不同,来采取措施影响人们的行为而展开的,例如,马克思的需求理论、马斯洛的需求层次理论、波特等人的激励模式理论、亚当斯的公平理论以及斯金纳的强化理论。[2] 根据马克思的论

---

① 何艳梅:《环境法的激励机制》,中国法制出版社 2014 年版,第 18 页。
② 倪正茂:《激励法学探析》,上海社会科学出版社 2012 年版,第 506 页。

述，可以把人的需求概括为三种基本类型："最低限度的自然生理需求或生存需求、高层次的满足人的社会生活的社会需求、满足人的精神要求的精神需求。"① 需求理论研究中最有代表性的美国著名心理学家亚伯纳罕·马斯洛，他把人的需求分成由较低层次到较高层次的七个方面：生理需求、安全需求、归属需求、尊重需求、认知需求、审美需求、自我实现需求，并指出，当低级需要得到满足以后，高一级的需求就会出现，这些不同层次的需求产生了人们行为的动机并最终影响着人们的行为。

法律激励的提出有着深厚的理论渊源，既有管理学的理论支撑，更有法学的深厚根基。从法学源流上分析，功利主义法学、自由主义法学等法学流派的思想都为法律激励提供了理论养分。

（一）功利主义法学思想

功利主义法学的萌芽可以追溯到古希腊时期的快乐主义学说，但直到 18 世纪末 19 世纪初，在边沁主张把功利主义原则运用到法律、政治和社会改革之后，功利主义法学的基本理论框架才得以确立。此后，经过詹姆斯·密尔、奥斯丁以及约翰·密尔的传承和发展，功利主义法学研究更加深入化、理论化和体系化。

从法律的目的来看，功利主义法学认为立法的目的是为了实现"最大多数人的最大幸福"（即边沁提出的"功利原则"）②，而这和激励的主旨一致。边沁认为，趋乐避苦是人的本性，追求快乐是人类一切行为的目标，因此，他提出了"功利原则"。所谓"功利原则"，就是"根据任何行为对于利益攸关者的幸福看

① 王光伟：《利益论》，人民出版社 2001 年版，第 50 ~ 51 页。
② 边沁在 1882 年关于《论道德与立法的基本原则》的注解中提到："该名称（即功利原则）近来已由最大幸福原则所补充或取代。"参见［英］杰里米·边沁：《论道德与立法的原则》，程立显、宇文利译，陕西人民出版社 2009 年版，第 2 页。

起来必将产生的增减倾向而决定赞成与否的原则；或者用结果相同的话来说，就是根据任何行为对于这种幸福是促进或阻碍而决定赞成与否的原则"①。他还认为，"任何行动中导向幸福的趋向我们称之为它的功利，而其中的背离的倾向则称之为祸害。"②也就是说，他主张从行为的结果是有益他人（正激励）还是有害他人（负激励）来对他人的行为进行判断，有益他人的就是善，有害他人的就是恶；而法律就是利用人们趋乐避苦的心理进行规则的设计，因此，"快乐之获得与痛苦之免除，是立法者考虑的目标。"③

边沁指出，"所谓功利，指的是任何客体的属性，客体因这一属性而有助于为利益攸关者带来利益、优势、快乐、好处或幸福（所有这一切在这里的结果相同），或（结果仍然相同）防止发生损害、痛苦、灾难或不幸。"④ 而以功利主义为哲学基础发展起来的福利经济学派主张从福利观点或最大化原则出发来评判一国的经济体系运行，可以说是功利主义思想在经济学领域的发扬和运用。根据庇古提出两个基本的福利命题，国民收入总量愈大，社会经济福利就愈大，国民收入分配愈是均等化，社会经济福利就愈大，这和边沁的"最大多数人的最大幸福""增加幸福总量"具有内在的承续性。因此，功利主义法律思想中的"幸福""功利"和法律激励中的"收益""福利"具有一致性。

---

① ［英］杰里米·边沁：《论道德与立法的原则》，程立显、宇文利译，陕西人民出版社 2009 年版，第 3 页。

② ［英］杰里米·边沁：《政府片论》，沈叔平等译，商务印书馆 1995 年版，第 115～116 页。转引自胡元聪："外部性概念的法学视野考察"，载《经济法论坛》2009 年第 1 期，第 127～128 页。

③ ［英］杰里米·边沁：《论道德与立法的原则》，程立显、宇文利译，陕西人民出版社 2009 年版，第 24 页。

④ 同上书，第 3 页。

从伦理道德上讲，"一个人在任何情况下都应该使自己的行为朝着产生自身幸福和人类幸福的方向，但有时候立法者不应该（至少通过对具体的个人实施惩罚的直接方法）试图指导其他一些成员的行为。"① 也就是说，属于道德调整的外部性并不一定能够上升到法律调整，如在道德上可以要求、鼓励人们从事具有正外部性的行为，但却不能通过法律强制，而对于一些仅仅违反道德要求的负外部性行为也不能通过法律进行制裁。密尔也指出，人的行为可以分为自涉性行为和涉他性行为，而法律干涉的是涉他性行为，也就是具有外部性的行为。

（二）自由主义法学思想

自由主义法学强调个人自由和个人选择。从其发展历程来看，可以分为以洛克、斯宾诺莎、孟德斯鸠和约翰·密尔为主要代表的古典自由主义法学和以哈耶克、柏林、诺齐克为主要代表的新自由主义法学。

密尔的思想中既体现了功利主义法律思想又包含了自由主义法律思想，因此，他的自由主义也是功利主义的。密尔在阐释个人自由和社会政治控制的关系时提出了著名的"伤害原则"（又称自由原则），即"人类之所以有理有权可以个别地或者集体地对其中任何分子的行动自由进行干涉，唯一的目的只是自我防卫。这就是说，对于文明群体中的任一成员，所以能够施用一种权力以反其意志而不失为正当，唯一的目的只是要防止对他人的危害。若说是为了他自己的好处，不论是物质上的或者是道德上的好处，都不成为充分的理由"②。根据他的主张，人的行为分为两种：一种是只涉及（involve）或影响（affect）本人的行为，

① ［英］杰里米·边沁：《论道德与立法的原则》，程立显、宇文利译，陕西人民出版社 2009 年版，第 231 页。
② ［英］约翰·密尔：《论自由》，程宗华译，商务印书馆 1959 年版，第 10 页。

对于这样的行为，只要没有对他人造成伤害，个人就完全有行动的自由，他人和社会不得加以干涉；另一种是涉及或影响他人的行为，只有这种行为伤害到他人时，社会才能对其行为加以限制，法律才能对其进行阻止和惩罚。也就是说，法律不是为了干涉人的自由，而是为了保护人的自由，只要人的行为没有给其他人产生负外部性（伤害他人），法律就不应该干涉，只有人的行为对他人产生负外部性并且达到一定程度时，法律才能介入。

哈耶克是新自由主义法学的代表人物，通过考察其社会秩序理论，我们发现，科斯的产权理论和哈耶克的"自生自发秩序"理论在外部性问题的解决上具有承继性。哈耶克把所有社会型构的社会秩序分为"自生自发的秩序"（Spontaneous Order）（又称为"内部秩序"）和"组织"（Organization）或"人造的秩序"（a Made Order）（又称为"外部秩序"）①，他认为"自生自发的秩序"不具有一种共同的目的序列，所具有的只是每个个人的目的，而"人造的秩序"却是以确定或实现具体目的为特征的组织形式。而"在哈耶克繁复的'自发—扩展秩序'理论中，一个重要的理论观点是，产权安排本身，原本就是习俗的产物……因而，哈耶克认为，我们毫无理由认为当今世界的诸种产权安排就是最终的形式。"② 也就是说，在外部性问题的解决上，当事人的自发协商可能比政府的外在强制力量更有利于资源的配置，这也是科斯在论述外部性问题解决时的主张。因此，"可以认为，照科斯看来，在市场运行中通过经济当事人的'讨价还价'和

①　哈耶克也用 endogenous order 来指"自生自发的秩序"，而用"exogenous order"来指"组织秩序"。参见：Hayek, Law, Legislation and Liberty , Vol. Ⅰ, Rules and Order, Chicago：The University of Chicago Press, 1973：35 - 37。转引自邓正来：《哈耶克法律哲学》，复旦大学出版社 2009 年版，第 21 页。

②　李维森："科斯的'社会成本'与哈耶克的'自发秩序'"，载《经济学消息报》2000 年，总第 412 期。

'社会博弈'所自发型构的'专有产权秩序',与政府的刻意的'机制设计'相比,可能是更为有益的社会选择。"①

三、环境法律激励的功能解读

环境法中的激励问题,已经引起很多学者的关注,主要体现在以下几个方面:(1)经济激励机制。张璐教授在《环境产业的法律调整——市场化渐进与环境资源法转型》一书中论述了环境法的经济激励机制,主要包括收费制度的改进与完善、生态税收制度的建立、政府补贴的有效使用、环境产业基金的形成与设立等②。(2)环境法的激励原则。徐祥民教授认为,激励手段已经在环境保护实践中普遍存在,激励制度或机制不足以包容激励的全部内容,应该确立环境的激励原则③。(3)守法激励。巩固博士从守法激励的视角论述了环境法的发展,他认为,"法的实效如何,能否获得认真遵守和良好实施,最终取决于其提供的守法激励是否足够——是否创造了依法而为符合当事人理性选择的制度环境"。④ 基于此,应该从政府激励、法律责任、守法援助、社会支持等方面完善环境法。(4)环境法的激励机制。何艳梅教授在其专著《环境法的激励机制》中论述了我国建立环境法激励机制的正当性和可行性,并以可持续发展观为指导,构建了环境法的核心激励机制、赋能激励机制、民事激励机制、行政激励机制、程序激励机制和国际激励机制。⑤ (5)环境法律激励的

---

① 李维森:"科斯的'社会成本'与哈耶克的'自发秩序'",载《经济学消息报》2000 年,总第 412 期。

② 张璐:《环境产业的法律调整——市场化渐进与环境资源法转型》,科学出版社 2005 年版,第 89～93 页。

③ 徐祥民、时军:"论环境法的激励原则",载《郑州大学学报(社会科学版)》2008 年第 4 期,第 43～44 页。

④ 巩固:"守法激励视角中的《环境保护法》修订与适用",载《华东政法大学学报》2014 年第 3 期,第 30 页。

⑤ 何艳梅:《环境法的激励机制》,中国法制出版社 2014 年版。

具体领域。颜运秋教授指出，环境公益诉讼的顺利推行需要设置特别的机制来进行激励和约束，例如，建立公益诉讼基金与保险制度、费用减免制度、法律援助制度和原告胜诉奖励制度等。①这些研究为我们提供了诸多借鉴。本书认为，激励首先应该是环境法的一项基本功能，基于此，再进行环境法律激励原则、激励机制和激励制度的设计。

十八届四中全会报告《中共中央关于全面推进依法治国若干重大问题的决定》从"约束"和"促进"两个维度指出了我国未来环境法制发展的方向，即"加快建立有效约束开发行为和促进绿色发展、循环发展、低碳发展的生态文明法律制度"。2016年12月发布的《"十三五"生态环境保护规划》确立了"提高生态环境质量"的核心目标，并规定了"加大保护力度，强化生态修复"等重要措施，和以往以环境污染治理为主的环境规划呈现出明显的差异。"十三五"时期的生态环境工作突出了"保护"和"修复"两个方面，其核心内容在于处理好两个"量"的问题：保护和改善生态环境资源存量、扩大和提升生态环境资源增量②。但是，纵观我国目前的环境立法，我们发现，大多数环境法律主要针对环境资源开发利用等环境负外部性行为进行约束，着眼于抑制"存量"的减少，对于环境养护、生态修复等扩大环境资源"增量"的环境正外部性行为，却存在促进和激励不足的弊端。环境问题的解决不但需要我们约束对环境资源的消耗和使用，还需要我们积极补偿和回馈自然，促进养护、修复等环境正外部性行为，增加生态产品的有效"供给"和生态利益的有效维护。因此，如何在加强约束、保持环境资源"存量"

<hr />

① 颜运秋、罗婷："生态环境保护公益诉讼的激励约束机制研究"，载《中南大学学报（社会科学版）》2013年第3期，第42～46页。

② 张升："'十三五'时期的生态问题应突出'保护'和'修复'"，载 Http：//mp. weixin. qq. com/s/jBP4wbkSiUQK6jMJm－rjuQ，2016年12月22日。

的同时，调动社会积极性、发挥环境的激励功能、扩大环境资源"增量"成为当前环境法制建设中的重要问题。

受经济学中"理性经济人"假说的影响，传统环境法的功能主要定位于对社会"恶人"的威慑和惩罚，环境法也多是"解决问题型"的事后立法，通过"损害担责""限期治理""区域限批""按日处罚"等法律制度抑制和矫正人们的环境负外部性行为。但是，随着社会变迁和发展，作为社会规范的环境法律不再局限于对人们的惩罚和震慑，也可以激励行为主体作出法律所要求和期望的行为而实现法律目的。"如无有效激励，环境法被规避或消极实施的命运几乎是注定的，无论其理念多么先进，价值目标多么正确。实际上，当前环境法实施的种种困境，都可从激励角度得到合理解释，而各种被视为先进、良好的制度，一旦置于激励视野下，往往千疮百孔、问题多多"。[1]

环境问题的持续恶化彰显着以"抑负性"为主要功能的传统环境法存在着难以克服的缺陷和不足，从各国和我国环境法的发展看，以"主动性、增益性"[2]为主要特征的第二代环境法已经逐渐形成，其以利益的增进为主要目标，在手段上突破了传统的行政管制，而是构建起系统的激励机制，发挥环境法的激励功能。在环境法领域，激励是指通过经济刺激、精神鼓励以及授予权利等方式，调动自然人、法人或其他组织等行为主体保护和改善环境的积极性，促使其主动进行清洁生产、节约资源、植树造林、治理污染、生态修复等环境正外部性行为。环境资源具有稀缺性和有限性，对于有益环境行为的激励较之于有害环境行为的

---

① 巩固："激励理论与环境法研究的实践转向"，载《郑州大学学报（社会科学版）》2016年第4期，第22页。

② 郭武："论中国第二代环境法的形成和发展趋势"，载《法商研究》2017年第1期，第91页。

惩罚往往更具有积极的作用。"面对环境资源破坏带来的利益损耗，法律的救济不应只围绕责任追究与损失分配展开，利益的增加与促进也应成为环境法功能的重要组成。"①

四、环境法律激励的立法考查

工业革命之后的人类社会对环境资源的需求不断增长，环境资源供求矛盾日益激化、供不应求，由此导致了经济利益和环境利益的冲突日益加剧，在这样的背景下，传统环境立法多是采用了利益限制型的法律规则，其实质是"通过对一方或双方利益的限制对因环境资源破坏所致的利益减损进行分配和负担，以利益限制对基于环境资源的冲突与矛盾进行纠正。"② 经济利益与环境利益均属于人类的基本利益，对两种利益的主张和追求，都是人们追求和提高生活质量的正当要求，具有同源同质和共生互动性即共生性和一体性。因此，这是两个正当利益优位性选择的问题，表现形式是基于可行条件和问题的紧迫性的时空优先顺序的安排，并非对抗性的淘汰式选择。③ 基于经济利益和环境利益的同质同源性，环境立法应该引入更多的利益促进型法律规则，通过各种激励型、促进型法律规则，引导行为主体作出各种环境法律所期望和要求的、有益环境资源的行为，通过对环境资源的积极回馈，促进环境资源的有效供给，最终形成良好的人与自然和谐的秩序。

从环境法的发展历程分析，环境法应对环境问题的主要方式经历了不同的发展阶段，第一阶段称为民刑沿用阶段，此时因现代意义的环境管制立法尚未成型，只能沿用传统民法与刑法；第

---

① 钭晓东：《论环境法功能之进化》，科学出版社 2008 年版，第 212 页。
② 张璐：《环境产业的法律调整——市场化渐进与环境资源法转型》，科学出版社 2005 年版，第 25 页。
③ 李启家："环境法领域利益冲突的识别与衡平"，载《法学评论》2015 年第 6 期，第 137 页。

二阶段称为管制立法主导阶段,在此阶段环境管制立法形成一套繁复的法律体系;现今,"环境问题的制度因应已迈入多元因应的阶段,除了传统上所谓'命令控制'的管制性措施以外,刑罚、经济诱因,以及软性的协商也都成为管制的主流。"① 在法律应对环境问题多元化的阶段,环境法也应该引入更多类型的法律规则,发挥其教育、激励、引导等多种功能,充分调动人类的主观能动性,促进环境利益的维护和增进。近年来,我国诸多环境立法已经开始注重引入利益促进型法律规则,通过设计新的权利义务模式,充分发挥环境法律的激励功能。本书以《清洁生产促进法》《循环经济促进法》为例加以说明。

(一)对法律名称的分析

法律名称是法律的外部结构形式,其反映了法律的主要内容,近年来国内外环境立法在法律名称上的变化表明人们开始注重发挥法律的激励功能。例如,日本在 2000 年召开了一届"环保国会",通过和修订了多项环保法规,如《推进形成循环经济型社会基本法》《资源有效利用促进法》②《食品循环资源再生利用促进法》等③,体现了对有益环境资源行为的促进和激励。我国环境法在产生之初也规定了部分激励型法律规范,例如,1979年《环境保护法(试行)》第 31 条规定:"国家对保护环境有显著成绩和贡献的单位、个人,给予表扬和奖励;国家对企业利用废气、废水、废渣做主要原料生产的产品给予减税、免税和价格政策上的照顾。"但这些主要局限于局部的、原则性的规定,而

① 叶俊荣:《环境政策与法律》,中国政法大学出版社 2002 年版,第 49 页。
② 即 1991 年通过的《资源再生利用促进法》,该法在 2000 年修改为《资源有效利用促进法》,修改的内容主要是将过去单纯促进废物的再生利用(Recycle)扩大为同时促进废物减少(Reduce)和再利用(Reuse)。
③ 王奎庭:"推动环保市场向循环经济转变",载《中国环境报》2001 年 7 月 30 日,第 3 版。

《清洁生产促进法》《循环经济促进法》两部法律在名称上明确使用"促进"一词，较之于传统环境立法而言，体现了浓厚的利益促进色彩。《循环经济促进法》最初的名称是《循环经济法（草案）》，但在该草案征求意见的过程中，人们纷纷认为："在法律上完全把它（循环经济。——笔者注）规范得非常明确、非常到位，还有一定难度"，而"把法律名称改为'促进法'，有利于对今后一个时期循环经济发展的引导、规范、督促。"①透过法律名称的变化，我们发现上述两部法律更多是对企业有益环境资源行为的激励和促进，体现了对环境法激励功能的重视和应用。

（二）对法律措施的分析

从我国目前的经济水平和发展阶段来看，无论清洁生产还是循环经济都不能通过强制方式实施，只能通过一系列激励措施引导、鼓励企业有步骤、因地制宜地进行。因此，《清洁生产促进法》和《循环经济促进法》均宣布其立法宗旨是"促进清洁生产""促进循环经济"，也就是说国家实现清洁生产、循环经济的法律措施主要是"促进"而非"强制"。心理学上的"需要——动机"理论表明，"人们为了满足需要会产生各种各样的动机，动机本身对于人的行为就有激励作用，法律规范可以通过抑制某些人的恶劣动机，预先就对人的行为方向作出指引。"②为此，《清洁生产促进法》和《循环经济促进法》专设一章规定各种"鼓励（激励）措施"，调动各行各业行为主体的积极性，激励他们走清洁生产、循环经济的道路。概而言之，两部法律规

---

① "关于法律名称——分组审议循环经济法草案发言摘登（三）"，载中国人大网，http：//www.npc.gov.cn/npc/xinwen/lfgz/lfdt/2007–09/06/content_ 371671. htm，2007 年 9 月 6 日。

② 付子堂：《法律功能论》，中国政法大学出版社 1999 年版，第 71 页。

定的各种激励措施主要包括：设立清洁生产、循环经济发展专项资金；对清洁生产、循环经济重大科技攻关项目实行财政支持、给予税收优惠；实行有利于清洁生产、循环经济发展的价格政策、收费制度和政府采购政策等，正是通过这些激励措施促进企业参与到环境利益的维护和增进中。

（三）其他环境法律中法律激励的体现

我国其他环境立法中也规定了部分激励手段和措施，体现了对环境利益的鼓励和增进。例如，《环境保护法》第 7 条宣布："国家支持环境保护科学技术研究、开发和应用，鼓励环境保护产业发展，促进环境保护信息化建设，提高环境保护科学技术水平。"第 8 条规定："对保护和改善环境有显著成绩的单位和个人，由人民政府给予奖励。"《大气污染防治法》《环境噪声污染防治法》《防沙治沙法》《水法》等法律规定对有益环境资源行为进行表彰或奖励，《节约能源法》《可再生能源法》更是通过设立专项资金、给予贷款优惠和税收优惠等措施鼓励可再生能源的发展。2015 年修订的《大气污染防治法》在大气污染防治措施中规定了大量鼓励性条款，对于燃煤和其他能源污染防治，"国家采取有利于煤炭清洁高效利用的经济、技术政策和措施，鼓励和支持洁净煤技术的开发和推广"（第 34 条）；"国家鼓励燃煤单位采用先进的除尘、脱硫、脱硝、脱汞等大气污染物协同控制的技术和装置，减少大气污染物的排放"（第 41 条）；对于机动车船污染防治，"国家倡导低碳、环保出行，根据城市规划合理控制燃油机动车保有量，大力发展城市公共交通，提高公共交通出行比例。国家采取财政、税收、政府采购等措施推广应用节能环保型和新能源机动车船、非道路移动机械，限制高油耗、高排放机动车船、非道路移动机械的发展，减少化石能源的消耗"（第 50 条）。

随着人们对环境问题认识的深化，我国环境立法越来越重视发挥法律的激励功能，环境法中的激励型规则也逐渐增多，从最初《环境保护法》中的原则性规定到《可再生能源法》中的具体激励措施再到《清洁生产促进法》《循环经济促进法》中关于激励措施的专章规定，表明了我国环境立法中利益激励规则由少到多、由抽象到具体的发展轨迹。利益促进型法律规则的引入和环境立法实践的开展正是运用正外部性理论指导我国环境法的应有之意，这为我们加强环境法的"正向构建"提供了支撑和基础。

第二节　环境正外部性与环境法的"正向构建"

正外部性（Positive Externality）又称为正外部经济（Positive External Economies）或正外部效应（Positive External Effects），按照传统福利经济学的观点，"正外部性意味着边际社会收益大于边际私人收益，社会从私人经济活动中得到的额外收益并未通过一定手段或途径转移到私人手中"。[1] 简而言之，"正外部性是指某个经济行为主体的活动使他人或社会受益，而受益者又无须花费代价"。[2] 正外部性在社会中大量存在，查尔斯（Charles）曾列举了外部性的十六种常见的表现形式，其中正外部性现象包括：发起减少奢侈、推行礼貌等社会运动；自己注射防疫针，减少传染他人的机会；兴建孤儿院、养老院等非营利事业；整洁自己的住宅与美化庭院；教育子女谦恭有礼、遵纪守法；在办公楼

---

① 李郁芳、李项峰、蔡彤：《政府行为外部性的经济学分析》，经济科学出版社 2009 年版，第 32 页。

② 厉以宁：《西方经济学（第二版）》，高等教育出版社 2005 年版，第 238 页。

前设置时钟与温度计；举办免费的学术演讲或音乐会；音乐爱好者欣赏当演员的邻居在家练唱。[①] 在环境保护领域，也存在大量的正外部性现象。

一、环境正外部性考察

以往，人们主要关注环境污染、生态破坏、资源损耗等负外部性现象，其实，在环境保护、生态修复领域正外部性也大量存在。

（一）区域、流域生态保护的正外部性

比较典型的便是西部地区生态保护对全国生态系统保护的支持。目前，我国西部地区开展的天然林保护、退耕还林（草）、生态防护林建设等生态工程不仅对当地至关重要，而且对中东部地区产生了重大影响，他们提供的防风固沙、水土保持、气候调节、生物多样性保护等各种生态服务由全国其他地区免费分享，因而给其他区域产生了明显的正外部性。在流域生态保护中也同样存在正外部性，上游地区居民采取各种沙土治理、天然林保护等措施开展生态保护和生态修复，维护和增强了流域的生态安全和生态功能，构建的生态屏障由中下流地区共享，而中下游地区却没有支付代价。

（二）生态农业发展的正外部性

生态农业除了为其他产业提供基本物质支持外，在生态保护方面也具有明显的正外部性。一方面，农业生产具有景观功能和多种价值，例如，梯田、绿洲、湖泊等景观的提供使生态农业具有重要的休闲、旅游、文化、教育价值；另一方面，农业生产还具有重要的生态功能，例如，涵养水源、保护生物多样性、净化

---

① 王俊豪：《政府规制经济学导论——基本理论及其在政府规制实践中的应用》，商务印书馆 2001 年版，第 327 页。

空气、保护植被等，使社会公众无偿获益。

（三）绿色消费的正外部性

各种绿色消费、生态消费、可持续消费方式也具有明显的正外部性，消费者适度消费、公正消费、负责任消费意识的确立不仅有利于抑制无良企业对生态环境的破坏，还可以减少过度消费、奢侈消费对资源的浪费和破坏。消费者通过购买绿色产品不但可以促使企业进行绿色营销，还可以为生态环境的改善作出贡献从而使整个社会受益，但消费者为购买绿色产品支付的高价格却由其自己承担。

（四）生态修复的正外部性

生态修复主要是指对退化或受损生态系统进行修复或重建。生态修复不仅对当地区域至关重要，而且对其他地区产生了重大影响，他们提供的防风固沙、水土保持、气候调节、生物多样性保护等各种生态服务由全国其他地区免费分享，因而给其他区域产生了明显的正外部性。

此外，在生态旅游、生态公益林建设、耕地保护、生态节能建筑、环境公益诉讼等领域也存在明显的正外部性，但往往缺乏有效的激励和补偿。

但是，如果某行为没有产生外部影响或者其是对先前行为的弥补，则不存在外部性。因此，以下几种情形不属于环境正外部性行为。

1. 国家（政府）公益性环境资源行为

国家（政府）公益性环境资源行为需要区分对待，例如，国家经营公益林的主要目的是改善环境，并且国家通过征税筹集资金，建设公益林，理论上是人人付费并从环境保护中受益，因此，其产生的环境效益就在国家范围内内化了，并非是林业部门的效益外溢到社会其他部门。① 但是，在地方政府公益性环境资源行为中，也可能产生正外部性，例如，西部地区政府支持的生态保护工程产生的效益由中、东部地区共享便是一种正外部性。

2. 企业、个人弥补性环境资源行为

例如，环境资源的开发利用者对因自己的开发利用活动造成的生态系统的破坏而进行的还原性修复，污染者针对自己的排污行为进行的治理性修复等，尽管这些行为也产生环境利益，但却是对其事前破坏行为的弥补，不属于本书讨论的正外部性行为。

二、环境法"正向构建"的含义

早在20世纪80年代，萨缪尔森就已经指出："尽管像污染或全球变暖等负外部性的问题常常是新闻热点，但从经济角度看，正外部性的问题也许更为重要。"② 这一论断不但适用于经济学领域，在环境法领域同样适用。凸显经济学中正外部性理论的价值首先需要进行法律语言的换读，经济学分析外部性的基本工具是"成本""收益"，把"成本""收益"转化为法律语言便是"损害""利益"。法学中的外部性是利益失衡的一种状态，其本质是"围绕行使权利引发的利益冲突"③。

从环境法的视野分析，正外部性意味着行为主体在生产、经营、消费等活动中产生的环境利益并非由其全部享用，他人或社会无偿享用了该环境利益。在经济学领域，对于正外部性问题，庇古提出通过补贴予以解决。借鉴到环境法中，在正外部性的情况下，产生了利益外溢，因此存在补偿问题；而对于负外部性，

---

① 肖平、张敏新："外部性的经济内涵"，载《林业经济》1996年第2期，第61页。

② ［美］保罗·A. 萨缪尔森、威廉·D. 诺德豪斯：《经济学（第18版）》，萧琛等译，人民邮电出版社2008年版，第32页。

③ 王廷惠："外部性与和谐社会的制度基础——兼论政府角色定位"，载《广东经济管理学院学报》2006年第1期，第16页。

则存在对环境公益的救济问题。①

我国环境法应该在重视规制负外部性的同时关注正外部性问题。对环境保护法的重塑，"不但要继续发挥环境责任原则在污染治理、自然资源的开发利用上实现环境正义的特殊功能，还要顺应环境保护工作日益深入的趋势，把对环境正外部性问题纳入法律调整的视野。"② 环境法要实现保障可持续发展的目的，发挥平衡经济利益和环境利益、个人私益和社会公益的作用，需要借鉴正外部性理论，在"抑损性"法律规范的基础上，设计更多的"增益性"法律规范，本书称其为环境法的"正向构建"。

所谓环境法的"正向构建"就是"以促进正外部性行为为主的环境法制建设方式"③，其区别于传统的利益限制型法律规范，它通过一系列强制性和激励性法律制度和措施的结合，促进环境公共利益的维护和增进，实现经济利益和环境利益的共赢④。

三、环境法"正向构建"的理论基础

环境利益具有整体性、共享性、普惠性的特点，在环境保护领域往往存在大量的"搭便车"行为，导致私人维护环境利益的动力不足。但是，个人利益和公共利益并非截然分开、相互矛盾。从本质上而言，个人利益和公共利益存在统一的基础和可能，正如罗尔斯所言："不存在不能落实为个人利益的国家利益

---

① 李启家："环境资源法律制度体系的完善与创新"，载中国环境法网，http：//jyw. znufe. edu. cn/hjfyjw/Article/2008 - 1/2008111214147230. html，2003 年 9 月 29 日。

② 张怡、王慧等：《农业水土养护法律制度创新研究》，厦门大学出版社 2009 年版，第 65 页。

③ 刘国涛：《和谐社会之环境立法研究——生物自然力法制构建与农业实践》，知识产权出版社 2012 年版，第 75 页。

④ 张百灵："外部性理论的环境法应用：前提、反思与展望"，载《华中科技大学学报（社会科学版）》2015 年第 2 期。

和社会的集体利益。"① 目前，公共经济学、伦理学、制度经济学等学科的发展为个人利益和公共利益的统一提供了有力的注脚，为个人参与环境利益的维护、增进提供了理论上的支撑和制度设计的新启发。

（一）公共经济学——公共物品供给主体的多元化

环境资源作为典型的公共物品，是环境利益的载体。随着人们对环境利益需求的增长，环境资源的供给问题显得日益突出，关于公共物品的供给，也经历了从一元供给到多元供给的演变历程。

1. 政府供给的优势与缺陷

相对于私人物品的市场供给而言，公共物品的供给问题则复杂得多。公共物品具有消费上的非竞争性和非排他性，这导致消费者对公共物品的真实偏好难以在市场上充分体现出来，而一旦公共物品被生产出来，每个消费者都可以不支付代价消费，也即"搭便车"。因此，传统经济学理论普遍认为，政府是公共物品供给的当然主体，并且是唯一的主体。早在 18 世纪，亚当·斯密便在《国富论》中论述到，按照自然自由的制度，君主只有三个应尽的义务，其中之一便是"建设并维持某些公共事业及某些公共设施"②。庇古则认为，外部性的存在会导致私人供给公共物品的动力不足，他以灯塔为例论证了政府供给公共物品的主张，即私人建造灯塔的收益远远低于社会收益，所以应该由政府建造。

---

① ［美］罗尔斯：《正义论》，何怀宏译，中国社会科学出版社 1998 年版，第 257 页。

② ［英］亚当·斯密：《国民财富的性质和原因的研究（下卷）》，商务印书馆 1974 年版，第 253 页。

政府供给公共物品具有财政、权威、权力等各方面的优势，但随着人们对公共物品需求的增长，人们发现政府在公共物品供给方面也存在诸多局限。

首先，公共物品供给造成了政府财政负担过重，导致公共物品供给短缺。从理论上讲，政府是全体公民权利"让渡"的产物，供给公共物品、实现社会公共利益是政府的职责所在，但由于受到经济发展水平和财政支出的限制，许多国家无力对公共物品进行大规模的投资，难以满足社会发展的需求，导致公共物品供给不足。例如，第二次世界大战后，西方建立大规模的福利国家，但在 20 世纪 70 年代出现了严重的财政危机，导致经济发展停滞。因此，随着福利国家危机的出现，许多经济学家开始怀疑政府作为公共物品唯一供给者的合理性。

其次，作为公共物品的唯一供给者，竞争的缺乏导致政府部门运转效率低下和公共物品质量下降。与其他市场上的企业相比，政府提供公共物品不以利润最大化为目标，这导致政府缺乏降低成本、提高效益的动力，政府部门效率低下。此外，由于政府部门不但具有行政权力方面的优势，还处于经济上的垄断地位，对于公共物品，公众无法像购买私人物品那样自由选择，即使政府供给的公共物品质量低下、价格高昂，也只能无奈接受。

最后，在政府垄断供给公共物品的情况下，消费者的真实需求无法充分体现，导致政府供给和社会需求之间的矛盾，造成公共物品供需不匹配、结构不合理。由于决策机制的缺陷和消费者需求显示的障碍，常常出现某些领域公共物品供给超过需求、造成资源闲置或浪费，而在其他领域却供给不足的现象。此外，由于社会公众对公共物品需求存在差异性，单一的供给模式只能提供同数量、同种类的公共物品，导致只有部分人的需求得到满足。上述种种现象说明了"政府失灵"的存在，正如斯蒂格利茨所言："政府同私人市场一样是有缺陷的，政府并不是某种具有良好意愿的计算机，总能够作出对社会有益的无私决策。"①因此，人们开始对传统公共物品供给模式进行反思，"政府并不是唯一的提供者"② 这一理念逐渐得到了人们的认可，公共物品供给主体也开始从一元转变为多元。

与政府供给公共物品存在的上述缺陷相比，市场和第三部门③在公共物品供给方面具有某种可能甚至是优势。

2. 市场供给公共物品的可能和优势

随着产权理论的提出和发展，人们认识到市场也可以供给公共物品。传统经济学理论认为，由于具有非竞争性和非排他性的特征，公共物品在消费过程中容易产生外部性，因此，私人供给公共物品的动力不足。但产权学派的创始人科斯却提出可以采用产权方法解决外部性问题，这为私人供给公共物品扫清了障碍。在继承科斯部分理论的基础上，德姆赛茨在其著作《公共物品的私人供给》中明确提出公共物品可以由私人市场提供。在他看来，只要重视产权，并且赋予各个利益相关方自由谈判的权利，就会降低交易成本并使外部性内部化。因此，外部性的克服使私人供给公共物品成为可能。

此外，公共物品分类理论的发展进一步论证了市场供给的可能。根据萨缪尔森的主张，物品分为私人物品和公共物品，

---

① ［美］斯蒂格利茨：《经济学（上册）》，中国人民大学出版社 1997 年版，第 502 ~ 503 页。

② 世界银行：《变革世界中的政府——1997 年世界发展报告》，中国财政经济出版社 1997 年版，第 4 页。

③ 现代社会组织可以划分为三大部门：第一部门即政府组织，第二部门即企业组织或营利性组织，第三部门或第三领域（the Third Sector）是指各种非政府非营利组织（Non – Governmental、Non – Profit Organizations），又称非国家非营利组织，民间组织（Civil Organizations），公民社会组织（Civil Society Organizations），独立部门（Independent Sector）。

私人物品由市场供给，公共物品由政府供给。但布坎南的进一步研究发现，萨缪尔森所指的公共产品是"纯公共产品"，现实社会中，大多数物品是介于公共物品和私人物品之间的"准公共产品"或"混合商品"，因此他提出了"俱乐部物品"，即具有排他性而无竞争性的物品。对这类物品可用采用收费的方式排除部分消费者，可以通过市场机制供给。此外，还有一类具有竞争性而无排他性的准公共物品，人们称为"公共资源"，对于这类物品无法排除不付费者使用，无法像私人物品那样完全由市场供给，但政府可以通过利用市场机制提高公共物品的供给效率。

与政府供给相比，市场供给具有某些方面的优势。在市场供给的情况下，消费者可以在不同企业之间进行选择，这会促使企业降低成本、改善服务、提高产品质量、丰富产品种类。通过竞争机制的引入，能够提高市场供给的效率，满足消费者需求的多样性，有利于资源的优化配置。因此，市场不但可以提供公共物品，而且在某些方面还具有一定的优势，这在许多国家已经得到应用。例如，20 世纪 80 年代以来，西方发达国家兴起了广泛的新公共管理运动，各国通过出台各种公共服务民营化的方案，推进了市场供给公共物品的进程。

3. 第三部门供给公共物品的可能

第三部门是继政府和企业之后组织创新的一种重要形式，目前已经在世界各国得到了长足发展。20 世纪 60 年代，公共经济学的创始者之一、诺贝尔经济学奖获得者埃利诺·奥斯特罗姆（Elinor Ostrom）在大量实证案例研究的基础上提出了自治组织理论（Self – government Theory），即"多中心治理"（Polycentric Governance）理论，"从博弈的视角探讨了在理论上可能的政府与市场之外的自主治理公共池塘资源的可能性。"① 她认为，人类社会中大量的公有池塘资源（the Common Pool Resources）问题②在事实上并不是依赖国家也不是通过市场来解决的，人类社会中的自治组织实际上是更为有效的管理公共事务的制度安排。自治组织的治理本质上是资源所在地的资源共同使用者对该资源的自治性管理，因此只能来源于资源共同使用者的集体行为，并且由于受公有池塘资源影响的社群人数并不多，他们也容易把自己组织起来，对公有池塘资源的占用和供给进行自主治理。奥斯特罗姆的理论"为面临公共选择悲剧的人们开辟了新的路径，为避免公共事务的退化、保护公共事务、可持续的利用公共事务从而增进人类的福利提供了自主治理的制度基础"③。当然，她并不认为自治组织治理就是"灵丹妙药"，她承认这样的制度安排也存在弱点，因此，针对公共事务的治理，需要区分不同的问题分别进行制度安排。正如她指出的，针对公共资源问题，无论是"利维坦"还是私有化都不是唯一的解决方案，"许多成功的公共池塘资源制度，冲破了僵化的分类，成为'有私有特征'制度和'有公有特征'制度的混合"④。

　　20 世纪 80 年代，随着"市场失灵"和"政府失灵"的加剧，经济学家开始对政府职能、市场作用进行反思，并借鉴公共治理等理论来设计第三部门对公共物品的供给。目前，公共产品

---

　　① ［美］埃利诺·奥斯特罗姆：《公共事物的治理之道——集体行动制度的演进》，余逊达、陈旭东译，上海三联书店 2000 年版，第 3 页。

　　② 在奥斯特罗姆的研究中，公有池塘资源主要涉及地下水资源、近海渔场、较小的牧场、灌溉系统、公共森林等。参见［美］埃利诺·奥斯特罗姆：《公共事物的治理之道——集体行动制度的演进》，余逊达、陈旭东译，上海三联书店 2000 年版，第 48 页。

　　③ ［美］埃利诺·奥斯特罗姆：《公共事物的治理之道——集体行动制度的演进》，余逊达、陈旭东译，上海三联书店 2000 年版，第 1~2 页。

　　④ 同上书，第 31 页。

供给模式的选择受到社会治理类型的制约，并形成了政府治理、市场治理、公民社会治理的历史发展轨迹，实现由政府单一中心的行政治理模式向政府、营利性组织和非营利性组织共同参与的多中心治理模式转变。① 第三部门由于其具有志愿性、非营利性、非政府性和独立性等特征，在公共物品供给中具有如下优势：许多第三部门组织具有一定的草根性，易于和服务者进行密切的沟通和互动，也更能真实地反映民众的不同需求；第三部门在组织结构上也具有灵活性和回应性。

按照公共物品理论可以对环境资源进行不同的分类，从而实现环境公共物品供给主体的多元化。对于诸如生态安全、生物多样性、生态系统完整性、清洁空气等纯公共物品，其消费具有绝对的非排他特性和非竞争性，应当由政府供给；对于城市污水、垃圾处理、森林公园、风景园区等准公共物品，可以通过明晰产权、发展环保产业等方式来实现消费的可分割性，排除不付费者的"搭便车"现象，实现市场供给。此外，还有一部分纯公共物品和准公共物品，例如，大型防护林、公共草地、公共渔场、小区公共绿地等，可以通过自筹资金、社会捐助、组建自治组织等方式实现社会供给。

（二）伦理学——以道德推动公共利益的维护和实现

公地悲剧等负外部性问题的存在说明了个人私益的追求会导致公共利益的缺失，即个人理性和集体理性存在矛盾，个人利益和公共利益存在冲突。如何化解这种矛盾和冲突，各学科纷纷给出了不同的答案，西方近代伦理学的研究告诉我们，道德可以成为个人理性向集体理性过度的桥梁，即道德在推动和维护公共利益中具有重要意义。

---

① 何继新、陈真真："公共物品价值链供给治理内涵、生成效应及应对思路"，载《吉首大学学报（社会科学版）》2016 年第 6 期，第 38 页。

　　17 世纪的荷兰哲学家、伦理学家斯宾诺莎坚持唯物主义的理性主义立场，他认为，理性可以促成个人利益和社会利益的和谐统一。在他看来，人是自然的一部分，受自然必然性支配，都会追求一己之利，然而人是有精神力量的，人可以通过思维训练对事物有正确的认识，成为一个有理性的人，而理性能够引导人们在追求自己利益的同时具有利他性。他指出："凡受理性指导的人，亦即以理性作指针而寻求自己的利益的人，他们所追求的东西，也即是他们为别人而追求的东西。"① 也即如果人人都在追求自己利益的同时坚持理性的指导，那么对个人利益的追求将会促进公共福利和公共利益的实现。此外，斯宾诺莎从哲学高度关于人与自然关系的深刻思考对于我们处理人与自然的关系具有重要启示。他认为，宇宙内只有一个无限的存在实体，即神或自然，自然养育着一切，人与自然是统一的整体，人必须服从自然、依附自然而无法脱离自然独自存在。然而，尊重自然并不意味着人类只能听从自然的摆布。他指出，人之所以为人的特性恰恰在于人的理性，在于人的能动自觉的活动，"我们的心灵可以尽量完全地反映自然，因此心灵可以客观地包含自然的本质、秩序和联系。"② 即人在理性的指导下，认识到自然的必然性，顺应和遵循自然的必然性行事，但同时又实现着人的能动性和主体性。对于今天的环境保护而言，一方面需要人们改变征服自然、凌驾于自然之上的传统观点，尊重自然、保护自然、遵循自然规律；另一方面还需要人们把保护与创造有效结合起来，发挥人类的能动性，积极促进生态保护和修复，增加环境资源的人类"供

---

　　① ［荷兰］斯宾诺莎：《伦理学》，贺麟译，商务印书馆 1981 年版，第 170～171 页。

　　② ［荷兰］斯宾诺莎：《知识性改进论》，贺麟译，商务印书馆 1983 年版，第 62 页。转引自仰和芝："生存与和谐：对斯宾诺莎哲学的一种解读"，载《兰州学刊》2004 年第 2 期，第 57 页。

给"。

18 世纪的英国宗教伦理学家约瑟夫·巴特勒认为，良心能够使人们反省自己的行为并促进个人对公共利益的维护。他从整体的人性观出发，指出人性中包含几个不同的行为原则：一些特殊的激情和原则、自爱原则、仁爱原则以及良心原则。其中，自爱原则是对个人善（个人利益）的追求，仁爱原则是对公共善（公共利益）的追求，但在巴特勒看来，仁爱和自爱在一定条件下是能够重合的。"虽然仁爱直接指向公共的善，自爱直接指向私人的善；但是它们可以完全重合，它们二者的互相符合使我们无法只增进其一而忽略另外一个。"① 也就是说，公共利益与私人利益之间有某些程度的一致性，人们按照自爱原则或仁爱原则行事并不一定会导致对立和冲突。而当自爱和仁爱之间出现矛盾时，人身上所具有的良心能够防止人们相互伤害并引导他们去行善。在人们的各种行为原则中，良心原则居于最高位置，具有至高无上的权威，它平衡自爱利益和仁爱利益。因此，巴特勒认为人类在行为时，依据的是一个整体的人性，在这个整体的人性中，良心原则具有最高指导权，它认可一些善的行为而反对另一些非善的行为，即从整体而言，人性是善的。因此，尽管也会有人类的各种自私欲望和自利需求，但人们的各种行为最终还是在良心的统摄下来完成，从而使个人促进公共利益成为可能。

在 18 世纪英国哲学家大卫·休谟看来，尽管在人的自然性情中存在着自爱（自利）性，但同情与仁慈会使人们去体会他人的快乐和痛苦，从而平衡个人利益和集体利益。休谟断言，同

---

① Joseph Butler. Fifteen Sermons Preached at the Rolls chapel , New York, Robert Carteo. 1873. 转引自刘芹：《巴特勒"良心"学说研究》，华东师范大学 2009 年硕士学位论文，第 17 页。

情是一切道德感的根源，通过同情，我们赞同对他人或拥有者自己产生快乐和效用的性格特征，谴责对他人或拥有者自己有害的或引起痛苦的性格特征。① 他认为，同情是人性中最有力的原则，而所谓"同情"就是"把社会性的自然情感和人为设计的有用性或公共效用同每一个人的快乐和不快的感受相联系而引发出快乐或不快的情感，由此而使它们获得作为社会性的德行的价值，并使单个人与单个人之间、单个人与社会之间达到沟通、和谐和秩序具有一个可靠的基础。"② 也就是说，正是由于人性中同情心的存在，一个人才会对他人产生关怀和关心，对他人的幸福、悲伤产生道德感，从而促进社会公共利益的实现。

在《国富论》中，亚当·斯密提出了"经济人"的假设，论述了人性中的自利性，但在休谟思想的影响下，斯密也指出人性中的同情心和利他性。在《道德情操论》一书中，斯密指出："无论人们认为某人怎样自私，这个人的天赋中总是明显地存在着这样一些本性……这种本性就是怜悯或同情，就是当我们看到或逼真地想象到他人的不幸遭遇时所产生的感情。"③ 也就是说，利他性是人人都具有的本能，是人性中不可或缺的要素。从斯密的论述中我们可以看到，人性具有利己和利他两个方面，利己性使人不断追求自己的利益，但由于受到"看不见的手"的影响，人们在追求个人利益的同时也会协调与社会利益的冲突，从而实现二者的和平共处；而利他性则使个人关心他人的快乐和痛苦，关心社会发展，促进个人利益和社会利益的和谐。

---

① 李伟斌："休谟伦理学中的共识理论"，载《伦理学研究》2015 年第 4 期，第 71 页。

② ［英］大卫·休谟：《道德原则研究》，曾晓平译，商务印书馆 2001 年版，第 11～12 页。

③ ［英］亚当·斯密：《道德情操论》，蒋自强等译，商务印书馆 1997 年版，第 5 页。

此外，还有许多伦理学者也有大量关于人性中利他性的论述，从而论证了道德在个人利益和集体利益和谐统一中的积极作用。例如，英国的情感直觉主义者沙甫兹伯利认为，人类天生就具有道德感，这种道德感就是仁爱情感，人的本性不是自私自利，而是公共利益；苏格兰哲学之父——哈奇森也论述了人们的"仁爱"之心，论证了人们行为动机的无私性和行为结果的利他性。

西方近代伦理学的研究给我们揭示了人性的复杂性，即人在存在自利性的同时也存在利他性，利他性的存在为正外部性的实现提供了伦理基础，但如何激发人们的利他性则需要相关制度的设计，制度经济学具有重要的贡献。

（三）制度经济学——制度的"注入"与公共利益的实现

制度经济学注重研究制度对于经济行为和经济发展的影响，从他们的论述中，我们发现制度（尤其是法律制度）在减少负外部性、增加正外部性、推动公共利益的维护和实现中具有重要的意义。

制度经济学派的重要代表人物康芒斯的重要观点是通过制度的控制，使个人的行动朝着有利于集体利益方面发展，实现集体利益的目标。康芒斯首先指出，人们之间存在着共同利益和集体利益，他从"冲突""依存"和"秩序"这三个基本经济范畴及其关系中得出了人们有着共同利益、都在寻找利益交集的结论。为了说明集体行动的重要性，他提出了"利益冲突"的假设，即人们之所以发生利益冲突在于"稀少性"，"只有稀少的东西人们才缺乏和向往，因为它们是稀少的，它们的取得就由集体行动加以管理。"① 在认可共同利益和集体利益的基础上，康芒斯进一步指出了实现集体利益的途径，即通过集体行动控制个人行

①　[美] 约翰·康芒斯：《制度经济学（上）》，于树生译，商务印书馆1997年版，第12页。

动，而这正是制度的实质。具体而言，集体行动控制个人行动的方式主要有三种：一是采取禁例，以规则的形式出现；二是采取法律手段强迫、保护以及阻止某个行动；三是用伦理的方式，确立权利和义务的关系，由个人对自己进行控制等。当然，强调集体行动控制个人行动并不是限制个人的完全自由，确切地说是"集体行动抑制、解放和扩张个体行动"①。

新制度经济学的重要代表人物诺思认为，制度所起的重要作用之一便是连接个人利益和集体利益。人们之间的矛盾和冲突在所难免，但可以通过制度的设计协调这种矛盾和冲突。"制度是一系列被制定出来的规则、守法程序和行为的道德伦理规范，它旨在约束追求主体福利或效用最大化利益的个体行为。"② 可见，在诺思那里，利益矛盾的冲突与协调既有制度的外在表现形式——规则和权力的制衡作用，又有伦理道德、习惯的调节作用。③ 诺思特别强调意识形态在克服搭便车并促进集体利益实现中的作用，他认为早期的学者由于没有提出实证的意识形态理论，因而难以解释搭便车问题，为了解决白搭车问题，必须构建一种意识形态理论。但何为成功的意识形态呢？根据诺思的论述，成功的意识形态有两个特征：一是"必须是灵活的"，二是不但因为其灵活性能赢得新团体的忠诚，而且"随着外部条件的变化也得到老团体的忠诚"，④ 即成功的意识形态应该与时俱进，才能得到更多人的认可和接受。

在新制度经济学的影响下，我国学者也纷纷论证制度创新和

---

① 郝云：《利益理论比较研究》，复旦大学出版社 2007 年版，第 157 页。
② ［美］道格拉斯·C. 诺思：《经济史中的结构与变迁》，陈郁译，上海三联书店、上海人民出版社 1995 年版，第 42 页。
③ 郝云：《利益理论比较研究》，复旦大学出版社 2007 年版，第 158 页。
④ ［美］道格拉斯·C. 诺思：《经济史上的结构和变革》，厉以宁译，商务印书馆 2005 年版，第 61 页。转引自谢江平："诺思的意识形态理论"，载《中共贵州省委党校学报》2009 年第 2 期，第 61 页。

改革的重要性，即通过制度的设计使人们对自己的行为负责，促进公共利益的实现。其中，张维迎教授明确论述了法律制度的激励功能。在他看来，社会制度要解决的核心问题是激励问题，即如何使得个人对自己的行为负责，如果每个人都对自己的行为承担完全责任，那么社会就可以实现帕累托最优状态。① 而法律作为一种激励机制，其"首要目的是通过提供一种激励机制，诱导当事人事前采取从社会角度看最优的行动。"② 即通过设计一系列激励性的法律制度和法律措施，促使社会个体去维护社会公共利益，在环境法领域，这可以说是正外部性实现的重要途径。正如共选择学派的代表人物奥尔森在论述集体行动的逻辑时指出，有两个途径可以实现集体利益，一是减少集团的人数，二是运用选择性的激励手段。奥尔森认为，"只有一种独立的和'选择性'的激励会驱使潜在集团中的理性个体采取有利于集团的行动……这些'选择性激励'既可以是积极的，也可以是消极的。"③ 正是这些"选择性激励"制度的介入部分或全部抵消个人行为的外部性，从而促使集体利益的实现。因此，为了促进环境保护领域中正外部性行为的发生，我们必须及时进行法律制度的创新，通过一系列激励性法律制度的设计，促使人们积极维护环境利益。

四、环境法"正向构建"的现实依据

（一）跨越环境库兹涅茨曲线"拐点"的需要

1. 环境库兹涅茨曲线及其"拐点"

环境与经济关系是可持续发展研究中的重要课题，而关于经

---

① 丰霏：《法律制度的激励功能研究》，法律出版社 2015 年版。

② 张维迎：《信息、信任与法律》，生活·读书·新知三联书店 2003 年版，第 66 页。

③ ［美］曼瑟尔·奥尔森译：《集体行动的逻辑》，陈郁等译，上海三联书店、上海人民出版社 1995 年版，第 42 页。

济增长与环境污染关系研究的典型便是环境库兹涅茨曲线假说①。1991 年，美国普林斯顿大学的经济学家格鲁斯曼（Gene. Grossman）和克鲁格（Alan. Kruger）在研究北美自由贸易协定对环境的影响时，参照经济学中的库兹涅茨曲线，提出了环境库兹涅茨曲线（Environmental Kuznets Curve，EKC）假说②。根据他们的研究，大多数污染物的变动趋势与人均国民收入的变动趋势间呈倒 U 形关系，也就是说工业化进程中环境质量先随人均收入的增加而恶化，又随人均收入的进一步增长而得到治理和改善。目前，他们的研究已在许多发达国家和新工业国家得到证实。从环境质量恶化到环境质量改善的跨越阶段，我们称为环境库兹涅茨曲线的"拐点"。当然，对"拐点"的探讨只是一种理论上的抽象，真实、精确的"拐点"难以找到。环境库兹涅茨曲线"拐点"应该是一系列环境要素拐点的叠加，例如，大气污染的"拐点"、水污染的"拐点"、碳排放的"拐点"等，而每种环境要素"拐点"出现的时间并不完全相同，所以环境库兹涅茨曲线"拐点"并非一个精确的"点"，而可能是一个"拐点时段"或"拐点区间"。

2. 我国跨越环境库兹涅茨曲线"拐点"的必要条件

环境库兹涅茨曲线是一个动态的概念，跨越"拐点"需要主客观因素的共同作用。从客观因素来看，我国具有跨越"拐点"的一些有利条件，主要包括：

首先，人均 GDP 的增长。"根据 OECD 的研究，西方大部分

---

① 关于是否存在环境库兹涅茨曲线，学者也有不同的看法。有学者通过研究表明经济与环境之间的关系并非是倒 U 形，而是出现 N 形、同步形、U 形等多种类型，对环境库兹涅茨曲线提出质疑。（参见李玉文等："环境库兹涅茨曲线研究进展"，载《中国人口·资源与环境》2005 年第 5 期，第 7～12 页。）通过参照大多数学者的研究成果，笔者还是认同环境库兹涅茨曲线假说。

② Grossman GM, Krueger A B. Economic growth and the environment. Quarterly Journal of Economics. 1997，110（2）：353～377.

的发达国家当人均 GDP 超过 8000 ~ 10000 美元时，环境污染才出现下降的趋势；而具有后发优势的新兴工业化国家，人均 GDP 达到 2000 ~ 5000 美元时环境质量出现改善的趋势。"[1] 近年来，随着经济的迅速发展，我国人均 GDP 也不断提高。据国家统计局发布的《2014 年国民经济和社会发展统计公报》计算，2014 年中国人均 GDP 已达到 7575 美元[2]，这为我国跨越"拐点"提供了经济基础。

其次，产业结构调整和经济增长方式的转变。1993 年，Panayotou 进一步证实了环境库兹涅茨曲线的存在，他的研究表明，在一国经济起飞和加速发展阶段，环境问题随着第二产业比重的增加和工业化的进程日益严重，而当经济从高能耗高污染的工业转向低污染高产出的服务业、信息业时，经济活动对环境的压力降低，环境质量将出现改善。[3] 目前，我国正在积极进行产业结构调整，第三产业在国内生产总值中的比重不断增加，根据《中国 2015 年国民经济和社会发展统计公报》显示，2015 年，我国第三产业增加值比重为 50.5%，首次突破 50%。第三产业具有资源消耗少、环境污染小等优势，其在国民经济中比重的增加对于环境的改善具有一定的促进作用。与此同时，我国经济增长方式也正在实现从粗放型向集约型转变，这将进一步提高我国的专业化分工和技术水平，对于节约环境资源、改善环境状况有重要意义。

---

① 蔡文晓等："运用环境库尔涅茨曲线对我国环境污染的趋势分析"，载《环境保护》2007 年第 20 期，第 44 页。

② 李婧：《国家统计局数据显示中国人均 GDP 达到 7575 美元》，载中国经济网，http://www.ce.cn/xwzx/gnsz/gdxw/201502/26/t20150226_4654012.shtml，2015 年 2 月 26 日。

③ Panayotou, T. Empirical Tests and Policy Analysis of Environmental Degradation at Different Stages o f Economic Development. International Labor Office Working Paper, WP238, 1993.

　　最后，生态保护和修复取得一定成果。近年来，我国积极开展了退耕还林、防沙治沙、水土保持等一系列生态修复工程，使生态系统得到一定的保护和修复，有的生态领域已经进入了"治理与破坏的相持阶段"。早在 2005 年，当时国家林业局局长周生贤在全国林业厅局长会议上所做的《当前林业的形势与任务》报告中指出："我们对当前林业形势做出的基本判断是：生态建设正处在'治理与破坏相持的关键阶段'。"[①]

　　此外，我国市场经济体制的确立和发展、环境科技的进步、环境质量需求的增长等，都为我国跨越环境库兹涅茨曲线"拐点"奠定了良好的基础。

　　3. 跨越"拐点"需要环境法的"正向构建"

　　环境库兹涅茨曲线"拐点"不会自动出现，"拐点"的跨越不仅取决于一国的经济状况，还和一国的环境政策、环境法律密切相关，涉及法律改革和社会治理的问题。"不进行法律制度改革，原有制度框架下的源头性问题得不到解决，会不断地产生导致秩序不稳的问题，秩序好转的拐点也不可能形成。"[②] 根据 Panayoutou 的研究，安全的财产权、契约有效实施的制度能够熨平环境库兹涅茨曲线，Torras 和 Magnani 等人的研究也揭示了政策因素对环境库兹涅茨曲线的形状有决定性影响。因此，在我国具备跨越"拐点"的客观有利条件下，我们应该积极进行环境法制建设，通过环境法的"正向构建"促进"拐点"的早日跨越。环境法的"正向构建"区别于传统的利益限制型法律规范，其更加注重环境资源公共物品的供给和增益性法律规范的设计，通过一系列强制性和激励性法律措施的结合，促进环境公共利益

---

　　① 周生贤："当前林业的形势与任务"，载《绿色中国》2005 年第 2 期，第 7 页。

　　② 刘金国、蒋立山：《中国社会转型与法律治理》，中国法制出版社 2007 年版，第 56 页。

的维护和增进,而我国跨越环境库兹涅茨曲线"拐点"正需要这样的制度支撑。

(二) 满足公众环境需求的增长

环境需求是现代人类最基本的需求之一,是随着经济社会进步而发展变化的自然需求,本质上是一种社会需求。我国公众的环境需求具有多层次性,随着社会的不断发展,公众的环境需求也由原来的较低层次发展到较高层次。"从社会发展的规律来看,环境法领域的利益需求的内核与外延均显现为人的生存和发展的持续性需求即持续的提升生活质量的需求。"[1] 人们已经不满足于仅仅从自然界获取物质和能量以维持生存需求,人们开始追求更高层次的精神需求、发展需求,例如,清洁舒适的生活环境、优美的自然景观、保持完好的历史文化遗产、丰富的生物资源等,这突出表现在近年来我国旅游业的兴起和发展。

20 世纪 90 年代以后,由于居民收入增长和可自由支配时间的增多[2],我国旅游业得以迅速发展。根据国家统计局的统计显示,2016 年前三季度,中国国内旅游人数 33.6 亿人次,入出境旅游总人数 1.94 亿人次,旅游收入 2.9 万亿元人民币,同比分别增长 11%、13.5% 和 3.7%,中国已连续四年成为世界第一大出境旅游消费国,对全球旅游收入贡献平均超过 13%。[3] 我国旅

---

[1] 李启家:"环境法领域利益冲突的识别与衡平",载《法学评论》2015 年第 6 期,第 135 页。

[2] 我国居民可自由支配时间的增多主要得益于国家对职工工作时间的调整。1995 年我国开始在全国职工中实行一周 5 日工作制,1999 年随着《全国年节及纪念日放假办法》的出台,职工放假时间延长,我国旅游业形成了春节、五一、十一旅游的"黄金周"。2008 年,国家制定了新的放假方案,清明、端午、中秋三大传统节日被定为国家法定节日,五一长假法定假日从过去的 3 天变为 1 天。

[3] "国内旅游人数 33.6 亿人次旅游收入 2.9 万亿元",载《京华时报》2016 年 11 月 13 日。

游业发展进入新台阶，"旅游热"的背后凸显了公众环境需求的增长。

首先，公众对环境优美的需求。我国著名的美学家叶朗说过："旅游，从本质上说，就是一种审美活动。"① 对于人类而言，自然具有重要的审美价值，人们对于自然之美的欣赏，是著名的哲学家马尔库塞称为"消遣活动"的最重大部分，它属于人们较高层次的环境需求。随着人们生活方式的变化和观念的更新，人们开始注重回归自然，到大自然中去观赏、旅行、探索，享受清新的空气、感受人与自然和谐的氛围、从自然中寻求精神的慰藉和身心的愉悦等，这些需求都离不开优美的环境。

其次，公众对舒适环境的需求。舒适环境的需求反映了公众对环境质量要求的提高，"环境质量产生直接效益和间接效益。作为舒适性的一个来源，环境质量是直接效益的一个重要供给者。人们通常认为这一点只在工业化国家发生。在那里，舒适性在满足人们对休闲娱乐和自然情趣的急剧增长的需求方面起着重要作用。舒适性对许多发展中国家也同样重要，随着实际人均收入的提高，发展中国家也开始出现了对休闲娱乐的需求。"② 一些稀有的生物资源、珍奇的景观、重要的生态系统等是舒适环境的重要承载体，但长期以来，人们过于关注资源的经济价值，常常在资源的开发利用和保存维护之间产生矛盾和冲突，而公众对舒适环境需求的增长需要我们更加注重对舒适性资源的保护，为人类的全面发展提供良好的环境基础。

我国公众环境需求的增长需要以解决环境问题、维护环境利

---

① 叶朗："旅游离不开美学"，载《中国旅游报》1988 年 1 月 20 日。

② ［英］戴维·皮尔斯、杰瑞米·沃福德：《世界无末日——经济学·环境与可持续发展》，张世秋等译，中国财政经济出版社 1996 年版，第 158 页。

益为主旨的环境法作出积极的回应。利益是"人类个别地或在集团社会中谋求得到满足的一种欲望或要求"①，需求是形成利益的前提基础，而利益的确认、维护和增进都离不开法的最终权威，这为我国环境法的发展提出了新的要求和方向。美国学者P. 诺内特和 P. 塞尔兹尼克把社会存在的法律现象分为三种类型：压制型法、自治型法以及作为改革方向的回应型法。"回应型的法律主要是更多地回应社会的需要，它把社会压力理解为认识的来源和自我矫正的机会，以公共目的为指导，使目的具有足以控制最终在社会问题和社会需要的压力下促使法律自身不断修正、变革，在法律与社会之间形成良性的互动关系。"② 我国公众环境需求的增长是一种客观的社会存在，我国环境法应该面向实际的社会问题，回应社会需求，进行相应的发展和完善。

（三）实践绿色发展的应然要求

发展是人类永恒的主题和不懈的追求。西方国家的现代化、城市化进程早于我国，但其间造成的环境污染、社会不公等问题引起了人们对现代化的批判。例如，马尔库塞把工业社会称为"富裕社会"的同时也称为"病态社会"，并对现代化造成的只追求物质、丧失了精神追求和批判能力的"单向度的人"进行了批判，哈贝马斯也对资本主义生产方式产生的异化进行了批判。在这些反思和批判中，西方国家不断提出新的发展观，例

---

① ［美］罗斯科·庞德：《通过法律的社会控制》，沈宗灵译，商务印书馆 2008 年版，第 81~82 页。
② ［美］P. 诺内特、P. 塞尔兹尼克：《转变中的法律与社会：迈向回应型法》，张志铭译，中国政法大学出版社 2004 年版，第 82~87 页。

如，"新发展观"①"可持续发展观""以人为本的发展观"② 等。我国借鉴可持续发展思想，在反思和借鉴近代西方国家发展历程、总结我国发展经验的基础上提出了绿色发展等先进理念。党的"十八大"报告中首次提出"推进绿色发展、循环发展、低碳发展"和"建设美丽中国"的宏伟蓝图；党的十八届五中全会进一步指出，为全面建设美丽中国，必须坚持绿色发展，坚持节约资源和保护环境的基本国策，坚定走生产发展、生活富裕、生态良好的文明发展道路。

　　无论可持续发展观还是绿色发展观都要求人们改变传统的生产方式和生活方式，主张加强对环境资源的保护，实现人与自然的和谐相处。"可持续发展包括两个重要的概念：需要和限制。需要，尤其是世界上贫困人口的基本需要，应该放在特别优先的地位来考虑；限制，即技术状况和社会组织对环境满足眼前和将来需要的能力施加的限制。"③ 由此可见，可持续发展主张在增进社会福利、促进发展的同时，还要加强对环境资源的保护以保证环境资源的永续利用，主张发展必须建立在生态系统的承载力之内，以人与自然和谐的方式进行。绿色发展是整体发展模式的深刻变革，它涉及生产、生活方式的深刻变革，看似是资源环境

---

　　① 以法国学者弗朗索瓦·佩鲁为代表的新发展观论者强调经济发展与社会发展的均衡，强调社会发展与人的发展的协调，强调社会发展的综合。正如佩鲁在《新发展观》中指出："这种新发展是整体的、综合的和内生的！"参见弗朗索瓦·佩鲁：《新发展观》，华夏出版社 1987 年版，第 2 页。转引自王晶雄："整体发展：科学发展观的根本内核"，载《求实》2004 年第 7 期，第 43 页。

　　② 1995 年 3 月在哥本哈根召开的各国首脑会议通过了《社会发展问题哥本哈根宣言》和《行动纲领》，将人确定为发展的中心和目的。此外，诺贝尔奖获得者阿玛蒂亚·森提出以自由看待发展的发展观，其主张的自由是人的实质性的自由，这种发展观是以人为主体、以自由为核心、以制度为载体的观念。参见郭友聪：《科学发展观——发展范式的变革》，复旦大学 2007 年博士学位论文，第 65～66 页。

　　③ 世界环境与发展委员会：《我们共同的未来》，王之佳等译，吉林人民出版社 1997 年版，第 52 页。

问题，实质是发展道路的选择问题，是解决走什么道路、人怎么生活的问题，是如何看待人与自然的关系问题，是如何认识发展的观念问题。①

绿色发展条件的满足和要求的实现需要法律制度的保障，即通过法律手段把各种有利于绿色发展的观念、行为普及化和永续化，其中环境法的作用尤其突出。

首先，以人与自然的和谐为基本理念和价值追求的环境法与绿色发展具有精神上的一致性。环境法对和谐的追求包括人与人的和谐和人与自然的和谐两个方面，两者都是实现绿色发展的应然要求。其中，对人与自然和谐的追求更是环境法的基本理念和价值追求，环境法的其他价值，例如，环境秩序、环境安全、环境公平、环境正义等都和人与自然的和谐紧密相连，人与自然和谐已经成为环境法最具有特色的基本理念并在各国环境中发挥了重要作用。

其次，环境法通过调整和规范人们的各种环境法律关系以保障绿色发展的实现。环境法通过一系列行为规则的预设，对各种破坏、利用环境资源的行为予以禁止和限制，使对环境资源的利用维持在生态系统的承载力之内。同时，还对各种环境友好、资源节约的行为予以鼓励，使人们注重对环境资源的保护和生态系统的修复，成为协调人与自然关系和人与人关系的有效手段，为绿色发展提供有力的制度保障。

最后，环境法把绿色发展的执政理念、技术规则转化为法律规范推动科学发展观的实现。绿色发展是一种先进的执行理念，包括许多重要的技术规则，其实现不能只依靠人们的道德自律，只有通过各种法律手段和法律措施，把绿色发展的要求转化为全

---

① 王婷：“绿色发展理念下加强生态文明素质教育”，载《中国教育报》2017年3月16日，第8版。

体社会成员自觉或被迫遵循的规范，绿色发展的机制和秩序才能够实现和持续。因此，环境法成为绿色发展的有力助推器。

（四）公众环境意识的显现和增强

"公众的环境意识就是其环境观，也就是个体对人与环境关系的认知。"① 它反映了公众对人与自然关系的认识与反省，表达了公众对人类生存基础的忧虑和关照。环境意识不仅包括公众对人与环境关系的认知程度，还包括公众在环境参与行为中体现出来的主动性和积极性，这是公众环境意识中较高层次的体现。

从哲学意义上讲，环境意识的提高是人类对"笛卡尔"式的主体性哲学思维方式的反思，这种思维方式过分强调人的主体性，把人凌驾于自然之上，导致了对自然的肆意掠夺和生态危机的凸显。环境意识的提高反映了人们价值观的转变，具有重要的基础意义。从法律意义上讲，"环境意识是法律意识的一种表现形式"②，而法律意识是一种观念的法律文化精神，它既是法治现状的反映，同时又反作用于法律的制定和实施，对法治的实现具有一定的引导和促进作用。因此，我国公众环境意识的提高对于我国环境法的制定和有效实施都具有重要的意义。

环境意识作为一种意识形态和社会上层建筑，是由相应的社会基础决定的，不同的社会存在条件决定环境意识的水平和层级也各有不同。长期以来，由于我国环境保护和经济发展具有"共时性"的特点，对环境问题的关注主要集中在国家和政府层面，社会公众还没有成为直面环境问题的主力军，我国的环境保护尚缺乏来自"社会"或"民间"力量的有力支撑。但是，随着我国环境保护进程的不断推进，公众的环境意识也不断提高。2010

---

① 鄢斌：《社会变迁中的环境法》，华中科技大学出版社 2008 年版，第 60 页。
② 张瑞萍："生态文明视野下公民环境意识之考察"，载《西部法学评论》2008 年第 3 期，第 96 页。

年，有学者对 1998～2007 年我国公民环境意识进行了研究，认为由于我国公民参与环保活动起步较晚，因此目前我国公民环保意识总体水平偏低，但是未来公众将呈加速上升的趋势，2019年达到较高的稳定水平。[①] 还有学者对局部区域公众的环境意识进行调查，例如，吕忠梅教授等人对四湖流域的调查显示，大部分村民还表示如果政府采取合理的治理措施，他们将积极予以配合，有 83.2% 的农民愿意为农村的环保行为负担费用，还有74.6% 的农民认为，如果政府促成组建民间环保自治组织，他们将参加这一组织并积极投入农村的环保事业。[②] 此外，公众参与环境保护行为也逐渐增多，例如，能降低生活支出和有益身心健康的节能、节电、节水等。通过对上述调查的分析可以看出，我国公众的环境意识正随着社会发展不断提高和进步。

---

① 闫国东等："中国公众环境意识的变化趋势"，载《中国人口·资源与环境》2010 年第 10 期，第 50～56 页。

② 吕忠梅等："农村面源污染控制的体制机制创新研究——对四湖流域的法社会学调查报告"，载《中国政法大学学报》2011 年第 5 期，第 60 页。

第三章 环境法律激励的价值追求

发挥环境法的激励功能，进行环境法的"正向构建"，需要把环境法的价值目标从维护传统安全向保障生态安全扩展，在此基础上，把环境法的生存价值（维护生态安全和人体健康）扩展到发展价值，确立环境法的舒适性价值。

第一节 传统法律价值的更新

环境法学的兴起和发展，对传统法律价值观产生了深远影响。加强环境法的"正向构建"，需要对传统法律价值观进行更新，把法律价值扩展到自然系统之中，尊重自然的价值，构建新的自由价值观和公平价值观。

一、法律价值概述

法律价值又称为法的价值，一般是指法律对人的意义。在法学研究中，法律价值一般具有以下三种含义[①]：第一，用法律价值来指称法律在发挥其社会作用的过程中能够保护和助长哪些值得期冀、希求的或美好的东西。例如，安全、自由、正义、福利等为法律所保护和助长的诸种价值，此种意义上的"法的价值"

---

① 参见张文显：《法理学（第三版）》，高等教育出版社、北京大学出版社2007年版，第296~300页。

又称为法的"目的价值""对象价值"或"外在价值",也即"法律所追求的目标和所要达到的目的"①;第二,用法律价值来指称法律自身应当具有的值得追求的品质或属性,例如,法律应该逻辑严谨、简明扼要、明确易懂等,与法的目的价值不同,此种意义上的"法的价值"又可称为"内在价值"或"形式价值";第三,用法律价值来指称法律所包含的价值评价标准,也就是在法律上对各种事物进行价值判断时所遵循的标准,例如,生产力标准、人道主义标准、现实主义原则、历史主义原则等。由此可见,法律价值并非一个单一的概念,而是一个多元的、复杂的价值体系。

二、传统法律价值的更新

一般认为,传统法律价值主要包括自由、平等、秩序、公正等诸多内容,有的学者在此基础上还论述了法的生命价值、人权价值和人的全面发展价值②。环境法学的兴起和发展,对传统法律价值观产生了深远影响。例如,环境法所追求的秩序价值不再囿于传统法中人与人之间的关系,而是把人与自然的和谐纳入其中。传统法律价值观是以保护人的权利和利益为核心的价值观,这种"人类中心主义"的价值观最终导致生态危机的出现。对于生态危机,环境法仅仅依靠"技术性规范"并不能有效应对,环境法必须进行改变,一个重要方面就是价值观的改变,包括如何对待自然,如何处理人与自然的关系。正如有学者指出的:"比照人与人这些社会成员组成的社会系统,我们可以在环境法构架下对其进行扩充,这就是将人的系统扩展为自然的系统……在这种思路下,法学的价值就不再局限于人类社会内部,而是应

---

① 严存生:《法律的价值》,陕西人民出版社 1991 年版,第 151 页。
② 卓泽渊:《法的价值论(第二版)》,法律出版社 2006 年版。

展开到自然系统之中。"①

（一）对自然价值的转变

在对待自然价值的问题上，传统价值观只承认自然的工具价值，即自然的外在价值，认为自然价值是以人为尺度的，在满足人的需要的前提下所具有的意义，也就是说判断某个自然物是否具有价值是看它能否满足人的某种需要。因此，传统法律对待自然受到工具理性的支配，往往关注自然的经济价值，把自然当作资源按照传统意义上的"物"进行法律制度的设计。

现代环境法注重对自然内在价值的尊重。自然的内在价值是指与人的需要无涉的自然价值，霍尔姆斯·罗尔斯顿认为，内在价值是指非工具性的、非主观性的价值，"自然的内在价值是指某些自然情景中所固有的价值，不需要以人类作为参照"②。在尊重自然内在价值的基础上，环境法坚持自然价值的主客观统一的观点，建立了一种新的价值论模式。既看到自然的价值主观性的一面，又看到自然的价值客观性的一面；既承认自然物对人所具有的使用价值，又承认自然物所具有的不以人的意志为转移的内在价值。正如哈贝马斯所指出的："我们不能把自然当作可以用技术来支配的对象，而是把它作为能够（同我们）相互作用的一方。我们不能把自然当作开采对象，而试图把它看作（生存）伙伴。"③ 因此，环境法更加关注自然的生态价值，更加注重生态系统的平衡，其很多制度设计对人类而言往往缺乏"价值"，例如，对于一些没有重大生态价值和经济价值物种实行的保护制度。

---

① 刘建辉：《环境法价值论》，人民出版社 2006 年版，第 2 页。
② 李培超：《自然的伦理尊严》，江西人民出版社 2001 年版，第 138 页。
③ ［德］哈贝马斯：《作为"意识形态"的技术与科学》，李黎、郭官义译，学林出版社 1999 年版，第 45 页。

（二）对自由价值的影响

自由是人类永恒的追求，不管是西方诸多思想家还是中国古代先贤都有关于自由的重要论述。康德曾经在《道德的形而上学》中说过："天赋的权力只有一个，即生来就有的自由权……它是每个人由于他的人性而具有的独一无二的、原生的、生来就有的权利。"[①] 传统自由价值观强调人的自由，这种自由是在主客二分的思维模式下、人作为价值主体而享有的自由，这种自由是通过对人与人之间的利益进行分配和享有来实现的。

但是，人类的这种自由由于缺乏对自然的关照而受到了诸多限制。在对待自然上，由于人类自由的过度扩张，人对自然的态度是笛卡尔式地把人看作是"自然的主人和所有者"，这种统治自然、支配自然的态度遭到了大自然的疯狂报复，导致了近代严重的生态危机。生态危机的出现限制了人类自由，也引起了人们的反思，环境法在这种反思中突破了"人类中心主义"的桎梏，着手构建一种新的自由价值观。这种价值观的评判不再是人类利益的分配及归属，它"认同并确立的法律自由观更侧重于对主客关系的关注，具体来说，这种主客关系强调的是人与自然之间建立的和谐与同构状态，以及围绕这种关系而形成的多元法律价值"[②]。

（三）对公平价值的影响

传统法律的公平价值侧重于人与人之间的公平，因此，相关制度设计主要围绕人与人之间的利益进行分配。而环境法既涉及人与人之间的关系，还涉及人与自然之间的关系，其所追求的公平既包括当代人之间的公平，还包括当代人与后代人之间的公

---

① 转引自王振东：《自由主义法学》，法律出版社 2004 年版，第 6 页。
② 陈丽芹、郭武："论法律自由价值的发展——以科技法、生态法为视角"，载《甘肃社会科学》2014 年第 3 期，第 100 页。

平，以及人与自然之间的公平。

受传统法律价值观的影响，我国以往的诉讼机制以保护人类社会内部成员利益为目的，其不能有效解决人与自然之间的冲突，而环境法体现了人对自然价值的尊重和呵护，使得自然的"代理人"有了话语权。在许多国家，对自然的尊重已经从理论走向了司法实践，一些动物和人一样获得了司法待遇。例如，美国《濒危物种法》规定任何人都可以以自己的利益受到侵害为由提起保护濒危物种的诉讼；在 2003 年，塞拉俱乐部与新墨西哥州格兰德河鲦鱼一道作为共同原告在美国第十巡回法院提起了诉讼并获得胜诉。该案件的起因是河流中的水因为人类使用而减少，这样就威胁到河流里鱼类的生存，最后法院判决应当减少城市用水以满足河流鱼类的生存条件①。我国虽然没有确立自然的主体资格，但却通过公益诉讼制度实行着对自然的保护。根据《环境保护法》的规定，针对环境污染、生态破坏等行为，"符合条件的社会组织"可以提起公益诉讼，保护生态环境，维护自然尊严，改善人与自然的关系。

第二节　环境法的生存价值：生态安全

一、环境法律价值概述

与法律价值一样，环境法律价值也具有多层含义。首先，是指环境法制定、实施所要达到的目的或目标，是环境法服务的对象。例如，和谐的社会秩序、可持续发展、环境公平、环境正义等，也即环境法的目的价值或外在价值。其次，环境法律价值是

---

① 汪劲、严厚福、孙晓璞编译：《环境正义：丧钟为谁而鸣——美国联邦法院环境诉讼经典判例选》，北京大学出版社 2006 年版，第 54～55 页。

指环境法本身所具有的优秀品质和优良属性。例如，环境法本身的逻辑性、条理性等，又称为环境法的内在价值或形式价值。最后，环境法律价值是指环境法的评价价值，也即人们可以根据这些价值评价、改革和应用法律。本书主要是在第一种意义上使用环境法律价值这一概念，也即环境法在制定、实施中所要达到的目的或目标，同时又结合环境法的特点，具体分析其区别于传统部门法的价值内容。

关于环境法律价值的内容，国内学者也进行了诸多分析和探讨。例如，刘建辉博士认为环境法的价值应该包括两个基本内容："调整人与人之间社会关系的价值（社会价值）和调整人与自然之间自然关系的价值（自然价值）。"[1] 吕忠梅教授指出，"环境法的价值包括主观价值（工具价值）和客观价值（目的价值）两个方面，公平和利益平衡是环境法的主观价值，安全与可持续发展是环境法的客观价值。"[2] 本书认为，环境法的价值内容具有多元性，环境正义、环境民主、环境秩序、环境效率、环境安全等都是环境法的基本价值目标，共同促进人与人的和谐和人与自然和谐的实现。从正外部性的视角分析，环境法的价值目标应该随着社会的发展逐渐扩展和提高。就我国而言，应该从保障社会安全扩展到维护生态安全，在满足人们生存需求、维护生态安全的同时，还应该积极营造舒适优美的环境，满足人们较高层次和多样化的环境需求，即满足人们环境舒适性的需求，"对人与自然和谐的起码要求是环境安全，包括人和环境资源的安全；对人与自然和谐的最高要求是舒适"[3]。这是我国环境法理

---

① 刘建辉：《环境法价值论》，人民出版社 2006 年版，第 116 页。
② 吕忠梅：《环境法新视野（修订版）》，中国政法大学出版社 2007 年版，第 221 页。
③ 蔡守秋："环境秩序与环境效率——四论环境资源法学的基本理念"，载《河海大学学报（哲学社会科学版）》2005 年第 4 期，第 2 页。

念逐渐升华的体现，也是环境法对社会发展的积极回应。

二、生态安全问题的提出

安全是法律的首要价值，没有安全的保障，法律所追求的正义、平等、自由等价值都无法实现。所谓安全，一般是指主体处于某种没有危险或不受威胁的状态。20 世纪七八十年代以后，随着工业化和城市化进程的加快，全球污染、能源危机、资源短缺、气候变暖、生物入侵等问题不断出现，生态安全问题开始受到广泛关注并被许多国家认为是国家安全中的重要内容。例如，美国在 1991 年公布的《国家安全战略报告》中，首次将环境安全视为其国家利益的组成部分；俄罗斯联邦在 1991 年颁布的《自然环境保护法》中首次正式使用了生态安全的概念，并针对"危害社会生态安全的行为"规定了相应的刑事责任。日本、欧盟、加拿大等国家和地区也将环境安全列入国家安全战略的主要目标。目前，生态安全已经成为世界各国共同面临的重要课题，正如世界著名的环境专家迈尔斯所言，"在许多地区，环境安全已经成为安全问题的一个基本要素，并且在未来将会愈来愈成为世界各国安全事务的核心。"①

我国生态安全面临的形势十分严峻，据 2016 年国家环境保护部发布的《2015 年中国环境状况公报》显示，在国土资源方面，中国现有土壤侵蚀总面积 294.9 万平方千米，占普查范围总面积的 31.1%；在水资源方面，全国 967 个地表水国控断面（点位）开展了水质监测，Ⅰ～Ⅲ类、Ⅳ～Ⅴ类和劣Ⅴ类水质断面分别占 64.5%、26.7% 和 8.8%；在大气环境方面，仍有部分城市污染比较严重，全国 338 个地级以上城市中，有 73 个城市环境空气质量达标，占 21.6%；265 个城市环境空气质量超标，

① ［美］诺曼·迈尔斯：《最终的安全：政治稳定的环境基础》，王正平、金辉译，上海译文出版社 2001 年版，第 16 页。

占 78.4%；在重要湿地保护方面，80% 的河口生态系统海水呈富营养化状态，浮游植物密度偏高。[①] 此外，我国农村生态安全问题日益突出，形势十分严峻，农村生态退化尚未有效遏制；食品安全、饮用水安全、化学品安全等问题不断凸显。因此，需要环境法的有效应对和回应。

三、生态安全的法学界定

国外法律中较早提及生态安全的国家是俄罗斯联邦，其在 1991 年颁布的《自然环境保护法》中首次正式使用了生态安全的概念，并在 1995 年的俄罗斯联邦《生态安全法（草案）》中对生态安全进行了界定。草案第 3 条指出，"生态安全是指个人、社会的至关重要的利益处于受到保护、周围自然环境处于不受因人类活动和自然原因而出现的威胁的受保护状态"。[②] 该草案对于生态安全的界定为学界研究奠定了基础。

目前，国内环境法学界对于生态安全的定义尚未达成一致。曲格平先生认为生态安全包括两层基本含义："一是防止由于生态环境的退化对经济基础构成威胁，主要指环境质量状况低劣和自然资源的减少和退化削弱了经济可持续发展的支撑能力；二是防止由于环境破坏和自然资源短缺引发人民群众的不满，特别是环境难民的大量产生，从而导致国家的动荡。"[③] 这一理解主要是基于生态安全的社会属性，具有浓厚的政治色彩。周珂教授认为目前各国关于生态安全的含义可分为两个层次："第一层次的生态安全与各国国内法上的环境与自然资源保护或各国环保部门从事的环境污染防治和自然资源保护工作基本相同，主要属于国

---

① 国家环境保护部：《2015 年中国环境状况公报》，2016 年，第 5～30 页。

② 王树义："生态安全及其立法问题探讨"，载《法学评论》2006 年第 3 期，第 124 页。

③ 曲格平："关注生态安全之一：生态环境问题已经成为国家安全的热门话题"，载《环境保护》2002 年第 5 期，第 4 页。

内政策和国内法规范；第二层次的生态安全则是外交、军事等领域之内的新概念，着眼于国际法规范。而我国作为发展中国家，侧重于生态安全国内法范畴的适用，主要体现为防止国内生态赤字、缓解资源供需矛盾、防治自然灾害这样一种国家职能。"①该种理解主要是从国际和国内视野考察生态安全，侧重于国家在维护生态安全方面的职能。王树义教授认为，"生态安全是指人的环境权利及其实现受到保护，自然环境和人的健康及生命活动处于无生态威胁或不受生态危险威胁的状态。生态安全是下列事物处于平安的、受到保护的状态：（1）生态系统的平衡得到维护，自然界的自然过程保持一种和谐状态；（2）可再生自然资源的再生条件得到保护；（3）不可再生的资源倍受珍惜和得到节约利用；（4）自然界的环境容量受到尊重；（5）环境的自然净化能力得到维护；　（6）整体自然环境处于良好质的状态；（7）维持人的生命活动和健康所需要的正常条件得到保障；（8）人的环境权利受到尊重和保护。"②该定义较为全面地概括了生态安全所包含的基本内容，即包括生态系统本身的安全，又包括处于生态系统之中的资源、环境以及人的安全。在环境法视野下探讨生态安全需要明确以下几点：

首先，生态安全是一种与生态风险和生态危险相对应的状态。安全是一种无危险或不受威胁的状态，没有危险和风险存在的生态系统是安全的。正是由于生态危险的存在和发生，才引起了人类对生态安全问题的关注，因此，生态安全是相对于生态风险或生态危险而言的，研究生态安全需要关注生态危险和生态风险。

---

① 周珂、王权典："论国家生态环境安全法律问题"，载《江海学刊》2003 年第 1 期，第 115 页。

② 王树义："生态安全及其立法问题探讨"，载《法学评论》2006 年第 3 期，第 124 页。

其次，生态安全的主体具有多元性。生态安全首要是指生态系统本身的安全，生态系统具有自己的功能和发展规律，人类活动应该遵循生态规律，使生态系统处于平衡状态。此外，由于生态系统具有整体性，生态安全意味着处于生态系统之中的组成部分也处于安全的状态，这既包括环境、资源等自然存在物，也包括个人、团体、国家、人类等社会存在物，因此，生态安全的主体是多元的。

最后，生态安全维护的利益是生态利益，而不仅仅是人类自身的利益。在生态问题中存在多重利益冲突，传统法律关注的主要是人类的利益，而环境法中生态安全问题的提出则使自然界的其他利益纳入人们的视野。维护生态安全，需要人类尊重自然秩序和自然规律，尊重大自然的权利，突破"人类中心主义"的桎梏，维护人与自然和谐的生态利益。

四、生态安全的目标：生态秩序

传统法律主要关注人与人之间社会秩序的维持，但生态危机的不断爆发使人们逐渐意识到，长期以来形成的征服自然、奴役自然的观念已经成为人类发展甚至是生存的羁绊，对生态安全的维护成为人类的必然选择。生态安全的提出使法的安全价值更加丰富，生态环境处于不受破坏和威胁的安全状态，其目标正是达到稳定而有序的生态秩序，实现人与自然的和谐。

秩序是人类生存发展的基础和条件，每个人都生活在社会秩序和自然秩序中。但是根据传统法学的观点，法律秩序仅仅是社会秩序的一部分，从而把人与自然之间的自然秩序排除在外。然而，生态安全的提出使法的秩序价值不断扩展，法律不但要维护人与人之间的社会秩序，还要实现人与自然和谐的自然秩序。社会秩序和自然秩序都是人类存在和发展的基础条件，两者存在密切的联系，人类需要不断从自然界汲取资源和能量，当人类活动对环境的影响超过生态环境承载力的阈值时，自然秩序即被人类行为打乱，人与自然之间的关系开始剑拔弩张。由于"这种矛盾是在人类社会与自然界发生关系时产生的，也就无法通过单纯的社会秩序或自然秩序来加以协调和解决。正是在这种情况下，一种连接社会秩序与自然秩序而又独立于两者的新秩序的产生成为必然，这种新秩序就是所谓的生态秩序。"①

但事实证明，维护人与自然和谐的生态秩序仅靠人们的自发行为是不够，还需要相应的法律规范发挥作用，即通过环境立法去协调人与自然的关系，维护生态安全的法律秩序。因此，需要把生态安全确立为环境法的价值目标并贯彻在相应的法律制度和法律措施中，通过法律规范人们开发、利用和保护、改善环境资源的各种行为，用法律手段来保障自然秩序与社会秩序的和谐，维护并实现人与人、人与自然和谐的生态秩序。

五、生态安全在我国环境法中的确立与完善

在人们对生态安全的忧虑和关注下，我国环境政策和立法开始注重对生态安全的维护。2000 年年底，国务院发布的《全国生态环境保护纲要》指出，全国生态环境保护的目标包括："维护国家生态环境安全，确保国民经济和社会的可持续发展"，这是国家政策首次从国家安全战略的高度将生态安全明确为环境保护的目标。2001 年通过的《防沙治沙法》又将"生态安全"作为其立法目的，这是我国首次将生态安全写进环境立法。此外，2004 年修订的《固体废物污染环境防治法》、2014 年修订的《环境保护法》也明确将"维护生态安全"写入法律，在《大气污染防治法》（2015）、《水污染防治法》（2016）等法律中也分别从"防治大气污染""保障用水安全"等不同角度体现了对生

---

① 陈海嵩："环境法生态安全原则研究"，载《西部法学评论》2009 年第 2 期，第 14 页。

态安全的维护。《国务院关于加强环境保护重点工作意见》（2011）、《关于划定并严守生态保护红线的若干意见》（2017）等"划定了生态红线"，将生态红线与生态安全格局有机结合，构建区域生态安全格局，能够更好地加强区域生态保护①。2016年12月，国务院印发的《"十三五"生态环境保护规划》提出，要划定并严守生态保护红线，维护国家生态安全；到2020年，生态环境质量总体改善，环境风险得到有效控制，生态系统稳定性明显增强，生态安全屏障基本形成。

但是，从整体上看，我国环境法尚未全面系统地体现维护生态安全的价值目标。最为典型的是目前环境法对于生态空间缺乏有效的管控。生态空间是国土空间的重要组成部分，我国生态空间被大量挤占，对生态系统造成不可逆转的破坏。北方地区产生旷日持久的雾霾，一个重要原因就是人类生态空间和退化的自然生态空间耦合关系出现失调。虽然我国已经实施全国主体功能区规划、土地利用规划、生态功能区划等措施管控生态空间，但主要涉及生态空间划定，并且存在规划不合理、结构失衡、法制缺失、理念落后等问题，导致空间重叠严重、保护不力等现象，因此，需要完善生态空间管控的法律机制。此外，在一些涉及生态安全的重要生态敏感区、重要资源领域还存在诸多立法空白。例如，海岸带管理立法尚未出台，湿地、珊瑚礁也缺乏专门的立法保护，防御外来物种入侵、石漠化治理、维护生物安全立法急需加强等。

生态秩序的实现不仅需要把生态安全确定为我国环境法的价值目标，更需要完善相关环境立法，通过系统化的制度体系促进

---

① 杨姗姗、邹长新、沈渭寿："基于生态红线划分的生态安全格局构建——以江西省为例"，载《生态学杂志》2016年第1期，第251页。

生态安全的法律维护。例如，确立保护和改善生态空间的立法目的①，建立有效的生态空格管控制度体系，按照保护"存量"空间与扩大"增量"空间两条路径，构建生态功能区划、生态功能红线、生态空间标准、生态空间监测、生态空间用途管制、生态空间审计、生态空间修复和生态产品交易等法律制度。此外，还需要加强湿地保护、生物安全、海岸带管理等方面的立法，构筑生态安全保障的全面法律体系。

第三节　环境法的发展价值：环境舒适

一、舒适性问题的提出

早期对环境舒适性问题的关注主要来源于环境经济学对舒适性资源的研究。1967 年，美国环境经济学家克鲁梯拉 John Krutilla 在《美国经济评论》上发表了《自然保护的再认识》（*Conservation Reconsidered*）一文，提出了"舒适性资源的经济价值理论"。在此之前的经济学家主要是对可耗竭的矿产资源②进行研究，而克鲁梯拉则认为，出于科学研究、生物多样性保护和不确定性等原因，需要对一些稀有的生物资源、珍奇的景观、重要的生态系统等"舒适性资源"进行保护或者把对其使用严格限制在可再生的限度之内③。该研究开拓了自然资源价值研究的新领域，对于人们重新认识自然的价值具有重要的启发意义。

环境法对舒适性问题的关注较早见于英国、美国和日本的环

---

① 刘超："生态空间管制的环境法律表达"，载《法学杂志》2014 年第 5 期，第 27 页。

② 例如，石油、煤炭、矿石等，又称为"开采型资源"。

③ 马中：《环境与资源经济学概论》，高等教育出版社 1999 年版，第 9 页。

境法中。日本学者北原宗律认为，舒适性是一个创造出良好环境因素的综合性概念，应将舒适性问题作为环境政策的一项内容。[①] 对舒适性问题的关注是随着人们环境意识的提高和环境保护运动的开展而进行的，由于生态环境遭到大量破坏，能够为人们提供舒适性的环境资源变得日益稀缺，在人们环境意识不断增强的情况下，良好的居住环境、优美的自然风光、具有文化价值的历史古迹成为人们关注的对象。此外，经济的发展和人们生活水平的提高为舒适性的追求奠定了重要的物质基础。在生存需要得到满足之后，公众的环境需求也由原来的较低层次发展到较高层次，人们不满足于仅仅从自然界获取物质和能量以维持生存需求，而是开始追求更高层次的精神需求、发展需求，这集中体现为对环境舒适性的追求。

二、舒适性的含义

舒适（Amenity）意为舒服自在，《现代汉语词典》的解释是"舒服安逸"，英文表达为"Feature or Facility of a Place that Makes Life Easy or Pleasant"，即生活便利和愉快。"Amenity"一词最早出现在英国，是随着人们环境意识的提高和居民环境运动的扩大而提出的重要概念，它表明人们对生活环境提出了更高的要求，即在健康、安全环境的基础上，还要增强环境的优美和舒适。日本环境经济学家宫本宪一较早对舒适性进行了探讨，他认为，"所谓舒适性是包含不能用市场价格进行评价的各种因素的生活环境，其内容包括自然、历史文化遗产、街道、风景、地域文化、社会团体、风土人情、地区的公共服务（教育、医疗、福利、防治犯罪等）、交通的便利性等。这是构成'居住时感觉愉快的程度'或'舒适的居住环境'的复合性因素的总称。在英

---

① 刘建辉：《环境法价值论》，人民出版社 2006 年版，第 299 页。

国的 'Civil Amenities Act' 中将舒适性定义为 'the Right Thing in the Right Place'，即应有的东西（例如，住宅、温暖、光线、清洁的空气、家庭服务等）要存在于适合的场合。"学者张文忠认为，"舒适的环境首先应该是安全的、卫生的、清洁的，远离各种污染和废气排放物；其次，应该保留着一定自然景观或有一定的绿色、开敞空间；再次，应该具有地方文化特色、特有的街区景观。"①

　　作为环境法领域的舒适性是作为社会个体的人以及由单一个体所组成的社会共体对于其所生存环境在物质和精神上双重需求的主观体现。② 也即舒适性是人的一种主观感受，是人类活动和感知相统一的产物，是人们对周围环境的一种客观体验和感觉，这种体验和感觉又满足了人们在追求物质和精神等方面的需求。总体而言，舒适性具有物质和精神双重意义，首先，"舒适性是物质的，只有具备了充分必要的物质条件才能让社会成员产生舒适的主观感受；其次，舒适性也属于精神范畴，舒适不仅仅局限于对物质环境的满足，而更多体现的是人们对于人文精神上的追求和享受。"③ 对于人类而言，环境不仅是人类生活、生产的容器，更是人类精神的寄托和情感的归宿。随着经济社会的发展，人们对生活环境的要求逐渐提高，在要求环境安全的基础上，追求具有文化传承意义和美学价值、教育价值、精神价值、娱乐价值的环境成为人们的新目标。为了满足人们对舒适性的追求，需要社会营造良好的环境，例如，保护完好的自然风光、风景名胜区、历史街区、自然文化遗产等，这些条件成为环境舒适性的要素或评价指标。

---

① 张文忠、尹卫红、张锦秋等：《中国宜居城市研究报告（北京）》，社会科学文献出版社 2006 年版。
② 刘建辉：《环境法价值论》，人民出版社 2006 年版，第 300 页。
③ 刘建辉：《环境法价值论》，人民出版社 2006 年版，第 301 页。

三、舒适性在国外环境法中的体现

在环境法领域，对舒适性关注较多的主要是发达国家。早在20世纪六七十年代，美国制定的一系列环境法便开始关注环境舒适性问题。例如，《国土综合利用和休闲地法》要求"将国家森林公园内的舒适性服务和具有经济价值的传统森林产品一视同仁，并重视其管理工作"，《分类和综合利用法》要求美国内政部在其所属范围内重视环境的舒适性。① 《国家环境政策法》明确宣布该法的目的包括："保证为全体国民创造安全、健康、富生命力，并合乎美学及文化上的优美的环境；谋求人口与资源的使用达到平衡，促使国民享有高度的生活水平及广泛舒适的生活。"② 此外，美国还通过《荒原和风景河流法》加强对自然风光的保护，《荒原和风景河流法》建立了大量的荒原保护区以满足该国国民对环境美学和舒适文化生活的需求。总体而言，20世纪六七十年代的美国环境立法"主要试图通过公共土地管理实践和政策的改变以及调整国家开发利用河流和其他联邦政府感兴趣水体的法规来实现以舒适性为主的环境目标"③。

英国对舒适性的关注也比较早，自其20世纪中期实施都市计划以来，其主要目的就是追求舒适性。舒适性的要求主要体现在：关于公众卫生对于污染、都市效率的规定；为了健康与安全，关于追求超过最低限度要件所要求的舒适性；关于历史性空间的保存所需要的文化性因素等。在为国民营造舒适环境的过程中，英国特别重视对历史文化古迹的保护，先后颁布了一系列法律，例如，《古建筑及古迹法》《城市文明法》等保护历史文化

---

① ［美］克鲁蒂拉、费舍尔：《自然环境经济学——商品性和舒适性资源价值研究》，汤川龙等译，中国展望出版社1989年版，第3页。

② 美国《国家环境政策法》第4331条。

③ ［美］克鲁蒂拉、费舍尔：《自然环境经济学——商品性和舒适性资源价值研究》，汤川龙等译，中国展望出版社1989年版，第3~4页。

遗产。

20 世纪六七十年代以后，随着日本国民对环境舒适性的渴望逐渐增强，日本政府开始采取重视环境舒适性的城市政策和环境政策。其中关于环境舒适性的规定主要体现在：保护历史性环境，例如，历史街区、历史文化遗产等；进行自然环境保全，例如，建立自然公园、保护城市绿地、野生鸟兽等。与此相关的环境立法主要包括：《自然公园法》《关于鸟兽保护及狩猎的法律》《古都保存法》《首都圈近郊绿地保全法》《自然环境保全法》《都市绿地保全法》《生产绿地法》《文物保存法》等。① 通过大量的环境保全法保护优美的自然环境和具有文化意义的历史环境，为社会公众创造舒适、优美的生活空间。

四、舒适性在我国环境法中的确立与实现

舒适性是环境法较高的价值追求，随着我国城市化进程的加快和人们生活品位的提高，舒适性问题应该写入环境法并成为环境法的价值追求。刘建辉博士认为舒适性是环境法精神功利价值之一，他指出："涉及生活方面的很多内容都被作为一种权利或权益在环境法中规定了下来，舒适性的问题已经确实成了环境法的一项基本追求"；"将舒适性的内容个别的权益化和权利化，在成文法上将其规定下来，将是今后的任务"②。

马斯洛的需求理论告诉我们，人类存在着缺失性需要和超越性需要，生理需要、安全、归属和尊重是缺失性需要，而认知、审美、创造的自我实现是基于超越性需要而产生的超越性动机。③ 人们的环境需求也可以分为缺失性需求和超越性需要，安

---

① 汪劲：《日本环境法概论》，武汉大学出版社 1994 年版，第 151～182 页。
② 刘建辉：《环境法价值论》，人民出版社 2006 年版，第 299 页。
③ 阮青：《价值哲》，中共中央党校出版社 2004 年版，第 53 页。转引自胡静：《环境法的正当性与制度选择》，知识产权出版社 2009 年版，第 56 页。

全、健康是一种缺失性需求，而舒适、优美则是在安全、健康的基础上提出的更高要求。从日本环境学家宇都宫深志教授提出的人类对环境需求存在的"城市环境质量金字塔"层次模型（见图 3 – 1）中可以看出，环境舒适性是生态安全基础之上的更高层次需求。近年来，我国经济社会迅速发展，这为人们较高的环境需求提供了现实土壤。据人民网报道，中国已经由生存型阶段进入发展型社会新阶段，在发展型阶段，保障并提升人的发展权成为发展的主要任务。① 中国发展研究基金会组织撰写的《中国发展报告 2008：构建全民共享的发展型社会福利体系》也指出，中国全民共享的发展型社会福利体系的建立分为以下两个阶段："2009 ~ 2012 年为第一阶段，主要任务是初步建立中国发展型社会福利制度框架；2013 ~ 2020 年为第二阶段，中国发展型社会

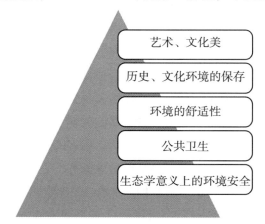

图 3 – 1　宇都宫深志教授提出的"城市居民环境质量金字塔"模型②

---

① "中国发展阶段的转变：由生存型阶段步入发展型阶段"，载人民网，http://theory. people. com. cn/GB/13040403. html，2010 年 10 月 25 日。
② 转引自汪劲："论环境享有权作为环境法上权利的核心构造"，载《政法论丛》2016 年第 5 期，第 52 页。

福利体系基本成型。"① 在由生存型阶段向发展型阶段转变的过程中，我国人民对于环境的需求也日益提高，这集中表现在对舒适、优美环境的要求上。因此，把舒适性确立为我国环境法的价值追求是时代发展的要求，是社会进步的体现，也是环境法发展的应然之意。

目前，我国环境法还没有明确规定环境舒适性问题，但舒适性在一些政策文件中已经得到体现。1994 年通过的《中国 21 世纪议程》多次涉及环境舒适性问题，该议程规定人类住区发展的目标便是"建设成……环境清洁、优美、安静、居住条件舒适的人类住区"，该规定还指出"安全、舒适的住房，对每个人和每个家庭的幸福是不可缺少的，应当是国家和国际行动的一个基本组成部分。"这些都是对舒适性问题的关注。在生态公共服务网络建设、人居建筑、自然保护区、园林建设等方面也涉及了环境舒适性问题。例如，国务院发布的《"十三五"生态环境保护规划》指出，要"提供优质的生态教育、游憩休闲、健康养生养老等生态服务产品……精心设计打造以森林、湿地、沙漠、野生动植物栖息地、花卉苗木为景观依托的生态体验精品旅游线路，集中建设一批公共营地、生态驿站，提高生态体验产品档次和服务水平"。② 此外，我国制定的《文物保护法》《城乡规划法》《自然保护区条例》《风景名胜区条例》《城市绿化条例》等法律、法规对自然环境和历史环境的保护也是为了给公民营造舒适优美的生活环境。

把舒适性作为环境法的价值追求，不仅仅体现在环境立法对环境舒适性的确认和保护，更主要的是通过权利的授予与保障促

---

① 中国发展研究基金会：《中国发展报告 2008/09：构建全民共享的发展型社会福利体系》，中国发展出版社 2009 年版，第 3 页。

② 国务院：《"十三五"生态环境保护规划》，2016 年，第 36 页。

进舒适性价值的实现，舒适性只有外化为权利内容才能实现其价值和意义。遗憾的是，2014 年《环境保护法》修订过程中，学者曾经提出"公民享有在优美、舒适的环境中生活的权利"，但却被立法机关予以删除。立法机关解释的逻辑是籍行政机关履行职责和企业履行义务就可以保护公民的环境权利，而无需通过法律明确宣示公民的环境权利。[①] 这种解释忽视了社会公众对环境舒适的迫切需求，忽视了政府部门在环境管理中"失灵"所造成的公众环境权益屡被侵害的现状。

公众应该享有类型丰富的环境权利，包括环境知情权、环境参与权、环境享有权等。其中，环境享有权应当作为环境法上权利群落的"核心权"而发挥统领作用。所谓环境享有权，是每个公民（自然人）生存本能需求的表达，既包括对清洁环境要素的生理享受，也包括对优美景观、原生自然状况的精神和心理享受。[②] 也就是说，环境享有权的客体包括环境舒适性、景观精神美感性等内容。作为社会公众环境权益保障的环境法，其"保护目标已不仅仅是保护人类生存的环境条件，而是向着追求舒适性、保护人类可持续发展的环境条件提升"[③]。

五、从"安全"到"舒适"：环境法律价值扩展的意义

我国环境法律价值目标从维护社会安全向保障生态安全以及追求环境舒适性的扩展具有重要的意义。

首先，它是法的生存价值向发展价值扩展的体现，完善了环境法的价值体系。从法的价值层次分析，可以把法的价值分为生存价值和发展价值，"法的生存价值与发展价值是指法能满足作

---

① 汪劲："论环境享有权作为环境法上权利的核心构造"，载《政法论丛》2016 年第 5 期，第 54 页。

② 同上书，第 51～56 页。

③ 杜群：《环境法融合论：环境·资源·生态法律保护一体化》，科学出版社2005 年版，第 97～111 页。

为社会主体的人的生存需要与全面发展需要而不因人为原因被无条件剥夺的目的性与工具性属性"①。其中，生存价值主要为满足人的生存需求，发展价值则为人的全面发展提供保障。我国传统意义上的环境法往往关注对环境污染的防治，其价值目标也主要集中在安全、正义等最基本的法律价值上，这对于环境法作用的发挥和立法目的的实现必不可少，但面对人的全面发展的需要却显得力不从心。而环境舒适性价值的确立，明确了舒适性在环境法价值中的重要地位，实现了环境法的生存价值向发展价值的扩展，使环境法的价值体系日益丰富，也为立法与司法活动提供了价值指引。

其次，它是对社会公众环境需求增长的积极回应。生态安全是人的基本需求，也是法律追求的基本价值，但仅仅安全的环境已经不能满足社会公众的环境需求。随着社会的不断发展和生活水平的提高，我国公众的环境需求也由原来的较低层次发展到较高层次，人们对于环境的精神需求、娱乐需求、文化需求日益增多，通过确立环境法的舒适性价值，在公众环境需求日益提高和多元化的今天，可以使环境法的保护标准日益提高，可以更好地满足社会多元需要。

再次，它体现了对多重环境利益的维护和增进，可以满足社会多样化的需求。根据利益层次的不同，可以把环境利益分为生存型环境利益和发展型环境利益。生存型环境利益通过良好的环境质量满足人作为普通生物健康生存的需求，例如，安全、健康的生态环境、清洁的水源等；发展型环境利益则是人类在生存需要得到满足的基础上提出的一种更高层次的环境需求，例如，对环境美的要求、对舒适环境的追求等。我国各地区经济发展水平

---

① 杨震：《法价值哲学导论》，中国社会科学出版社 2004 年版，第 223～224 页。

不同、自然环境也各有差异，在经济发展较慢、自然环境状况恶劣的地区，与舒适性相比，维护当地的生态安全显得更为重要；但在其他地区，人们对于环境舒适性的追求可能更加迫切。通过把生态安全和舒适性分别确立为环境法的价值目标并进行相关法律规定，对于不同层次环境利益的维护和增进都具有重要意义，这是适应社会多层次环境需求的应然选择，也是各地区不同的自然环境状态对环境法的客观要求。

最后，它有利于丰富和完善我国的环境保护标准。通常认为，环境法的保护标准是比较低的，即主要是满足人类生存和生活的基本环境要求。例如，把环境污染控制在不对人类生存构成威胁的范围内，对于使人感到幸福舒适的环境要求则较少纳入环境法的视野。但是，随着人们生活水平的提高，人们的生存和生活环境标准逐渐提高，人们的舒适性要求也日益增多，因此，环境保护的标准也应该随之提高。此外，不同环境保护对象的存在使环境法应该采取不同的保护标准，例如，对于"文化环境"或"工艺设施环境"的保护，其保护对象决定了它的"最低标准"就是舒适性，因此，即使有些保护对象的生存标准尚未实现，也要对一部分实行舒适标准[1]，这也决定了我国的环境标准具有层次性和多样性。

---

[1] 刘建辉：《环境法价值论》，人民出版社 2006 年版，第 300 页。

第四章 环境法律激励的体系完善

我国环境法已经成为一个独立的法律部门并形成较为完整的法律体系，但不容忽视的是，目前的环境法律系统却存在结构性失衡和内容性缺失的问题，主要表现便是污染防治、自然资源立法的不断增多以及生态保护与修复立法的严重缺失和滞后。从外部性的视角分析，污染防治、自然资源立法主要是规制环境污染、资源利用等负外部性行为，与环境污染、资源利用相比，生态保护与修复是具有积极生态效果、产生环境利益"外溢"的正外部性行为。激励和促进这些正外部性行为的发生需要法律的支撑和保障，因此，需要加强我国生态保护与修复立法，促进环境法律体系的发展和完善。

第一节 生态保护与修复法的凸显

一、我国环境法律体系的结构失衡

环境法律体系是由各环境法律子部门构成的系统化结构体系。环境法律体系具有一定时期稳定性的同时也处于不断发展变化之中，环境法律体系包括但不限于污染防治法、自然资源法和生态保护与修复法三个子部门。经过三十余年的发展，我国环境法律体系逐渐形成，但立法实践中却存在重视以抑制负外部性为主的污染防治法、忽视以增加正外部性为主的生态保护和修复法的倾向，导致环境法律体系内部结构的失衡。

首先，污染防治、自然资源立法不断增多以及生态保护与修复法缺失滞后。在负外部性理论影响下，我国重视污染防治立法并形成了较为齐全的污染防治法体系，针对大气、水、噪声、固体废弃物、海洋环境分别制定了专门的污染防治法①，土壤污染防治的专门法也在紧张制定中，2017 年 6 月 28 日，中国人大官网公布了《土壤污染防治法（草案）》，面向社会公众征集意见。在自然资源方面，分别针对森林、草原、土地、矿产资源、渔业资源、水资源、可再生能源等进行专门立法，形成了较为齐全的自然资源法体系。② 与不断发展壮大的污染防治法和自然资源法相比，我国生态保护和修复立法还显得过于单薄。目前，这方面的法律主要有《水土保持法》《防沙治沙法》《文物保护法》以及《自然保护区条例》《风景名胜区条例》等行政法规，对于一些具有明显正外部性的生态保护和恢复领域，还缺乏法律的支持。例如，关于生物多样性保护、湿地保护、生态农业、人文遗迹和自然遗迹保护等方面的立法还比较匮乏。正如周珂教授所言，"我国环境保护法律的调整范围基本上未发生重大变化，环境法在立法上并未转型，依然是以环境污染防治法为核心的传统型环境法体系"③。刘国涛教授则把这种情况称为"环境法体系的'畸形'，即绝大多数规范涉及负外部性和资源合理开发利用的抑损性规

---

① 具体包括：《海洋环境保护法》（1982 年制定，1999 年修订）、《水污染防治法》（1984 年制定，1996 年、2008 年、2017 年修订）、《大气污染防治法》（1987 年制定，1995 年、2000 年、2015 年修订）、《环境噪声污染防治法》（1996）、《固体废物污染环境防治法》（1995 年制定，2004 年修订）、《放射性污染防治法》（2003）。

② 具体包括：《森林法》（1984 年制定，1998 年修订）、《草原法》（1985 年制定，2002 年修订）、《渔业法》（1986 年制定，2000 年修订）、《矿产资源法》（1986 年制定，1996 年修订）、《土地管理法》（1986 年制定，1998 年修订）、《水法》（1988 年制定，2002 年修订）、《农业法》（1993 年制定，2002 年修订）、《野生动物保护法》（1989 年制定，2004 年、2016 年修订）、《节约能源法》（1997 年制定，2007 年修订）、《海域使用管理法》（2001）、《可再生能源法》（2005）。

③ 周珂、竺效："环境法的修改与历史转型"，载《中国地质大学学报（社会科学版）》2004 年第 4 期，第 74 页。

范，关于正外部性和资源供给的增益性规范严重匮乏"①。蔡守秋教授也指出，"环境资源法的生态化阻力较大，其他部门法的生态化进展缓慢。现行法律体系还不能适应和满足大力、加快、全面落实和全面推进生态文明建设的战略部署的需要"②。

其次，作为环境保护领域基本法的《环境保护法》体现出对污染防治法的偏重，生态保护与修复法内容不够充分，这种倾向性在1989年《环境保护法》中尤其明显。1989年《环境保护法》规定我国环境保护的主要内容是"保护和改善环境，防治污染和其他公害"。但纵观主要内容，1989年《环境保护法》过度偏重环境污染防治，在水、矿藏、草原、土地等自然资源的保护方面缺乏基本规定，对于生态保护和修复更是缺乏应有的关怀。该法确立了我国环境保护的八项基本环境法律制度：环境影响评价制度、"三同时"制度、排污收费制度、环境目标责任制度、城市环境综合整治定量考核制度、排污许可证制度、限期治理制度以及污染物集中控制制度，但这些制度基本都是围绕污染防治设计的，并没有针对生态保护和修复的专门制度。因此，《环境保护法》"在实际上是把资源和生态保护虚化起来了……成了一部污染防治的牵头法"。③ 针对这一弊端，2014年《环境保护法》进行了修正，该法第三章"保护和改善环境"中规定了一些措施，例如：环境质量改善要限期达标；加强生态区域保护；加强生态安全和生物多样性保护，制定生态保护和恢复治理方案并实施；规定生态补偿制度；加强对土壤、大气、水等的保

---

① 刘国涛：《和谐社会之环境立法研究——生物自然力法制构建与农业实践》，知识产权出版社2012年版，第74~75页。

② 蔡守秋："论我国法律体系生态化的正当性"，载《法学论坛》2013年第2期，第11页。

③ 王灿发："论生态文明建设法律保障体系的构建"，载《中国法学》2014年第3期，第41~42页。

护等。但是，与内容繁多的污染防治法律制度相比，该法"对于生态保护方面的新内容明显不足"①。

环境法律体系的发展需要不断回应社会发展和法治进程的需要。从正外部性的视角分析，我国污染防治法和自然资源法在某些方面也需要进一步发展和完善。例如，根据《环境保护法》和《侵权责任法》规定，"造成环境污染危害"的，承担的法律责任主要是"排除危害、赔偿损失"，这样的责任方式必不可少，但对于环境本身受到的损害，这样的责任方式却显得无能为力。《侵权责任法》规定了承担侵权责任的方式主要包括：停止侵害、排除妨碍、消除危险、返还财产、恢复原状、赔偿损失、赔礼道歉、消除影响、恢复名誉。其中"恢复原状"对于环境污染治理和自然资源恢复具有重要的意义，应该在环境法律责任承担方式中予以确认。此外，对于各种损害自然资源的行为，各自然资源法规定了补种树苗②、恢复植被③、土地复垦④等责任形式，但在实践中却较少应用或在应用中存在各种障碍。从正外部

---

① 孙佑海："新《环境保护法》：怎么看？怎么办？"，载《环境保护》2014年第10期，第20页。

② 例如《森林法》第39条规定："盗伐森林或者其他林木的，依法赔偿损失；由林业主管部门责令补种盗伐株数十倍的树苗，没收盗伐的林木或者变卖所得，并处盗伐林木价值三倍以上十倍以下的罚款。"

③ 例如《草原法》第66条规定："非法开垦草原，构成犯罪的，依法追究刑事责任；尚不够刑事处罚的，由县级以上人民政府草原行政主管部门依据职权责令停止违法行为，限期恢复植被，没收非法财物和违法所得，并处违法所得一倍以上五倍以下的罚款；没有违法所得的，并处五万元以下的罚款；给草原所有者或者使用者造成损失的，依法承担赔偿责任。"

④ 例如《土地管理法》第42条规定："因挖损、塌陷、压占等造成土地破坏，用地单位和个人应当按照国家有关规定负责复垦；没有条件复垦或者复垦不符合要求的，应当缴纳土地复垦费，专项用于土地复垦。复垦的土地应当优先用于农业。"第75条规定："违反本法规定，拒不履行土地复垦义务的，由县级以上人民政府土地行政主管部门责令限期改正；逾期不改正的，责令缴纳复垦费，专项用于土地复垦，可以处以罚款。"

性的视角分析，这些责任承担方式能够弥补对环境造成的损害，修复生态系统，具有明显的正外部性，应该通过完善法律规定使其得到具体应用。

生态保护与修复法的缺失使我国环境法律体系内部结构严重失衡，阻碍了环境法的整体发展，也难以为我国开展的各种生态保护与修复活动提供有力的法律保障。因此，在我国环境保护发展的新阶段，应该加强生态保护与修复立法，促进环境法律体系的协调与平衡。

二、生态保护与修复法的凸显

（一）生态修复相关概念辨析

目前学术界在进行生态修复研究时使用了"生态建设""生态恢复""生态修复"等相关概念，这些概念之间既有联系又有区别。

1. 生态建设

自 1998 年国务院颁布《全国生态环境建设规划》以来，"生态环境建设"一词得到了广泛的应用，但也引起了诸多争议。其中，"建设"一词容易引起误解。国际社会普遍认为，对于自然环境，人们应该尽量减轻人类对自然界的干扰破坏，保护、恢复或修复原有的自然生态系统，而不是人为地"建设"一个生态系统。有些环境问题通过人类的努力可以解决，但有些环境问题，如全球气候变化、洪涝灾害等，人类却难以控制，人类只能根据目前的科学水平，使之减轻对人类不利的影响，不能对环境进行"建设"，只能"改善"和"保护"①。鉴于"生态建设"所引起的诸多争议，目前学界已经较少采用。

---

① 陈灵芝："对'生态环境'与'生态建设'的一些看法"，载《科学术语研究》2005 年第 2 期，第 32 页。

2. 生态恢复

生态恢复是生态学领域的科学名词，随着人类对恢复生态系统服务功能研究的深入，恢复生态学已经在 20 世纪 90 年代发展成为一门独立的学科。关于生态恢复的典型定义有以下几种：

（1）强调恢复到干扰前的理想状态。例如，美国自然资源委员会认为，使一个生态系统恢复到较接近其受干扰之前的状态即为生态恢复。但许多学者认为，由于缺乏对生态系统的了解、恢复时间太长等现实条件的限制，该定义的理想状态很难达到。①

（2）强调生态恢复的应用过程。例如，我国学者彭少麟认为，生态恢复学是研究生态系统退化的过程与原因、退化生态系统恢复的过程与机理、生态恢复与重建的技术与方法的科学。②

（3）强调原生生态系统的恢复。例如，国际恢复生态学会（Society for Ecological Restoration）先后提出了 4 个定义，生态恢复学是研究如何修复由于人类活动引起的原生生态系统生物多样性和动态损害的一门学科，其内涵包括帮助恢复和管理原生生态系统的完整性的过程。这种完整性包括生物多样性临界变化范围，生态系统结构和过程、区域和历史内容，可持续发展的文化实践③。

3. 生态修复

对于生态修复，学者也没有形成一致的观点。有的认为，生态修复主要是一种自然系统的修复，是指修整受到污染破坏的生

---

① 彭少麟：《恢复生态学》，气象出版社 2007 年版，第 1～2 页。
② 同上。
③ 艾晓燕、徐广军："基于生态恢复与生态修复及其相关概念的分析"，载《黑龙江水利科技》2010 年第 3 期，第 45 页。

态环境使之恢复原样①；有的认为，生态修复所要修复的对象是包括社会生态系统与自然生态系统在内的生态系统整体平衡，生态修复是社会修复与自然修复的双重修复过程。②

有学者对生态恢复和生态修复两者进行了系统的比较。有的认为，两者在理论基础、目的、对象和手段方面都存在一定的差异。③ 有的认为，两者既有区别，又有联系。生态恢复的目标已不再强调完全回复到干扰前的状态，其和生态修复的目标没有太大差异，两者都要施加人为干预、共同目的都是解决人类的环境问题；但两者的理论基础、技术方法和恢复对象等有所不同，生态恢复的恢复对象是退化、受损或毁坏的生态系统，而生态修复的对象可以是生态系统，也可以是对单一生态因子或环境要素的修复，应该按照对象不同分别适用生态恢复和生态修复。④ 本书认为，国外对"Ecological Restoration"的英文定义是基本认同的，认识也是一致的，只是在中文翻译中出现了争论，⑤ 因此，没有特别说明的话，本书采用的"生态修复"和"生态恢复"含义基本是一致的。

（二）加强生态保护与修复立法的必要性

1. 我国生态形势严峻，生态保护与修复实践需要法律保障

近年来，我国进行了多项生态保护和修复工程，这些生态工程取得了诸多成就，生态治理和保护工程为防止我国生态恶化起

---

① 刘超："环境修复审视下我国环境法律责任形式之利弊检讨——基于条文解析与判例研读"，载《中国地质大学学报（社会科学版）》2016 年第 2 期，第 2～3 页。

② 吴鹏："生态修复法律责任之偏见与新识"，载《中国政法大学学报》2017 年第 1 期，第 109 页。

③ 孟伟庆、李洪远："再议 Ecological Restoration 一词的中文翻译与内涵"，载《生态学杂志》2016 年第 10 期，第 2824～2830 页。

④ 艾晓燕、徐广军："基于生态恢复与生态修复及其相关概念的分析"，载《黑龙江水利科技》2010 年第 3 期，第 45～46 页。

⑤ "再议 Ecological Restoration 一词的中文翻译与内涵"，载《生态学杂志》2016 年第 10 期，第 2824～2830 页。

到了积极作用。但是，令人遗憾的是，我国的生态退化现象依然严峻，一些地区生态恶化的趋势还没有得到有效遏制，生态破坏的范围不断扩大、程度不断加剧、危害不断加重。根据国家调查显示，"中国现有土壤侵蚀总面积 294.9 万平方千米，占普查范围总面积的 31.1%。其中，水力侵蚀 129.3 万平方千米，风力侵蚀 165.6 万平方千米。"① 此外，我国还存在生物多样性逐渐减少、湿地遭到严重破坏、石漠化地区面积逐年扩大等诸多问题。我国生态系统的退化已经严重威胁着人们的生存与发展，减缓和防止生态系统退化、修复和重建受损生态系统成为我们的必然选择和实现绿色发展的关键。生态保护与修复实践的开展需要法律的支持和引导，需要我们对现有的环境法体系进行反思，在生态修复方面进行相关立法，在法律制度上进行更有力的规范，使生态修复实践取得令人满意的效果。

2. 我国生态保护与修复立法存在种种弊端，难以满足社会发展的需要

我国涉及生态保护与修复的相关立法主要包括：《环境保护法》《水法》《野生动物保护法》《渔业法》《海洋环境保护法》《水土保持法》《防沙治沙法》《自然保护区条例》《关于加强湿地生态保护工作的通知》《全国生态环境保护纲要》《关于特别是作为水禽栖息地的国际重要湿地公约》（以下简称《湿地公约》）《生物多样性公约》等法律、法规、规范性文件以及国际公约。但这些规定还非常零散，适用性不强，难以满足我国生态修复的需要。总体而言，我国生态保护与修复立法方面仍然存在诸多缺陷。

首先，缺乏综合性的生态保护与修复法律、法规。目前，我国尚没有一部统一的有关生态保护与修复的法律、法规对生态保

① 国家环境保护部：《2015 年中国环境状况公报》，2016 年，第 56 页。

护与修复的基本原则、基本制度等做出明确的规定。尽管《水土保持法》《防沙治沙法》《土地管理法》等法律也从单行法的角度规定了一些生态整治制度，"但是这些部门法中的生态整治大多只针对一小块区域或者范围的整治，并没有真正立足于整个生态系统进行全盘考虑，而且大多带有部门利益的倾向"。①虽然《森林法》《草原法》《水法》《矿产资源法》等自然资源法中也有一些关于土地复垦、矿区修复的零散规定，但"它们大都是针对自然环境中的某一特定要素制定的，没有考虑到自然生态环境的有机整体性和各生态要素的相互依存关系，缺少综合性的生态保护法"②。

其次，法律规定模糊，操作性不强。例如，对于矿区恢复责任的认定，我国《矿产资源法》《水土保持法》《土地复垦条例》及《黄金矿山砂金生产土地复垦规定》中规定了"谁破坏、谁复垦"、"谁复垦、谁受益"的土地复垦原则，但是由于缺乏配套的措施和制度，这样的原则性规定往往难以落到实处。对于生态修复，我国《环境保护法》和其他环境保护单行法仅简单地规定了国家、开发利用者、污染破坏者的修复责任，而没有规定具体的责任类型和适用情形，导致其难以为修复工作提供详细的方针策略指引。③

再次，法律规定存在诸多空白，缺乏相应的法律制度和法律措施保障。在一些重要的生态保护与修复领域，还缺乏有效的法律规定，例如，湿地保护、石漠化防治、生态农业发展等方面的立法急需加强。总体而言，生态修复法律制度和法律措施方面的

①　蔡守秋、吴贤静："生态法：修改《环境保护法》的新视角"，载《福建政法管理干部学院学报》2008 年第 4 期，第 36 页。

②　国家环境保护部："中国生态保护"，载《环境保护》2006 年第 1 期，第 25 页。

③　任洪涛、敬冰："我国生态修复法律责任主体研究"，载《理论研究》2016 年第 4 期，第 57 页。

缺陷包括：缺乏合理的生态修复规划制度、区划制度，缺乏科学的生态修复管理体制，缺乏有效的生态修复技术保障制度、资金保障制度，缺乏严格的生态修复目标责任制度等。

3. 加强生态保护与修复立法成为环境法学界的普遍呼声

面对满目疮痍的地球和频繁爆发的生态危机，许多学者纷纷撰文强调加强我国的生态修复立法，这已经成为学术界的普遍呼声。试举以下几例为证：蔡守秋教授在《论环境友好型社会的法制建设》一文中指出，我国"还没有形成完备的环境友好社会法律体系，还不能满足建设环境友好社会的需要"①。因此，应该加强环境友好社会的法律体系建设。陈慈阳教授指出，"环境法的任务与作用不再局限于人为环境破坏与有害影响之防制，即今日我们所称之公害防制，而是扩展至环境积极的保护，此如自然保育与文化资产保存等，此实符合国际上对环境保护所为之要求"②。王灿发教授在《环境恢复与再生时代需要新型的环境立法》一文中分析了 21 世纪一些国家出现的重视环境恢复与再生的立法趋势，他指出："新的世纪已经成为一个转折点，整个世界将由 20 世纪环境污染和破坏的世纪转变为环境恢复与再生的 21 世纪。"③ 杜群教授在《可持续发展与中国环境基本法的创新》一文中指出："我国目前缺乏独立实证法规形式的生态保护法……制定环境基本法填补生态保护法的合法途径中是最理想的……也不能排除在条件成熟的时候，独立制定'生态保护法'

---

① 蔡守秋："论环境友好型社会的法制建设"，载《甘肃政法学院学报》2006年第 5 期，第 25 页。

② 陈慈阳：《环境法总论（2003 修订版）》，中国政法大学出版社 2003 年版，第 60 页。

③ 王灿发："环境恢复与再生时代需要新型的环境立法"，载《郑州大学学报（哲学社会科学版）》2002 年第 2 期，第 15～16 页。

或'区域性生态保护法'（如'西部地区生态保护法'）的可能。"① 周珂教授针对我国生态环境法制建设多次撰文并指出，从我国环境保护发展的客观要求和国外环境法发展的历史来看，我国处在进入环境法的历史转型时期，其基本发展趋势是由传统的污染防治法体系转变为包括污染防治在内的生态环境保护和生态环境建设相结合的生态环境法律体系②。赵绘宇教授在《探讨我国生态系统恢复制度与法律规制》指出："生态恢复与重建已经是我国这个生态系统脆弱国家所无法回避的事实。但令人失望的是关于这方面的法律、法规和制度却严重不足。至今在法律上简直还是一片空白。所以制订生态恢复与重建方面的法律、法规，规制其中的低效、重复、部门利益争夺与分割管理是当务之急。"③ 刘国涛教授认为，我国传统环境法重环境污染防治，轻生态破坏和退化治理，他把这种现象称为环境法的"畸形"④。

第二节　国外部分国家生态保护与修复立法

随着生态损害问题的显现，受损生态系统修复受到广泛重视并得到迅速发展，这成为环境保护领域中的新课题。早在 20 世纪三四十年代，发达国家便开始了生态系统保护与修复的实践，

---

① 杜群："可持续发展与中国环境基本法的创新"，载《北京师范大学学报（社会科学版）》2003 年第 1 期，第 128 页。

② 参见周珂、竺效："环境法的修改与历史转型"，载《中国地质大学学报（社会科学版）》2004 年第 4 期；周珂、梁文婷："中国环境法制建设 30 年"，载《环境保护》2008 年第 21 期。

③ 赵绘宇："探讨我国生态系统恢复制度与法律规制"，载《山西财经大学学报》2007 年第 1 期，第 196 页。

④ 刘国涛、张百灵："从'环境保护'到'环境保健'——论中国环境法治的趋势"，载《郑州大学学报（社会科学版）》2016 年第 2 期，第 24 页。

并在 20 世纪中后期进行了相关立法。国外环境法发展的历史告诉我们，随着环境保护工作的深入和社会发展的需要，环境法的内容也逐渐扩展，不再局限于环境污染防治，而是逐渐扩大对整个生态系统的保护与修复。

一、美国生态保护与修复立法

美国是世界上最早进行生态保护与修复研究与实践的国家之一。由于工业化进程较早，美国对自然资源的大量开发、利用导致了生态系统的严重退化，因此，早在 20 世纪 30 年代，美国就对温带高原草原进行生态修复，之后，又针对受损的森林系统、废弃矿区、受污染的土壤等进行生态修复并制定了相应的法律制度。作为美国环境保护基本法的《国家环境政策法》（1969）首先体现出生态保护与修复的要求，该法第 1 条明确规定："国家……采取一切切实可行的手段和措施……创造和保持人类与自然得以在一种建设性和谐中生存的各种条件，实现当代美国人及其子孙后代对于社会、经济和其他方面的各种条件。"此外，在具体环境保护领域，也存在大量的生态保护与修复立法。

（一）土壤保护与修复立法

美国土壤保护与修复方面的法律依据主要是 1980 年通过的《综合环境响应、赔偿和责任认定法案》（*The Comprehensive Environmental Response, Compensation and Liability Act*，简称 *CERCLA*，又称为《超级基金法》)，该法是一部关于危险物质泄漏治理的法律，对于土壤污染责任的认定具有重要作用。土壤修复中的重要问题是认定责任主体和资金来源，因此，美国建立了名为"超级基金"的信托基金，对该法的实施提供一定的资金支持。对于责任主体，《超级基金法》的修正法案——《超级基金增补和再授权法案》（1986）做了明确而详细的规定①。对于法律责任主体的认定，该法建立了一套严格、连带和溯及既往的法律责任制度，任何一个"潜在责任人"都有义务承担全部或部分清洁治理责任。该法确立了回溯式的严格环境责任追究与惩罚机制、体现分权与制衡思想的行政授权与监督机制、系统全面的污染场地应急反应或修复机制，以及科学且有效的资金管理机制，② 对于污染土壤的治理和预防发挥了重要作用。

　　20 世纪 90 年代以后，针对工厂搬迁后遗留的受污染土壤（"棕色地块"）修复问题，美国环保局（EPA）在 1995～1996 年制定了棕色地块行动议程，1997 年 5 月，克林顿政府为落实这项议程，发起并推动了"棕色地块全国合作行动议程"（Brown fields National Partnership Action Agenda）③。在该议程的创议下，美国国会于 1997 年 8 月通过了《纳税人减税法》（*Taxpayer Relief Act*），以税收方面的优惠措施，刺激私人资本对棕色地块清洁和振兴方面的投资。2002 年，美国又制定了《小型企业责任免除和棕色地块振兴法案》（*Small Business Liability Relief and Brownfields Revitalization Act*）对《超级基金法》进行修

---

　　①　主要包括："（1）当前该船舶或设施的所有者或营运人；（2）在处置危险物质时拥有或营运处置设施的人；（3）通过合同、协议或其他方式，借助第三人拥有或营运的设施处置危险物质，或为处置本人或其他主体拥有的危险物质安排运输的人；（4）危险物质为发生泄漏或存在泄漏危险的处置设施接受后，负责运输危险物质的人。"另外，根据相关判例，责任主体还包括："（1）原设施的所有者或营运人；（2）土地的当前所有者，在其土地上曾经设置过危险物质处置设施；（3）危险物质的场地外生产者；（4）参与危险物质处置或有关决策的公司负责人。"参见赵小波、林尤刚："美国《超级基金法》免责条款对我国立法的启示"，载《海南大学学报（人文社会科学版）》2007 年第 4 期，第 393～394 页；王曦：《美国环境法概论》，武汉大学出版社 1992 年版，第 379 页。

　　②　程玉、马越："美国超级基金法的产生与发展及借鉴意义——《美国超级基金法研究》书评"，载《环境与可持续发展》2015 年第 6 期，第 180 页。

　　③　王欢欢、樊海潮："美国'棕色区域'的治理法律介评"，载《环境科学与管理》2007 年第 7 期，第 18～19 页。

订，给中小企业免除部分《超级基金法》规定的责任，促进棕色地块的清除和再利用。

（二）矿区保护与修复立法

1977 年，美国国会通过了《1977 年露天采矿控制和复原法》（*Surface Mining Control and Reclamation Act*，简称《露天采矿法》），首次对露天煤矿开发活动的环境影响进行法律控制。该法宣布了 13 项立法宗旨，其中之一便是对废弃矿区进行修复。对于该法实施以前已经遭到破坏的废弃矿区，由国家组织恢复治理；对于该法实施以后出现的矿区生态破坏，则按照"谁破坏、谁修复"的原则，由矿山主 100% 进行修复。

为了解决老矿区土地复原资金问题，该法决定设立"废矿回填复原基金"，基金的资金来源主要包括：①向煤炭运营人征收的复原费；②复原土地使用费；③捐款；④根据该法回收的资金。[①] 根据规定，废矿复原基金可对州的废矿复原计划予以帮助，州政府可每年向内政部提出一次申请，当申请通过后，由内政部对受资助项目予以监督；对于土地的复原，该法授权农业部主管并给予基金支持；对于采煤活动破坏的土地，该法授权内政部或经授权的州政府赎买复原并给予基金支持。

此外，该法还设立了矿区复垦保证金制度，用于解决新矿区的修复问题。根据该法规定，任何进行露天采矿的企业必须缴纳一定数量的复垦保证金，如果采矿企业能够完成矿区土地复垦任务则返还其保证金，反之，则把保证金用于资助第三方进行复垦。复垦保证金的形式有履约担保、不可撤销信用证、信托基金、财产证书、存款单、存款账户、现金、公司担保等。关于保证金的数额，由美国内政部露天矿矿区复垦管理办公室

---

① 30 U. S. C. A. 1231（a）. 转引自王曦：《美国环境法概论》，武汉大学出版社 1992 年版，第 420 页。

（OSMRE）确定。对于履行复垦和闭矿的情况，由美国州政府或有关复垦的联邦分支机构进行监督。

（三）生态农业保护与修复立法

20 世纪中后期，美国的水土保持和农业发展走上了进一步改善环境、保持生态系统稳定协调发展的新阶段。1956 年，美国政府颁布了《美国农业法》并推出"土壤银行计划"，该计划包括耕地储备计划和水土储备计划两部分。按照耕地储备计划，农场主与政府签订合同，把原来种植农作物的部分耕地退出生产，政府给予补贴，总额不少于耕种这些土地的纯收入；按照水土储备计划，把一部分耕地用于种草、植树以保护水土资源，对于退耕的农场主，政府给予地租补贴和水土保持设施费用地补贴。2014 年，美国新《农业法》开始生效，该法对原来的农业立法进行了补充、修正和完善。新法授权了 5 个项目：保护储备项目、农业保护设施项目、区域保护合作项目、环境质量激励项目、保护管理项目；并对农业发展进行资金支持，据估计，未来5 年新农业法的各项政策项目总预算约 4890 亿美元，其中农业环境保护大致为 6%。①

（四）濒危物种保护与修复立法

为了加强对"濒临灭绝物种"（Endangered Species）和"受威胁物种"（Threatened Species）的保护，1973 年，美国国会通过了《濒危物种法》（*Endangered Species Act*）。该法要求内务部为拯救和恢复濒危物种和受威胁物种制定并实施恢复计划，恢复计划必须说明在特定地点的管理、保护和拯救行动，恢复计划的目标和可测算的基准，估计所需时间和费用。法律要求内政部每

---

① 王世群："2014 年美国新农业法农业环境保护政策分析"，载《世界农业》2015 年第 8 期，第 88~89 页。

两年向国会报告一个恢复计划的实施情况。为了更好地保护和恢复濒危物种，1978 年《濒危物种法》修订时引入了重要栖息地（Critical Habitat）制度。"重要栖息地"是指该物种占有地理区域以内的特定地域（Occupied Area）和以外的特定地域（Unoccupied Area），地理区域以内的特定区域具有一些物理或生物的特征，即保护物种所必需的和要求特别的管理考虑或保护；地理区域以外的特定区域是指部长决定为保护该物种所必需的非占有区域。① 重要栖息地制度的实施对于濒危物种的恢复发挥了重要作用。

二、澳大利亚生态保护与修复立法

（一）土壤保护与修复立法

澳大利亚对于干旱土壤退化及其人工重建进行了研究并制定了相关法律。澳大利亚联邦政府没有专门整治污染土壤的法律，但已有相关法律涉及土壤保护和恢复，主要包括：《海洋和淹没土地法》《国家拨款（自然保育、土壤保育）法》《矿物（淹没土地）法》《国家环保措施》。地方政府也通过了相关土壤保护立法，例如，新南威尔士州先后制定了《土壤保育法》《土地委员会法》《土地与环境法院法》《污染土地管理法》等。

根据澳大利亚法律规定，承担土壤污染修复责任的主体范围非常广泛，包括：土地所有人或占有人（即使转让土地后仍有可能承担责任）；占有或控制土地的土地或企业的购买人或承租人；占有或控制土地的公司接管人、清算人或其他管理人员；污染物的所有者、运输者或者接受者（尤其是化学物质、有毒物质和废物）；相邻土地的所有人；收购或者合并中的公司（继承责任）

---

① 张冰："美国濒危种法栖息地保护制度"，载《牡丹江师范学院学报（自然科学版）》2007 年第 3 期，第 43 页。

等；多数立法机关把"污染者付费"原则作为责任的基础，即污染者作为主要责任人，但为了解决历史土壤污染的责任问题，州和地区法律也常常把矛头指向"无辜的"所有人和占有人（并非最初的污染者和主要的污染者）①。所有人和占有人承担责任的理论基础是他们是治理活动的直接受益人，他们承担责任的范围包括治理费用和损害赔偿金。

在工业土壤污染治理和修复方面，新南威尔士州的《1997年污染土地管理法》（Contaminated Land Management Act 1997）发挥了重要作用。根据该法规定，任何工业用地只要是"对人体健康或环境有重大损害危险"，就应当由环保署进行土地评估，如果评估结论是有重大损害危险，环保署可以宣布该土地为调查地段并下令对该土地进行调查以及宣布该土地为治理地段并下令清除污染。澳大利亚环境法的实施非常重视社会公众的参与，针对受污染工业用地，环保署可以就土地的调查和治理与当事人签订自愿（调查或治理）协议②，此种情况下，环保署不得向自愿协议的另一方当事人签发调查令和治理令。对于治理和恢复责任的确定，该法规定了两大原则：一是损害危险原则（Philosophy of Risk of Harm），即指根据污染损害危险确定责任的归属；二是污染者付费原则（Polluter Pays Principle），即首先由污染者承担

---

① Donna Craig：《澳大利亚环境法中的工业用地治理》，［新加坡］黎莲卿、［菲］玛利亚·索科罗·Z. 曼圭亚特：《亚太地区第二代环境法展望——世界自然保护联盟/全球环境战略研究所/亚洲开发银行研讨会论文集》，邵方、曹明德、李兆玉译，法律出版社2006年版，第131~132页。
② 《1997年污染土地管理法》第26条。

责任，如果污染者无法确定，则由责任层次体系①中的其他人
承担②。

（二）生物多样性保护与恢复立法

澳大利亚和地方政府制定相应的环境法律和政策来应对生物
多样性减损问题。在联邦层面，《1999 年的环境与生物多样性保
护法》是生物多样性保护领域的基本法，该法授权澳大利亚政府
通过评价与批准程序保护环境、物种及物种所在的区域，并制定
恢复与管理生物多样性的规划③。在地方层面，1979 年的《新南
威尔士环境计划和评价法案》和 1997 年的《新南威尔士本土植
物保护法案》发展了生态可持续性的概念，把保护和维持生态可
持续利用标准应用到环境规划和评价的过程中。1999 年，新南
威尔士国家公园和野生生物保护服务部引入国家生物多样性战
略，促进了对生物多样性保护法律地位的确认，并把保护生物多
样性的法律运用到具有最大生物多样性损失的农业景观管理中。
澳大利亚在生物多样性法律中规定了诸多保护和修复自然生态系
统的条款，主要包括：环境评价过程、双边保护协定过程、识别
和监测生物多样性、保护受威胁物种和群落、保护生物栖息地、
建立受保护区域以及实行环境审计等④。

---

① 《1997 年污染土地管理法》根据污染者付费原则确定了一个责任承担体系。
首先由污染主要责任人承担；如果向该人签发行政命令不行，则由土地所有者签发；
如果仍不行，则向土地"推定的所有人"签发。"推定的所有人"是指对土地享有利
益并有权转让土地权利的人，包括占有土地的抵押权人。

② Nicholas A. Robinson：《第二代环境法不断发展所面临的挑战》，［新加坡］
黎莲卿、［菲］玛利亚·索科罗·Z. 曼圭亚特：《亚太地区第二代环境法展望——世
界自然保护联盟／全球环境战略研究所／亚洲开发银行研讨会论文集》，邵方、曹明
德、李兆玉译，法律出版社 2006 年版，第 136～138 页。

③ 蔡守秋、王欢欢："澳大利亚滨海湿地保护政策与法律"，载《中国海洋报》
2011 年 1 月 14 日，第 A4 版。

④ 李洪远、鞠美庭：《生态恢复的原理与实践》，化学工业出版社 2005 年版，
第 55 页。

（三）矿区保护与修复立法

澳大利亚是矿业大国，其在矿山保护与恢复立法与实践方面处于世界较高水平。在联邦政府层面，矿山保护与恢复的主要法律依据是 1996 年制定的《澳大利亚矿山环境管理规范》。此外，地方政府也制定了相关法律、法规（例如，昆士兰州 1994 年制定的《矿产资源法》），形成了一系列有效的矿山恢复法律制度。例如，环境影响评价制度、矿区复垦抵押金制度、矿山监察员巡回检查制度、年度环境执行报告书制度等。根据规定，澳大利亚对开采者征收土地复垦保证金，复垦合格后，押金全额退还。对复垦工作做得好的开采者，降低保证金缴纳比例①。

三、日本生态保护与恢复立法

（一）土壤保护与修复立法

由于国土狭窄，耕地面积小，日本对土壤污染防治更加重视。日本关于土壤保护和恢复的法律、法规及环境标准主要包括：《农用地土壤污染防止法律》《水污染控制法》《市街地土壤污染暂定对策方针》《市街地土壤污染暂定对策方针》《关于土壤·地下水污染调查·对策方针》《土壤污染环境标准》《二噁英特别整治措施法》《土壤污染对策法》等。

对于农业用地的保护和修复，《农用地土壤污染防止法律》规定了调查监测制度、特定区域保护制度以及管制制度。根据该法规定，对于生产危害人体健康的农畜产品或者影响农作物生长以及其他符合政令规定的农业用地，所在区域的都、道、府、县知事可以将该地指定为农业用地土壤污染对策地区，同时，还应该立即制定农业用地土壤污染对策计划，该对策计划必须包含消

---

① 孙婧："发达国家矿区土地复垦对我国的借鉴与启示"，载《中国国土资源经济》2014 年第 7 期，第 43 页。

除受污染的土壤及其他事业、谋求合理利用污染农业用地的地目变换及其他事业等内容。如果对策地区农业用地生产的农畜产品可能危害人体健康，那么该区域将被指定为特别地区，都、道、府、县知事可规定特别地区不适合种植的农作物的范围。此外，对于受污染的土地，该法提出了严格的管制措施。通过及时调查受污染状况并采取严格的管制措施，力争将受污染地区的损失降到最低。

为了整治工业用地土壤污染，日本于 2002 年制定了《土壤污染对策法》并于 2009 年进行了修订。修订之后的《土壤污染对策法》明确了土壤污染防治的立法重点是对已污染土地进行划定、治理和修复，把土地治理措施的第一义务人规定为土地所有人，实行土壤污染区划定、登记和公开制度①。由于公众原则上可以查阅登记簿，许多企业为了树立良好的形象，会积极采取措施治理和恢复受污染土地以便把污染区从登记簿中删除。为配合《土壤污染对策法》的实施，日本政府还颁布了《土壤污染对策法实行令》和《土壤污染对策法实行规则》，对《土壤污染对策法》中的相关制度进行了更为详细和更具有操作性的规定。②

为了有效解决治理资金的问题，日本逐渐推动土壤修复环保产业的发展。2006 年 2 月，日本政策投资银行、"绿色地球"专业土壤治污公司等 6 家机构共同出资设立了日本首个污染土壤再生专项基金，用于收购和治理大都市圈内被有害物质污染的工业用地。这一基金的具体运作方式是：首先调查并确定净化方案，然后收购被污染的土地，再将治理后的土地转卖给寻求工业用地

① 宋德君、武晓峰："日本《土壤污染对策法》的修订及其启示"，载《污染防治技术》2014 年第 4 期，第 83 ~ 88 页。
② 同上。

的企业，获利的 5% 按各方的基金出资比例分配①。

（二）生态农业保护立法

目前，日本生态农业保护方面的立法主要有四部：《食物、农业、农村基本法》《可持续农业法》《堆肥品质管理法》和《食品废弃物循环利用法》。其中，1999 年颁布的《食物、农业、农村基本法》是在对 1961 年实施的农业基本法进行评估后制定的具有新理念的法律，它特别强调发挥农业及农村在保护国土、涵养水源、保护自然环境、形成良好自然景观等方面所具有的多种功能，其核心在于实现农业可持续发展与农村振兴、确保食物的稳定供给、发挥农业和农村的多种功能，它是 21 世纪日本发展生态农业的基本方针。1999 年实施的《可持续农业法》是促进可持续农业生产方式规范性的法律，该法"明确规定了农业生产使用堆肥和其他有机质生产资料，使用农林水产省令规定的高效减量的农药、化肥"②。此外，各都、道、府、县还根据该法的规定制订了实施细则，包括生产方针、实施措施以及其他必要事项。2001 年颁布实施的《堆肥品质法》是与《可持续农业法》相配套的单项专业性法规，根据该法，堆肥属于特殊肥料，应受到严格的管理。2000 年制定的《食品废弃物循环利用法》有效促进了食品循环资源的再生利用。通过上述四部法律的实施，日本生态农业得以在法律的保障下迅速发展。

（三）自然环境保全立法

日本在自然环境保全方面形成了较为完整的法律体系。《自然环境保全法》具有自然环境保全基本法和实施法的性质，它明

---

① 王虹、马娜、叶露等："国外土壤污染防治进展及对我国土壤保护的启示"，载《环境监测管理与技术》2006 年第 5 期，第 53 页。

② 姜达炳："日本生态农业考察的启示"，载《农业环境与发展》2002 年第 4 期，第 43 页。

确了自然环境保全的基本观念，明确了国家、地方公共团体、企业和国民的责任，确定了关于自然环境保全的综合审议体制，还规定了自然的价值以及为保全自然环境而采取的行为控制措施①。此外，日本还制定了《都市绿地保全法》《生产绿地法》《自然公园法》《关于鸟兽保护及狩猎的法律》《关于控制特殊鸟类的转让等的法律》等法律，对都市绿地、自然公园、野生鸟兽进行法律保护。

四、德国生态保护与修复立法

（一）土壤保护与恢复立法

目前，德国涉及土壤保护与修复方面的法律、法规主要有：《联邦土壤保护法案》《区域规划法案》《环境项目草案》《建设条例》《循环经济与废物管理法》《肥料和植物作物保护法》等。其中，1999 年实施的《联邦土壤保护法案》是德国第一部全面统一规划土壤保护的法律，它提供了土壤污染清除计划和修复条例。该法案就如何对清除污染进行调查、规划以及责任的承担作出了规定，特别是把行政机关的权限放在了突出的地位。行政机关负责对土壤进行监测，也可以要求土地所有者采取自我监控措施，根据要求，土地所有者应将调查结果告知行政机关。

近年来，在应对农业用地污染方面，德国政府推出一项专业的农业土壤保护实施纲要。该纲要在改善土壤结构、保持土壤肥力等方面推出了一系列切实可行的措施，例如，尽可能采用轮作方式以保持土表高覆盖度；通过轮种减少土表裸露时间，减少阻碍渗透的土壤板结，防止水土流失。② 为了应对棕色地块的治理

---

① 汪劲：《日本环境法概论》，武汉大学出版社 1994 年版，第 152 页。
② 李蕾："德国的农业保护"，载《世界农业》2002 年第 12 期，第 29 页。

和再开发问题，1998 年，德国环境署公布了《环境项目草案》，把"对工业场地进行修复并清除对生物体有害的危险物、将修整好的土地投入经济运作中"等确定为"棕色地块"再开发的目标，此后，许多地方政府也启动了"棕色地块"计划，例如，通过建立财富基金进行"棕色地块"的再开发①。

（二）矿区保护与恢复立法

在矿区保护与恢复方面，德国的法律、法规主要包括：《联邦矿业法》《硬煤开采条例》《矿产资源法》等。根据《矿产资源法》规定，矿区景观生态重建与矿产资源的勘查、开采等矿业活动都属于采矿的一部分：将矿业开发损毁的土地按照规划要求进行重新建设，而非单纯地恢复为开采前状态；此外，《规划法》对矿区的土地复垦和生态重建做了特别条款性规定。②

（三）生态农业保护立法

德国是世界上生态农场数量最多、生态农业发展最快的国家之一，其关于生态农业的立法也比较丰富，主要包括：《生态农业法案》《生态标识法》《种子法》《土地资源保护法》《物种保护法》《植物保护法》《肥料使用法》《自然资源保护法》《垃圾处理法》和《水资源管理条例》等。此外，根据欧盟的规定，德国还公布了种植业和养殖业的生态农业管理规定。2001 年的《生态标识法》把生态农产品和传统农产品加以区别，对生态农产品的保护起到了重要的推动作用。2002 年的《生态农业法案》对生态农业提出了更严格的标准和要求，通过发展生态农业，对于土壤、地下水等资源进行了较好的保护。

---

① 王虹、马娜、叶露等："国外土壤污染防治进展及对我国土壤保护的启示"，载《环境监测管理与技术》2006 年第 5 期，第 52 页。

② 孙婧："发达国家矿区土地复垦对我国的借鉴与启示"，载《中国国土资源经济》2014 年第 7 期，第 43 页。

在其他国家环境立法中，也体现出重视生态恢复的趋势。加拿大《环境保护法》明确规定，加拿大政府的第一项职责就是"采取预防的和救济的措施，以保护、提高和恢复环境"[①]。《英国环境法》专门规定了一编污染土地和废弃矿山的治理和恢复问题。欧洲大陆也有一些指令和区域机制要求政府采取远期生态恢复的行动，例如，"《欧盟生境指令》（92/43/EEC）公布了优先生境，给每种类型的生境都下了定义，并试图在欧盟各城市和申请加入的国家内部对它们进行保护；其首要任务是创建欧洲生态网络（针对特殊地区的保护），并且要求将对自然保护的要求融合到其他欧盟政策中去。生境指令要求成员国要采取必要的措施进行生态恢复，要将指令附件中列出的优先物种和生境恢复至一个'良好的保护状况'。"[②]

五、国外生态保护与修复立法对我国的启示

（一）弥补法律空白，加强我国生态保护与修复立法

在生态系统维护方面，世界各国呈现的趋势是保护与恢复并重，发达国家环境立法除了明确规定保持、维护现有良好的生态系统之外，还要求人们积极对已经遭到破坏的生态系统进行修复，以维持人类共同生存的家园。发达国家先后制定了土壤恢复、矿区恢复、生物多样性恢复、生态农业保护等方面的法律、法规，在注重加强生态损害预防的同时，还借助于人类力量对遭到破坏的生态系统进行还原再造，以恢复原来的自然景观和生态功能。尽管我国已有部分法律和条款涉及生态保护与修复，但是相对于我国广泛开展的生态保护与修复的社会实践而言，相关法

---

① 王灿发："环境恢复与再生时代需要新型的环境立法"，载《郑州大学学报（哲学社会科学版）》2002 年第 2 期，第 16 页。

② 李洪远、鞠美庭：《生态恢复的原理与实践》，化学工业出版社 2005 年版，第 48 页。

律、法规和制度还严重不足，因此，制定生态保护与修复方面的法律、法规成为环境立法的当务之急。

（二）发展环保产业，促进生态修复产业法制的形成

生态保护与修复的开展离不开大量的资金支持，在"首届北京生态建设国际论坛"上，来自美英的土地复垦专家认为：好的法律、充足的资金是保证土地复垦工程成功的关键。[①] 发达国家在治理资金筹集方面探讨了多种方式和途径。例如，为了推进污染土壤的恢复，美国设立了名为"超级基金"的信托基金，对《超级基金法》的实施提供一定的资金支持；为了推动水土保持工作的开展，美国实施了"土壤银行计划"，由政府出资对退耕农户进行补贴。为了有效解决土壤治理资金问题，日本逐渐推动土壤修复环保产业的发展并设立了污染土壤再生专项基金。目前，环保产业在我国已经兴起并逐渐壮大，它是借助经济效益实现生态效益的重要途径，不失为解决生态保护与修复资金问题的有效途径。

2013 年 11 月 12 日，中国共产党第十八届中央委员会第三次会议通过的《中共中央关于全面深化改革若干重大问题的决定》在第十四部分"加快生态文明制度建设"中指出，要"完善环境治理和生态修复制度""推行环境污染第三方治理"。2014 年 12 月 27 日，国务院办公厅印发了《关于推行环境污染第三方治理的意见》，具体部署改革创新治污模式，吸引和扩大社会资本投入，促进环境服务业发展。当前风头正盛的"PPP 模式"也为"环境污染第三方治理"的发展提供了极好的思路和发展模式。我们应该大力发展绿色产业和绿色产业法，发展生态修复产业，

---

① 徐征峰："法律与资金：生态修复的两大法宝——专访美英土地复垦专家"，载中国法院网，http://old.chinacourt.org/public/detail.php? id = 182957&k_author&k_content&k_title，2005 年 10 月 28 日。

促进生态修复产业法的形成。

（三）完善公众参与的法律路径

注重发挥社会公众尤其是环境保护组织的力量是国外生态保护与修复成功的重要经验。例如，美国土壤修复的法律规定，污染土壤的治理和恢复是各级政府及私人机构、非政府组织以及地方社区的共同任务，对于土壤污染的控制与管理，其风险评估、整治技术及标准、土地利用规划等都由政府、社区居民、环境组织与专家学者通过会议、座谈等方式商讨，最终达成"双赢"的方式。澳大利亚政府通过引导农民改进耕作方式促进水土保持，许多农民纷纷加入"爱护土地小组"，交流如何防治土壤退化，有效地改良了澳大利亚的土地和草原。但我国在生态保护与修复过程中主要依靠政府的管理职能，缺乏公众参与生态保护与修复的法律激励和保障，应该从以下几个方面加以完善。首先，规定生态修复信息公开制度，保障公众的知情权。其次，完善公众参与的具体途径。在制定生态保护与修复计划的过程中，可以通过听证会、论证会、问卷调查、专家咨询、座谈会等形式，吸取公众的具体建议。再次，扩大公众监督权。对于一些行政主管部门及其执法人员偏袒企业，放任生态损害的现象，要鼓励公众通过举报、检举等手段防止，创造良好的行政执法环境。最后，建立环境公益诉讼制度，完善公众参与的救济权。

（四）建立有效的生态损害预防和填补机制

对生态系统的治理和修复需要巨大的人力、物力和财力，有的生态系统遭到破坏之后便具有不可逆转性而难以修复。因此，发达国家特别重视对生态系统的保护，积极预防生态损害的发生，在其环境立法中体现出可持续发展的思想并积极贯彻"预防为主"的原则。例如，日本1993年制定的《环境基本法》明确了"建设对环境负荷小、可持续发展的社会"的基本理念，这一理念指明了实现可持续发展的目标和方式，目标是建设有益于环境的经济社会，方式是形成环境负荷小的新型社会经济方式和生活方式。[①] 这一理念的确立使日本环境保护的主要内容从被动应对公害防止向积极保护整体环境扩展。对于生态危机频繁发生的我国而言，加强生态损害的预防显得尤为重要，因此，需要把维护生态安全确立为我国环境法的价值追求和立法目标，积极预防生态损害的发生。

在积极预防生态环境损害的同时，还需要建立生态损害赔偿和填补机制，弥补对生态环境的损害，这已经成为很多国家环境法发展的趋势。例如，针对污染、破坏环境的各种行为，美国建立了自然资源损害赔偿制度。根据《超级基金法》的规定，责任主体应该就其对自然资源造成的损害、减损或损失以及对损害、减损或损失的评估费用承担赔偿责任。在风险越来越大的当代社会，对环境的损害实际是对人类生存、发展根本利益的侵害，面对我国环境损害、破坏的严峻现实以及治理资金的严重短缺，有必要建立和完善生态损害赔偿和填补制度，把包括土壤污染等各种损害环境的行为纳入相关法律的赔偿范围。

第三节 我国生态保护与修复立法的完善

为了弥补我国现行环境法律体系的结构性失衡和内容性缺失，加强生态保护与修复立法已经成为我国环境法发展的必然要求和趋势。在我国生态保护与修复立法中，应该采用统一立法和单行法律、法规相结合的混合型立法模式，坚持综合生态系统管

[①] 杜群："日本环境基本法的发展及我国对其的借鉴"，载《比较法研究》2002 年第 4 期，第 58 页。

理的立法理念，确立风险预防、适应性管理、自然恢复和人为措施相结合、从实际出发、因地制宜、追求生态美等法律原则，建立全面的生态损害赔偿和生态修复法律制度体系。

一、生态保护与修复的立法模式

我国分别在《环境保护法》《水法》《草原法》《森林法》等法律中规定了生态保护的要求，但实施效果并不理想。我国生态保护与修复立法宜采取采用统一立法和单行法律、法规相结合的方式，即制定一部统一的《生态保护与修复法》，此外，还要针对不同的生态保护与修复对象分别进行立法，实现生态保护与修复法律体系的统一化和整体化。其中，《生态保护与修复法》是生态保护与修复领域的纲领性法律，它根据宪法和基本环境法的要求，确定生态保护与修复在环境保护中的地位，规定国家在生态保护与修复方面的总方针、基本原则、基本制度、组织机构以及法律责任等内容。其他单行法律、法规按照《生态保护与修复法》的要求，针对不同的生态保护与修复对象和具体区域进行规定。

（一）生态保护与修复的统一立法：《生态保护与修复法》

《生态保护与修复法》是我国生态保护与修复立法中的核心部分，在生态保护与修复法律体系中居于"基本法"的地位，其框架结构主要包括：

1. 总则

该部分主要规定该法的立法宗旨、调整对象、适用范围，生态保护与修复的概念、内容、具体要求和目标。生态保护与修复基本法的立法宗旨主要是修复退化的生态系统，对现有的生态系统进行合理管理，保护和维持生态系统的完整性。生态保护与修复基本法调整的对象是生态保护与修复法律关系，是人类在生态系统的保护与修复中形成的一种社会关系。生态保护与修复包含丰富的内容，例如，生态保护、生态修复、生态管理等，其具体要求和目标有所不同。生态保护与修复的第一个目标仍然是保护现有的良好的生态系统，防止由于人类活动造成其退化或破坏；第二个目标是修复现有的退化生态系统，尤其是与人类关系密切的生态系统；第三个目标是对现有的生态系统进行合理管理，避免退化；第四个目标是保持区域文化的可持续发展；其他的目标还包括实现景观层次的整合性、保持生物多样性等。

2. 基本法律原则和法律制度

基本法律原则是统领全法的指导思想与基本准则，主要包括：风险预防原则、适应性管理原则、自然恢复和人为措施相结合原则、从实际出发、因地制宜原则、追求生态美原则等。基本法律制度是基本法律原则的贯彻和体现，可以从以下几个方面进行构建：生态保护与恢复管理制度，主要包括：生态保护与恢复规划制度、生态保护与恢复区划制度、生态监测制度、生态破坏事故防范与预警制度等；生态保护与恢复促进制度，主要包括：环保产业制度、生态合同制度、生态贸易制度、环境资源产权制度；生态保护与恢复支持保障制度，主要包括：生态保护与恢复资金保障制度、生态保护与恢复技术支持制度、信息公开制度等；生态保护与恢复责任制度，主要包括：生态保护与恢复目标责任制度、生态损害赔偿制度等。

3. 法律适用及法律责任

生态保护与修复法在我国生态保护与修复法律体系中居于"基本法"的地位，它既要体现对原有法律的遵守，又要对其他法律、法规中生态保护与修复方面的法律规范起到指导和统帅的作用。在法律责任的设定上，主要有行政责任、民事责任以及严重触犯刑法的刑事责任。

4. 附则

主要包括该法中所涉及的专门术语的解释、该法的时间效力、该法的解释权限等。

（二）生态保护与修复的单行法律、法规

生态保护与修复法作为环境法体系中的一个重要的子部门，包含丰富的法律规范和内容。不同的生态系统要素有其自身特点和管理目标，同类生态系统在不同地域也存在诸多差别，因此，生态保护与修复法是由调整不同保护和恢复对象的法律规范构成的法律体系，包括但不限于以下几个方面：

1. 矿区保护与修复立法

目前，我国规范矿区保护与修复的法律主要是《土地复垦条例》（原来为《土地复垦规定》）和《土地复垦技术标准（试行）》。此外，《环境保护法》《土地管理法》《矿产资源法》《矿产资源法实施细则》《水土保持法》中也有关于矿区保护与复垦的规定，但总体而言，这些规定还存在不少问题。例如，"矿地复垦的管理体制不畅""矿地复垦的生态保护措施粗略""矿地复垦的市场激励机制缺乏""矿地复垦的资金保障不足"[①] 等。因此，在矿区保护与修复立法方面，建议制定《矿区保护与修复条例》，并对现行的《矿产资源法》进行修改，确立矿区修复的生态理念，完善矿区修复的法律制度。

2. 土壤保护与修复立法

目前，我国尚缺乏针对土壤保护的单行法律、法规，但专门性土壤污染防治立法已经在酝酿制定中。据悉，全国人大环资委从 2013 年之初，就已经着手土壤污染防治立法的工作了。到目前为止，环资委的土壤污染防治立法工作已经开展调研 15 次，修改草案 10 稿。该法将建立完善土壤污染防治管理体制，明确政府各部门的职责分工；建立健全土壤污染防治调查、监测标准

[①] 才惠莲、严良："我国矿地复垦立法的完善"，载《湖北社会科学》2009 年第 3 期，第 153 页。

体系；明确经济政策加大资金投入；重点针对农用地和建设用地，保障农民品质量安全和人居环境安全；建立全社会共同参与机制，明确各级政府和企业的责任，明确公众参与途径和内容等。① 相信该法的出台将会为我国的土壤保护与修复提供有力的法律支撑。

3. 水土流失治理立法

目前，我国水土流失治理的法律依据主要是《水土保持法》和《水土保持法实施条例》，但其中有关水土流失治理的规定较为原则也缺乏强制性的制裁措施和保障。例如，只对企业事业单位的不治理作了制裁规定，却缺乏针对政府部门的制裁措施和监督规定。《水土保持法》第 5 条规定："国务院和地方人民政府应当将水土保持工作列为重要职责，采取措施做好水土流失防治工作。"第 7 条规定："县级以上人民政府应当依据水土流失的具体情况，划定水土流失重点防治区，进行重点防治。"但在法律责任一章中，只是针对"水土保持监督人员玩忽职守、滥用职权给公共财产、国家和人民利益造成损失的"行为作出了行政处分的规定。而对于由什么机构来监督治理的实施也缺乏明确规定，水行政主管部门仅仅是对水土流失进行监督，却无权对人民政府进行监督。建议对上述法律、法规进行修改时，除了完善政府法律责任的规定，还要建立投入管理机制，把生态修复和水土流失治理转变为群众的自觉行动。例如，落实管护责任，防止人为破坏，增强对水土流失的预防，建设与生态修复相关的工程，增加生态修复管护经费等。

4. 石漠化治理立法

石漠化是我国西南喀斯特地区严重的生态环境问题，目前我

---

① 李彪："《土壤污染防治法》草案已十易其稿水气土三法明年聚齐"，载《每日经济新闻》2016 年 3 月 11 日。

国并没有专门针对石漠化防治的法律、法规，只在《水土保持法》《防沙治沙法》《草原法》《森林法》和《水法》等有关防治沙漠化、荒漠化和水土流失的法律中间接涉及防治石漠化问题。应该在上述法律中增加和明确防治石漠化的内容，使它们真正发挥防治石漠化的法律保障作用。此外，为了更好地加强对防治石漠化和农村环境综合整治的法律规制，可以制定一部可操作性强的防治石漠化的专门法规，如《石漠化防治条例》，集中规定针对防治石漠化活动的管理体制、措施和制度。

5. 生态农业立法

我国目前还没有形成促进生态农业发展的法律、法规体系，现有的生态农业法律保障措施主要是以自然资源保护和防治污染为基础的环境保护法律体系为依托，涉及的法律、法规主要包括《土地管理法》《水土保持法》《基本农田保护条例》《农药管理条例》等。这种综合性农业环境保护法律的缺乏已经难以适应我国发展生态农业、保护农村环境的需要，在适当的时候建议制定一部生态农业法律，例如，《生态农业保障法》或《生态农业促进法》，完善生态农业标准体系，规定生态农产品认证制度、生态农业发展激励制度。

此外，在生态恢复产业发展、生物多样性保护、湿地保护与恢复、生态旅游等方面也需要完善相关立法，共同构筑起我国的生态保护与恢复法律体系。

二、生态保护与修复的立法理念：综合生态系统管理

（一）综合生态系统管理释义

综合生态系统管理（Intergrated Ecosystem Management，IEM）主张生态修复应该以维护生态系统结构的合理性、功能的良好性和生态过程的完整性为目标，对生态系统诸要素采用系统的观点进行统筹管理，实现从单要素管理向多要素综合管理、从行政区域向流域系统管理的转变。它具有综合性、可持续性、科学性、和谐性和灵活性等特点，强调并追求人与自然的和谐共处与发展，是一种因时因地制宜、与时俱进的适应性管理方式。根据加州大学塞拉利昂研究所 R. Edward Grumbine 教授的研究，生态系统管理的总体目标是保持生态完整性，5 个具体目标是：使所有本地物种中能够存活下去的种群在原地保持存活；在保护区内，通过它们的自然变化，代表所有原生生态系统的类型；保持进化和生态过程（如干扰制度、水文过程、养分循环等）；通过相当长时间的管理，保持物种和生态系统的进化潜力；把人类使用和占用限制在一定范围内。其中，前四个目标是根据目前的科学知识总结出来的，旨在减少（并最终消除）生物多样性危机；第五个目标确认了人们在生态系统管理中必须发挥的重要作用。[①]

（二）综合生态系统管理理念在国外环境法中的确立

综合生态系统管理既是一种新的管理策略、方式和方法，更是一种新的管理理念和原则，已经在国外环境立法中得到确立和体现。从世界范围来看，环境法在兴起之初主要是解决工业化进程中导致的环境污染和资源破坏问题，在国际上，一般将这一时期的环境法称为"第一代环境法"。"第一代环境法"的核心是污染防治法和资源利用法，它的主要特征是污染的事后防范、末端治理，它是对经济发展过程中产生的环境后果的消极防范，是反应性的法律和政策体系。[②] 但随着环境保护工作的深入，环境法的内容逐渐丰富和扩展，世界大多数国家的环境资源立法逐渐

[①]　R. Edward Grumbine. What is ecosystem management? Conservation Biology. Volume 8. No 1. March（1994）：31.

[②]　曹明德："中国环境资源法、能源法的现在与未来"，载《法学论坛》2006年第 2 期，第 5 页。

从"重在利用""重在规则"发展到"重在系统"的法律,世界各国也正经历着以事后防范、末端治理为立法理念的"第一代环境法"向"第二代环境法"的转变①。根据世界自然保护联盟环境法委员会主席 Nicholas A. Robinson 教授的研究,第二代环境法必须具备以下主要特征:具有环境伦理的基本价值观、具有法律的关联性或整体性、具有科学基础、文化传统应得到尊重、设计切实可行的行为模式等②。作为一种发展迅速且应用广泛的管理方式,综合生态系统管理具有综合性、可持续性、科学性、和谐性和灵活性等特点,它正是体现"第二代环境法"特征的重要理念和方法。自 20 世纪七八十年代以来,美国、澳大利亚、韩国、瑞典等国家已经开始进行综合生态管理立法试点并将其应用到管理实践中,在环境管理领域,该方法得到广泛应用并取得了良好效果。

(三)综合生态系统管理理念在我国生态保护与修复法中的确立

把综合生态系统管理确立为我国生态保护与修复法的基本理念有重要的现实需要和理论支撑。综合生态系统管理在我国土地退化防治中得到成功应用,为该理念的确立提供了实践基础;我国传统的自然资源管理模式痼疾重重,需要采取综合生态系统管理的模式。"长期以来,我国对自然资源采取按照要素进行管理的模式,这使得生态系统中的不同构成部分被人为分割管理于不同的行政部门,这些行政部门集自然资源的开发、利用与保护、建设职能于一身,因此在不同部门、部门的不同职能之间产生许

---

① 蔡守秋、张百灵:"论综合生态系统管理与石漠化防治",载《福建政法管理干部学院学报》2009 年第 4 期,第 28 页。

② Nicholas A. Robinson:《第二代环境法不断发展所面临的挑战》,[新加坡]黎莲卿、[菲]玛利亚·索科罗·Z. 曼圭亚特:《亚太地区第二代环境法展望——世界自然保护联盟/全球环境战略研究所/亚洲开发银行研讨会论文集》,邵方、曹明德、李兆玉译,法律出版社 2006 年版,第 38~41 页。

多需要协调的利益。"① 要解决传统自然资源按要素进行分割管理的痼疾，实现生态修复过程中各部门的协调、合作，必须寻求一种新的管理制度和模式，而综合生态系统管理具有综合性、可持续性、科学性、和谐性等特点，正是满足这一要求的有效方法。此外，现代自然科学和人文社会科学的发展为综合生态系统管理的运用提供了切实可行的理论基础，我国生态保护工作的整体性要求成为确立综合生态系统管理理念的社会基础②，因此，在进行生态保护与修复立法时，应该确立综合生态系统管理的基本理念。

综合生态系统管理理念在我国生态保护与修复法中的确立体现在以下几个方面：

1. 采取混合型的立法模式

生态保护与修复涵盖的内容非常广泛，包括但不限于生态修复、生态农业发展、湿地保护、生物多样性保护、野生动植物保护、生态保护区管理、自然遗迹和人文遗迹保护等。在生态保护和管理中它们具有诸多共性，例如，都是为了维护生态系统的完整性、都力图恢复并维持生态系统的服务功能等。同时，不同的保护对象也需要采取不同的保护手段，因此，在进行生态修复立法时，应按照综合生态系统管理综合性、科学性、灵活性等要求采取综合性的立法模式，做到统一基本法律和单行法律、法规的综合、国家立法和地方立法的综合以及国家制定法和环境习惯法的综合③。

---

① 蔡守秋、张百灵："论综合生态系统管理与石漠化防治"，载《福建政法管理干部学院学报》2009 年第 4 期，第 27 页。

② 郭武、党惠娟："从理念到立法：综合生态系统管理与综合立法模式"，载《中国人口·资源与环境》2009 年第 3 期，第 42 页。

③ 同上书，第 43 ~ 44 页。

2. 采取综合管理手段，建立综合性的法律调整机制

综合生态系统管理手段具有多样性，其中，行政手段、市场手段和公众参与是综合生态系统管理的重要方法。传统的行政调整机制对于环境管理不可或缺，但其主要是对人们利用资源的行为施加的一种外在约束，难以形成有效的内在激励，也存在"政府失灵"等各种问题；市场机制作为一种重要的经济制度，具有亲和性、诱致性、节约性等特点，但自发的市场调整机制在环境保护与利用上亦出现了"自我盲目"等市场失灵现象；"包括环境 NGO 组织在内的第三种组织，是保护作为公众共用物的环境资源生态、防治和补救政府失灵和市场失灵的有效组织形式和战斗堡垒。"① 由于具有综合性、可持续性、科学性、和谐性和适应性等特点，综合生态系统管理提供了一个更为广阔的管理基础，为政府、社团和私人机构之间利益的合作努力提供了一个更具操作性的架构，使综合的、跨学科的、可参与的和可持续性的管理方法成为可能②。因此，在生态修复工作中，应该采取行政调整、市场调整和社会调整相结合的综合性法律调整机制，尤其要重视第三种调整机制。具体措施包括：改进政府环境管理职能，注重行政指导法律手段的运用；运用经济激励法律手段，发挥市场机制作用；通过公众参与法律手段发挥社会调整机制的作用等，以实现经济效益、环境效益和社会效益的统一。

3. 综合运用科学技术、经济、法律等各种措施

生态保护与修复工程需要先进科学技术的指导，1992 年联合国环境与发展大会通过的《21 世纪议程》专章讨论了"科技

---

① 蔡守秋："从综合生态系统到综合调整机制——构建生态文明法治基础理论的一条路径"，载《甘肃政法学院学报》2017 年第 1 期，第 8 页。

② ［英］E. 马尔特比等：《生态系统管理——科学与社会问题》，康乐、韩兴国等译，科学出版社 2003 年版，第 7 页。

和技术界"的方案领域、目标、活动、实施手段等诸多问题以促进科技在可持续发展中的作用①。因此，在生态保护与修复中，各级政府应该积极推广各种先进经验和先进技术。例如，生物修复技术、生物防治技术、生态农业技术，大力发展区域循环经济、清洁生产；此外，切实可行的经济手段，特别是各种价值工具也是推动生态保护与修复工作的有力武器，应该综合运用税费、信贷、利润、价格等价值工具积极促进生态保护与修复的开展，这是综合生态系统管理的基本要求，也是我国生态保护与修复立法的重要内容。

三、生态保护与修复的基本法律原则

恢复生态学的研究表明，退化生态系统的恢复要在遵循自然规律的基础上，通过人类力量和作用，根据技术上适当、经济上可行、社会能够接受的原则，使受损或退化生态系统重新获得健康，使有益于人类生存与生活的生态系统重建或再生。生态系统修复的原则一般包括自然法则、社会经济技术原则、美学原则三个方面。其中，自然法则是生态系统修复的基本原则，只有遵循自然规律的生态系统修复才是真正意义上的修复；社会经济技术条件是生态系统修复的后盾和支柱，在一定尺度上制约着修复的可能性、水平与深度；美学原则是指退化生态系统的恢复应给人以美的享受②。在生态保护与修复法律原则的构建中，既要充分吸收和借鉴恢复生态学的研究成果，同时又要坚持生态保护与修复法的基本理念、借鉴环境法的基本原则，因此，生态保护与修复立法应该确立以下基本法律原则。

---

① 赵绘宇：《生态系统管理法律研究》，上海交通大学出版社 2006 年版，第 102 页。

② 章家恩等：《地球人迟到的忏悔》，中国科学技术大学出版社 2002 年版，第 63~67 页。

（一）风险预防原则

风险预防原则（Precautionary Principle）是环境法预防原则的具体体现，其基本主张是事先采取措施预防损害或风险的发生。由于环境问题的科学不确定性相当突出，风险预防原则一经提出便得到了人们的认可并在国际环境保护领域得到广泛的应用。1992 年签署的《生物多样性公约》和 2000 年通过的《关于〈生物多样性公约〉卡塔赫纳生物安全议定书》都确认并贯彻了风险预防原则。在保护生物多样性方面，风险预防已经成为一项重要的原则；而在海洋生物资源的养护和管理上，风险预防原则也得以适用。《跨界鱼类种群和高度洄游鱼类种群的养护与管理协定》（1995）把风险预防的方法作为海洋生物资源保护的一项原则，此外，在气候保护、水资源保护、环境污染防治等领域，风险预防原则也得到了广泛应用。

根据风险预防原则，为了保护环境，应该广泛适用预防措施，遇有严重的或不可逆转损害的威胁时，不得以缺乏科学充分确实证据为理由，延迟采取符合成本效益的措施防止环境恶化。① 也就是说，"当一项活动对人体的健康或者环境产生危害的威胁时，即使有些因果关系没有得到科学上的充分确定，也应当采取风险预防的措施"②。这在生态修复中更是如此。受经济利益的驱动，人类的各种开发利用活动常常超越生态系统的承载力，导致生态损害的发生。生态损害的发生是一个缓慢的演变过程，在较短时间内难以显现，但是，损害一旦显现，将会造成难以逆转、不可弥补的损失，威胁人类生存和发展。因此，与生态

---

① 《里约宣言》原则 15。

② Julian Morris. Defining of Precautionary Principle——As Defined Recently，the Principle Provides a new guide to US environmental policy. Chemical & Engineering News Vol. 76 No. 6（1998）.

问题出现后的事后补救相比，对生态损害的预防更加重要，这就需要人们树立预防优先、生态优先的观念并把它贯彻到环境保护工作中，采取各种风险预防措施，加强对生态的保护和修复。例如，禁止或限制对某种生物资源的利用以维护生物安全，采取生物修复等最佳可行技术和最佳环境实践，发展清洁生产和循环经济等。

　　需要说明的是，在生态保护与修复中，更加需要注重风险预防，通过各种谨慎措施使生态修复的风险降到最低。国内外生态修复的事实证明，即使倾尽所有的人力、物力并严格按照科学的方法对已经遭到破坏的生态系统进行修复，也仍然难以修复到原来的水平。而生态修复的成本更是惊人，"英国的平均修复成本是 13.52 万美元/公顷，而美国单是生态环境修复的环境评价费就达到 9 万美元/公顷。"① 此外，由于生态系统本身的复杂性和某些生态要素的突变性，人们对生态系统构成及其内在运行机制还存在认识上的局限，对于生态修复的后果、生态演替的方向等问题难以进行准确的估计和把握，这导致生态修复行为本身具有一定的风险性，在实践中常常出现进行生态建设却导致生态破坏、热衷于大规模的人工生态系统建设却忽视自然的自我修复功能的例子，不但浪费大量的财力和人力，更对生态系统造成巨大的危害。因此，需要在生态保护与修复立法中确立风险预防的原则，提高人们的风险防范意识，做到防患于未然，把各种生态损害扼杀在摇篮中。

　　(二) 适应性管理原则

　　适应性管理（Adaptive Management，AM），也称为适应性资源管理（Adaptive Resource Management，ARM），是贯彻综合生

---

① 赵绘宇：《生态系统管理法律研究》，上海交通大学出版社 2006 年版，第 91 页。

态系统管理理念的具体体现，它是一种面对不确定性时结构性的、反复的最佳决策过程，其目标是通过系统监测减少不确定性。这种管理方式最初被命名为"适应性环境评估和管理"，它是在 20 世纪 70 年代，由加拿大不列颠哥伦比亚大学的生态学家霍林和卡尔弗里沃尔特斯提出的，最初主要应用在渔业管理中，20 世纪 90 年代之后，其在森林管理、水资源管理、旅游地管理等领域得到广泛应用。

一般而言，适应性管理基于两个前提："一是人类对于生态系统的理解是不完全的，二是管理行为的生物物理响应具有很高的不确定性。"[①] 生态保护与修复是一个将经济、社会、生态、环境等纳入整体的复杂性工程，由于生态系统本身的复杂性、影响生态系统变化因素的多样性以及受科技发展水平的限制，在许多领域，人们对生态系统的认识水平还比较低，在生态保护与修复中还存在诸多不确定性：（1）目标的不确定性。生态管理工作成功的关键是设定明确、可行的目标，但随着时空的转变，生态保护与修复的目标也会发生变化。例如，在生态修复中，便存在目标导向和过程导向两种修复目标，"目标导向是将生态系统恢复到未受干扰之前的状态，过程导向不强调恢复到干扰之前的状态，而强调采取必需行动保证自然生态系统的回归。"[②] 因此，对于不同的生态要素、不同时空条件下的生态要素需要设定不同的修复目标。（2）行为的不确定性。例如，在水资源管理中，由于众多管理机构的存在以及部门协调能力的不足，导致出现"多龙治水""条块分割"的局面。此外，在国家政策、资金投入、技术发展等方面也存在诸多的不确定性。"不确定情况下的

---

① 杨荣金、傅伯杰等："生态系统可持续管理的原理和方法"，载《生态学杂志》2004 年第 3 期，第 103～108 页。

② 孙书存、包维楷：《恢复生态学》，化学工业出版社 2005 年版，第 2～3 页。

决策分析，关键在于根据决策者对风险的态度确定决策准则，通过决策准则，将不确定性问题转化为确定性决策问题。"① 面对这些问题，生态保护与修复工作应该表现得更为灵活、更有弹性，管理者也应及时调整管理策略，而"适应性管理的实施有助于加强各利益相关者之间的信息交流和合作，构建一个不同机构、组织和人员之间共同参与决策的平台"②。因此，在生态保护与修复立法中，应该确立适应性管理的基本原则。

（三）自然恢复和人为措施相结合的原则

生态保护与修复应该遵循人与自然和谐相处的原则，在充分尊重自然生态规律的基础上借助于人工力量实现生态保护与修复。生态系统本身具有一定的自我修复能力，对生态破坏地区的生态恢复应顺应自然规律，充分依靠自然界的恢复能力，例如，停止对大自然的侵害和过度索取，大力推进退耕还林还草、人工封育等生态工程，对现有的天然林地、草场、湿地等实行最严格的生态保护。对于未被破坏的自然生态系统，应以自然恢复为主。但仅仅依靠自然恢复是不够的，由于生态系统退化原因的复杂性和人为性，生态修复将涉及更多的人为因素和社会因素，因此，应该在充分依靠自然修复的基础上，加强人工力量，实现自然恢复与社会、人文的耦合。例如，吸收恢复生态学的研究成果和生态学的方法，通过小流域恢复、生态园区建设等方式加强生态恢复。已有的研究表明，"以直接调控目标种群、重建生态系统等措施为主的高度介入方式对热带生态系统和陆生生态系统的生物多样性和生态系统服务的恢复效果最好。但如果生态恢复的

---

① 夏军等："气候变化下水资源脆弱性的适应性管理新认识"，载《水科学进展》2015 年第 2 期，第 282 页。

② 孙东亚、董哲仁、赵进勇："河流生态修复的适应性管理方法"，载《水利水电技术》2007 年第 2 期，第 57 页。

目标是未被破坏的自然生态系统，则以调控生态系统理化环境和结构等环境干预手段为主的中度介入的恢复方式效果最好"①。此外，还需要改变生态敏感区人们的生活方式和生产方式，把生态修复与当地脱贫致富、经济发展相结合，只有这样才能增强生态修复的可持续性。

（四）系统性原则

2015 年 9 月，中共中央、国务院印发的《生态文明体制改革总体方案》指出，树立山水林田湖是一个生命共同体的理念，按照生态系统的整体性、系统性及其内在规律，统筹考虑自然生态各要素、山上山下、地上地下、陆地海洋以及流域上下游，进行整体保护、系统修复、综合治理，增强生态系统循环能力，维护生态平衡。

（五）从实际出发、因地制宜的原则

我国地域辽阔，自然环境复杂多样，生态修复难以在全国形成统一的行为模式，必须从当地实际出发，针对不同类型的生态问题和不同的保护区域，制定各自适宜的生态修复目标与模式，这在我国生态修复实践中已经得到体现。例如，2015 年修订的《全国生态功能区划》将全国生态功能区分为九种类型，不同区域实行不同的保护和修复措施。这反映在生态修复立法中，便是确立从实际出发、因地制宜的原则，针对各区域生态系统、生态要素分别进行法律规制。

（六）追求生态美的原则

优美、舒适的环境成为人们的广泛追求，也是环境法价值目标的应然之意和生态美学的关注对象。生态美是在生态文明理念

---

① 吴舒尧、黄姣、李双成："不同生态恢复方式下生态系统服务与生物多样性恢复效果的整合分析"，载《生态学报》2017 年第 20 期，第 13 页。

的关照下提出的人与自然达到动态平衡、和谐一致的状态，它"认为大自然才是主人和更为出色的设计者，具有自己的美学品位……生态美既有美学的审美又有生态学的可持续发展。"① 生态美不仅强调人的价值，更强调自然的价值，强调从生态、宇宙自然的意义上去看待审美问题，体现出对人与自然和谐的画境的追求。目前，在生态保护和修复中人们都非常重视对生态美的追求。例如，在城市森林建设过程中，人们通过植物群落式绿化管理的方式，为社会营造优美舒适的环境；在生态农业和生态林业发展中，人们利用生物群落生物链相互支持和制约的原理，不但减少了农药污染，还改善了自然景观，形成了观光旅游业，为人们提供休闲娱乐的场所。因此，在进行生态保护与修复立法时，应该确立追求生态美的原则，它是对环境资源精神性价值的关照，是实现环境法舒适性价值目标的重要保障。

四、生态保护与修复的主要法律制度

不同领域的生态修复有不同的制度要求，我国针对生态修复分别建立了各种法律制度。在矿地生态修复方面，有采矿许可证制度、矿山地质环境治理修复基金制度；在海洋渔业资源生态修复方面，有总量控制制度、捕捞许可证制度等。

本书的分析不是针对具体恢复领域展开详细论述，而是针对生态修复共性展开的宏观层面的制度论述。

（一）完善公众参与法律制度

生态修复是一项系统工程，离不开社会各界的广泛参与，生态修复立法应从以下几个方面来保障公众参与制度。

首先，完善生态修复信息公开制度，保障公众的知情权。信

---

① 阎丽杰："论生态美与自然美的关系"，载《湖南社会科学》2013 年第 6 期，第 24～27 页。

息公开是实现知情权的一个重要途径，环境信息获得量的多少也决定了公众参与程度的高低。国外发达国家在生态修复领域非常重视环境信息的公开。例如，美国根据《1977 年露天采矿控制和复原法》在内政部内组建了"露天采矿回填复原和实施办公室"，该办公室的主要任务是建立一个"露天采煤、回填复原和地下采矿对地表的影响情报资料中心"，该中心向从事土地利用规划工作或与土地利用规划工作有关的联邦的、地区的、州的和地方的各种机构和公众，以及与露天和地下采矿及回填复原作业有关的各机构提供有关资料。①

其次，明确和完善公众参与的具体途径。在制定生态修复计划的过程中，可以通过听证会、论证会、问卷调查、专家咨询、座谈会等形式，吸取公众的具体建议。在这方面，美国公众参与土地保护的程序规定比较有参考意义，例如，《超级基金法》在美国环保局确定"全国优先名册"的过程中为公众提供参与评议的机会。

再次，扩大公众监督权。对于一些行政主管部门及其执法人员偏袒企业，放任生态损害的现象，要鼓励公众通过举报、检举等手段防止，创造良好的行政执法环境。

最后，完善环境公益诉讼制度，完善公众参与的救济权。通过完善相关立法，对于环境公益诉讼的起诉条件、诉讼主体、管辖法院、举证责任、诉讼程序等作出明确规定，建立和完善环境公益诉讼机制。特别是应当借鉴国外环境公益诉讼的立法，逐步扩大诉讼主体资格，在举证责任、诉讼费用的承担上作出有利于原告的规定。

（二）建立全面的生态修复制度体系

生态修复涉及一系列法律制度，其中，最为重要的是生态修

---

① 30 U. S. C. A. 1211（c）.

复管理制度和促进保障制度。生态修复管理制度是涉及生态修复全过程的一系列法律制度，主要包括：生态修复规划制度、生态修复区划制度、生态修复目标责任制度、生态修复生态效益评估制度、生态示范区制度、生态破坏事故防范与预警制度等。生态修复促进和保障制度，主要包括：环保产业制度、生态合同制度、生态贸易制度、环境资源产权制度、生态修复资金保障制度、生态修复技术支持制度、信息公开制度等。

（三）完善生态损害赔偿制度

目前我国尚未确立全面的生态损害赔偿机制，许多严重污染环境、破坏生态系统的行为得不到有效的惩罚。根据《侵权责任法》的规定，因污染环境造成损害的，污染者应当承担侵权责任，但该责任仅限于侵犯"人身、财产权益"，对生态的损害则不在赔偿范围内。在风险无处不在的当代社会，对生态系统的损害实际是对人类生存、发展根本利益的侵害，为了实现可持续发展的人类夙愿，有必要建立生态损害赔偿制度，把对生态系统的损害纳入赔偿范围。

2015年3月，中共中央办公厅、国务院办公厅印发了《生态环境损害赔偿制度改革试点方案》，在我国部分省份开展生态环境损害赔偿制度改革试点工作。该方案规定了生态损害赔偿主要情形、赔偿范围、权利义务人、诉讼规则等主要内容，弥补了我国生态环境损害赔偿法律制度的空白，具有重要的现实意义。但是，试点工作的开展也暴露出我国生态损害赔偿制度中的一些弊端，例如，缺乏上位法的依据，缺乏《环境保护法》等基本法律对"生态环境损害赔偿"的制度支撑；基本原则、主要制度、相关配套措施的规定都较为原则，有待于细化和完善。因此，应该进一步加强理论研究，构筑全面的生态环境损害赔偿法律制度。

"实体方面应包括生态环境损害赔偿归责原则、构成要件、责任内容与范围、责任主体、责任承担方式等，程序方面应当包括生态环境损害赔偿的协商与诉讼途径、诉讼过程中的证据制度、举证责任与证明标准、因果关系认定、协商与诉讼过程中的损害评估与公众参与程序。"① 此外，还要注意做好生态环境损害赔偿制度与公益诉讼、环境责任保险等法律制度的衔接。

① 王金南、刘倩、齐霁等："加快建立生态环境损害赔偿制度体系"，载《环境保护》2016 年第 2 期，第 28 页。

第五章 环境法律激励的理念
转变与原则确立

传统环境法在负外部性理论指导下建立了污染者负担等法律原则，对于实现社会正义、筹集污染治理资金发挥了重要作用，但这种以环境利益的损耗与救济为指导思想的理路设计已经不足以应对生态修复、资源保护中出现的新问题，难以满足新阶段环境保护工作和环境法发展的新要求。而正外部理论主张对环境资源的积极维护和改善，鼓励、促进环境正外部性行为的发生，激励企业团体、社会公众积极参与到环境利益的维护和增进中。因此，我们应该在正外部性理论的指导下，转变环境法的理念，从利益损耗与救济发展为利益增进与补偿；创设"增益受偿"环境法律原则，激励环境正外部性行为的发生，促进环境公共利益的维护和增进。

第一节　环境法律理念的转变

一、环境法律理念概述

理念来源于希腊语中的"idea"和"eidos"，理念不是一般的观念，而是具有理性的观念。对于环境法的理念，学术界尚未形成共识，有的学者将环境法律的基本理念归结为环境伦理理念、环境经济理念、环境权益理念三个方面。① 有的学者认为，环境法律的基本理念包括但不仅限于可持续发展、环境秩序、环境安全、环境正义。② 有的学者将环境法律的基本理念归结为人类中心主义与生态利益主义，并且认为迄今为止，环境法律理念仍然是以人类利益为中心，但它的发展方向可能是可持续发展。③ 有的学者认为，环境法律理念"是指合乎自然生态规律、社会经济规律和环境规律（即人与环境相互作用规律）的基本观念，它们是环境资源法学的灵魂，是构建环境资源法学理论体系和环境资源法律体系的出发点。其中，人与自然和谐共处是环境资源法学最具有特色的基本理念。"④

环境法律理念具有如下特征：（1）从方法论上看，环境法律理念应当是不断发展的。环境法律理念并非一成不变，而是随着社会的变迁不断发展和完善，例如，在环境危机不断爆发的情况下，环境法律理念应该从人类中心主义发展为人与自然的和谐共处等。（2）从属性上看，环境法律理念应当具有高度抽象性。环境法律理念体现环境法的内在精神，具有统领全局的功能和作用，它对环境法律体系的各个组成部分、对环境法律运行的各个阶段——立法、执法、司法都具有重要的和普遍的指导意义。（3）从内容上看，环境法律理念又是具体的。环境法律理念是人们实践活动追求的目标，它的内容又具有一定的具体性。

二、现行环境法律理念：环境利益的损耗与救济

人类对环境资源需求的不断增长导致环境资源供求矛盾日益

---

① 汪劲：《环境法学》，北京大学出版社 2006 年版，第 132～150 页。

② 周辉、陈泉生："环境法理念初探"，载《时代法学》2004 年第 2 期，第 60 页。

③ 徐爱国："人类要吃饭，小鸟要歌唱——评汪劲博士的《环境法律的理念与价值追求》"，载《中外法学》2002 年第 1 期，第 102～113 页。

④ 蔡守秋："'人与自然和谐共处'是环境资源法学的基本理念"，载《中州学刊》2005 年第 3 期，第 84 页。

激化，经济利益和生态利益的冲突日益加剧。在负外部性理论的影响下，人们往往在环境污染、资源破坏等各种负外部性行为发生后，才通过法律规范对环境资源进行事后的弥补，体现出环境利益受到损耗后进行救济的立法理念。因此，我国环境法通过规定环境资源利用者的法律义务和责任形成了生态利益保护的基本格局，其体现的是一种事后的、消极的、被动的、抑负性①的环境利益保护思路，即在环境利益遭到损耗后采取各种救济措施加以弥补。主要体现如下：

首先，"环境法没有积极地把环境利益法律化为环境权利（力），而只是采取规定环境行政管理机关的职责和一般社会主体的义务的形式，通过这种模式对环境利益进行迂回式的侧面保护"②。由于受时代背景的限制以及政府万能论的影响，"我国环境法早期将环境保护局限于对污染的防治，体现的是一种环境管理思想"③。在环境管理的方式上以行政强制为主，过分强调政府作用，忽视市场以及社会的调节力量，关于激励公众、企业参与环境保护以及发展环保产业的法律规定明显不足。但这种以政府强制力量限制个人利益的行为方式难以得到人们对环境保护工作的认可，"如果没有自发性服从，政府靠强制在任何时候最多只能执行全部法律规范的 3% ～7%"④，这导致我国环境法在执行中遇到重重阻碍，没有取得良好的实施效果。总体而言，现行环境法大多是"解决问题型"的事后立法，针对人们利用甚至是破坏环境资源的行为，通过"损害担责""排污收费"等法律

---

① 郭武："论中国第二代环境法的形成和发展趋势"，载《法商研究》2017 年第 1 期，第 91 页。

② 王春磊："我国环境法对环境利益消极保护及其反思"，载《暨南学报》2013 年第 6 期，第 82～85 页。

③ 韩德培：《环境保护法教程（第四版）》，法律出版社 2003 年版，第 15 页。

④ ［德］柯武刚、史曼飞：《制度经济学——社会秩序和公共政策》，韩朝华译，商务印书馆 2003 年版，第 167 页。

义务、法律责任的设置实现负外部性内部化，但义务性、禁止性法律规范在范围和功能上有很大的局限性，极大地限制了法律保护环境利益的广度和深度。

其次，环境法大量采用行政法、民法的规范和制度，分别对环境公益和环境私益进行调整，然而这些规范和制度与保护环境利益的要求存在很大的差距，它们的局限性使环境法在保护环境利益方面呈现出诸多弊端。例如，在法律责任方面，环境法仍沿袭传统行政法和民法的责任制度，对侵犯环境公益的行为仍以行政处罚为主，对损害环境私益的行为也并未发展出一套不同于一般民事侵权赔偿的法律制度，导致在现有的法律框架内，很多环境利益受到损害后得不到充分的、相应的救济甚至根本得不到救济。① 环境利益具有特殊性，其是一种独立于传统人身利益、财产利益的新型利益，而民法以保护个体的人身利益和财产利益为己任，因此，依靠传统民法难以为环境利益提供全方面的保护。而在依靠行政法进行环境利益保护方面，又过于依赖行政强制的方式，导致以行政规范和制度调整环境公益也存在种种弊端。例如，重事后制裁，轻事前预防；重经济处罚，轻环境补救，缺少对环境损害的赔偿和补救措施等。

再次，环境法体现出对经济利益的偏重和对生态利益、精神利益的忽视。环境利益包括经济利益、生态利益、精神利益等各个方面，但现行环境法更多保护和关注的往往是经济利益。我国《环境保护法》《森林法》《矿产资源法》等法律都在立法目的中规定"促进""适应""保障"现代化建设，然而，对于涉及生态利益和精神利益的环境舒适性却缺乏明确规定。

---

① 王春磊："我国环境法对环境利益消极保护及其反思"，载《暨南学报》2013 年第 6 期，第 82～85 页。

目前，我国的各种环境利益补救措施还不尽健全和完善，许多环境侵权、环境破坏行为得不到有力的法律规制，导致社会中存在大量的环境非正义现象，损害了环境法的尊严和权威；此外，许多环境利益损耗后具有不可逆性，即使再完美的救济制度也于事无补。因此，这种事后的、被动的环境利益保护思路已经难以适应可持续发展的需要，急需改进。我国环境法通过修改和校正经济活动的负外部性实现环境保护的目标，这其实是一种把经济利益和环境利益截然对立起来的"利益限制"的立法理念，其实质是"通过对一方或双方的利益限制对因环境资源破坏所致的利益减损进行分配和负担，以利益限制对基本环境资源的冲突与矛盾进行纠正。"[①] 这种"利益限制"的立法理念忽视了人们对多样性利益的本能需求，遭到人们内心的反抗和抵制，导致环境法实施效果不佳。我国先后制定颁布了 30 多部环境保护法律、50 余项行政法规、200 余件部门规章和规范性文件，环境立法空前繁荣，但"形式上越来越完善的环保立法似乎并没有在实质上起到保护环境的作用，相反环境问题却越来越严重"[②]。环境质量日益下降，雾霾蔽日、沙尘肆虐、森林退化、水土流失、生物多样性锐减等生态顽疾难以遏制，群体性环境事件不断发生，背后的重要原因之一便是"利益限制"的立法理念。

三、环境法律理念的应然面向：环境利益的确认与增进

正外部性理论要求人们事前采取积极的保护和改善措施，促进环境正外部性行为的发生，同时，为了实现"正外部性的内部化"和社会公平正义，对于产生环境利益者给予补偿。因此，本

---

① 张璐："从利益限制到利益增进——环境资源法研究视角的转"，载《法学评论》2004 年第 3 期，第 93 页。

② 汪劲：《环保法治三十年：我们成功了吗？中国环保法治蓝皮书（1970～2010)》，北京大学出版社 2010 年版，第 37 页。

书认为，从正外部性理论出发，为了实现人类社会可持续发展的目标，环境法律理念应该从"末端"向"源头"溯进，从"消极"向"积极"转变，发挥环境法的激励功能，从对环境利益的损耗救济发展为对环境利益的促进补偿。

环境问题的背后常常是经济利益与环境利益的冲突，作为"解决各种利益冲突、实现利益平衡"的法律规则，环境法除了利益限制的平衡功能之外，还有不可或缺的利益确认和利益增进功能。① 在传统观念中，法的功能主要体现为惩罚和震慑，随着社会变迁，法律的功能也具有多样性和进化性，例如，法律在激励科技进步、经济发展、环境保护中也发挥了重要的作用，这便是法律的激励功能。"法律对个体行为的激励功能，就是通过法律激发个体合法行为的发生，使个体受到鼓励做出法律所要求和期望的行为，最终实现法律所设定的整个社会关系的模式系统的要求，取得预期的法律效果，造成理想的法律秩序。"② 事实上，在环境法某些领域，对于法律目的和法律秩序的实现，激励较之于惩罚、强权更具有积极的作用。由于环境资源的公共物品属性和环境污染、生态破坏的积累性、隐蔽性和滞后性，在企业责任认定、责任追究中往往存在重重障碍。事实也告诉我们，各种有限的惩罚性措施并没能有效阻止企业的滥排、滥砍、滥伐行为，而激励措施、激励制度可以促使社会公众和企业从内心深处增强对环境保护的认同感，减少经济利益和环境利益的冲突，使他们在追求自身利益的同时也参与到环境保护中，从而有利于从源头上减少环境破坏并形成维护环境利益的"集体行动"。

"经济与社会发展、科学进步的利益需求，即发展的需求，其宗旨在于维持、改善生存条件，提升生活质量，这是正当性需

---

① 钭晓东：《论环境法功能之进化》，科学出版社 2008 年版，第 73 页。
② 付子堂：《法律功能论》，中国政法大学出版社 1999 年版，第 68 ~ 69 页。

求。环境保护的利益需求的宗旨同样是维持、改善生存条件，提升生活质量，这也是正当性需求。因此，这两种需求在动力源泉和本质属性方面是一致的，都涉及如何拥有和实现安全、充足和尊严的生活的条件，即对提升生活质量的选择的自由。"① 因此，需要我们创设调整多种环境法律关系的法律规则，既要对环境资源的开发、利用、破坏行为进行限制，更要对环境资源的保护、养护、恢复行为进行激励，从被动、消极应对转变为积极保护、改善，实现环境利益的维护和增进。然而，环境利益具有外溢性，国家、企业、社会团体以及个人在从事环境保护和改善的过程中，产生的环境利益并非由他们独享，而是形成环境利益的公共享用，出现各种"搭便车"现象。对于国家而言，保护改善环境资源、维护环境公共利益是其职责和义务，因此，其各种环境正外部性行为不需得到内部化。但是，对于企业、社会团体以及个人而言，环境利益的外溢却是违背环境公平和环境正义的，如果得不到合理解决也有损他们的积极性，因此，法律应该设置各种制度和措施对他们进行补偿，实现正外部性的内部化。

从根本上来说，经济利益和环境利益具有"同源同质"②性，两者都是人类在追求自身发展和美好生活中需要的正当利益，环境法应该为两种利益的实现发挥保驾护航的作用。"将环境利益纳入传统法律的利益结构，进行环境利益的合理分配，不放弃环境利益的保障，也不束缚经济利益的追求，体现人的多样

---

① 李启家："环境法领域利益冲突的识别与衡平"，载《法学评论》2015 年第 6 期，第 136 页。

② 同源同质性是指两种利益发生的目的和原因相同，均来自人的需求，同质性则指两种利益均根源于人的正当的合理的需要，是由道德上的正当性、合理性上升为法律上的正当性、合理性。参见钭晓东：《论环境法功能之进化》，科学出版社 2008 年版，第 209 页。

性需求。"① 促进环境利益和经济利益的协同增进、实现两者的共赢,这是环境法回应社会发展和人类需求、应对环境问题的应有之义。

第二节 "增益受偿"原则的确立②

"增益受偿"原则是发挥环境法激励功能、应对"公地悲剧"和"搭便车"问题、弥补"损害担责""受益补偿"原则缺陷、完善生态利益公平分享机制的重要体现。与"损害担责"和"受益补偿"相比,"增益受偿"原则更有利于调动社会主体的积极性、促进社会公众参与生态利益的维护和增进。在我国确立"增益受偿"原则既有价值合理性,又有现实迫切性。应该转变环境法的基本理念,进行环境法的"正向构建",完善环境法的激励机制,确立环境增益者的法律权利体系,为"增益受偿"原则的贯彻提供全面保障。

一、"损害担责"与"受益补偿"的发展历程

负外部性理论对我国环境法基本原则的确立产生了重要影响,其中损害担责原则是负外部性理论应用的典型。

(一)损害担责原则的发展历程

损害担责原则是污染者负担原则的最新阶段。污染者负担原则的产生是基于人们对环境污染治理费用不公平分担的反对。长期以来,人们一直认为环境资源是取之不尽用之不竭的大自然馈

---

① 王树义、皮里阳:"论第二代环境法及其基本特征",载《湖北社会科学》2013 年第 11 期,第 166 页。

② 参见张百灵:"'增益受偿'原则的构建与环境法的演进",载《山东社会科学》2017 年第 7 期,第 168～173 页。

赠之物，但随着 20 世纪 60 年代末西方发达国家环境保护政策的推行，人们发现企业个体造成的环境污染却由国家来进行控制和治理，而国家控制和治理的费用却来自全体国民的税收所得，导致人们对于污染费用分担是否合理的质疑。针对这一问题，1972年，经济合作与发展组织（OECD）环境委员会根据经济学中的负外部性理论首次提出了"污染者付费"原则（polluter pays principle），认为造成环境污染的责任者应该支付赔偿并承担弥补损害的费用。此后，OECD 成员国政府把该原则作为分担污染防治费用最有效的方式和控制措施引进。1992 年，联合国环境与发展大会通过的《关于环境与发展的里约宣言》原则 16 中指出："考虑到污染者原则上应承担污染费用的观点，国家当局应该努力促使内部负担环境费用。"这是该原则在国际范围的法律文件中得到首次确认。

借鉴国际社会普遍采用的"污染者付费"原则并结合社会实际，我国在 1979 年《环境保护法（试行）》中把"谁污染谁治理"[①] 作为一项重要的法律原则规定下来，其主要含义是指"对环境造成污染的组织或个人，有责任对其污染源和被污染的环境进行治理"[②]，也就是说将污染者的治理责任限制在现有污染范围内。1989 年，我国《环境保护法》正式颁布时把污染者

---

① 1979 年《环境保护法（试行）》第 6 条规定："已经对环境造成污染和其他公害的单位，应当按照谁污染谁治理的原则，制定规划，积极治理，或者报请主管部门批准转产、搬迁"。
② 李启家、罗吉、吴志良："我国环保产业化的法律思考"，载《中国软科学》2001 年第 12 期，第 22 页。

的责任修改为"污染者治理"[1]，即污染者的责任范围不但包括对现有的污染的治理，还包括对以前污染的治理、对将来污染的预防责任以及对受污染者的损害赔偿责任[2]。在此之前，人们对于环境负外部性的认识主要是集中在污染防治领域，但随着环境问题的广泛扩展，人们意识到，生态破坏也具有严重的负外部性，因此，针对生态破坏造成的负外部性内部化提出了"开发者养护""利用者补偿""破坏者恢复"等法律原则。1990 年，国务院《关于进一步加强环境保护工作的决定》中把污染者负担原则的适用范围扩展到自然资源领域，规定了"谁开发谁保护，谁破坏谁恢复，谁利用谁补偿"的原则。1996 年，国务院规定了"污染者付费、利用者补偿、开发者保护、破坏者恢复"的环境保护方针，至此，"污染者负担原则"在自然资源和生态保护领域的应用范围不断扩大。[3] 2014 年修订的《环境保护法》在"污染者负担"的基础上确立了"损害担责"的基本环境法律原

---

① 我国 1989 年《环境保护法》关于"污染者治理原则"的规定主要分散于以下条款中，第 24 条规定："产生环境污染和其他公害的单位，必须把环境保护工作纳入计划，建立环境保护责任制度；采取有效措施，防治在生建设或者其他活动中产生的废气、废水、废渣、粉尘、恶臭气体、放射性物质以及噪声、振动、电磁波辐射等对环境的污染和危害。"第 28 条规定："排放污染物超过国家或者地方规定的污染物排放标准的企业事业单位，依照国家规定缴纳超标准排污费，并负责治理。"第 41 条规定："造成环境污染危害的，有责任排除危害，并对直接受到损害的单位或者个人赔偿损失。"

② 李启家："中国环境立法评估：可持续发展与创新"，载《中国人口·资源与环境》2001 年第 3 期，第 24 页。

③ 例如，1989 年《环境保护法》第 19 条规定："开发利用自然资源，必须采取措施保护生态环境。"《森林法》（1998）第 35 条规定："采伐林木的单位或者个人，必须按照采伐许可证规定的面积、株数、树种、期限完成更新造林任务，更新造林的面积和株数不得少于采伐的面积和株数。"《矿产资源法》（1996）第 32 条规定："耕地、草原、林地因采矿受到破坏的，矿山企业应当因地制宜地采取复垦利用、植树种草或者其他利用措施。"《水土保持法》（1991）第 27 条规定："企业事业单位在建设和生产过程中必须采取水土保持措施，对造成的水土流失负责治理。本单位无力治理的，由水行政主管部门治理，治理费用由造成水土流失的企业事业单位负担。"

则，该原则强调对环境造成任何不利影响的行为人，应承担恢复环境、修复生态或支付上述费用的法定义务或法律责任。[①]

（二）受益补偿的发展历程

受益补偿是受益者负担的具体应用。最初规定受益者负担的是日本 1993 年制定的《环境基本法》，该法着重突出了企业、政府和个人的环境责任，提出了一个较污染者负担原则更为科学的概念——"受益者负担原则"，即只要从环境或资源的开发、利用过程中获得实际利益者，都应当就环境与自然资源价值的减少付出应有的补偿费用，而不局限于开发者和污染者。[②] 受益者负担是污染者负担的发展，它的适用范围更加广泛。

受益补偿不是我国《环境保护法》明确规定的基本原则，但在我国法律制度中却有明显体现。1996 年国务院发布的《关于环境保护若干问题的决定》中规定了"污染者付费、利用者补偿、开发者保护、破坏者恢复"的环境保护方针，这是我国"污染者负担"原则的扩展，也是"受益补偿"理念的确立。此后，《中共中央关于全面深化改革若干重大问题的决定》（2013）和《国务院办公厅关于健全生态保护补偿机制的意见》（2016）规定生态补偿坚持"谁受益、谁补偿"的基本法律原则，并积极推动生态补偿制度的建立；2014 年《环境保护法》和《"十三五"生态环境保护规划》（2016）规定了生态补偿制度，这是"受益补偿"理念的实际运用。

二、法律功能视角下"损害担责"与"受益补偿"的现实困境

法律是一种重要的行为规范，它通过对行为人利害的影响实现对行为人行为的引导，在功利目的的指引下，法律便可通过

[①] 竺效："基本原则条款不能孤立解读"，载《环境经济》2014 年第 7 期，第 20 页。

[②] 汪劲：《环境法学》，北京大学出版社 2006 年版，第 172 页。

"约束"和"激励"的双重功能实现法律秩序的维护。我国环境立法已经从"约束"与"激励"两个维度进行功能机制的构建,"损害担责"与"受益补偿"环境法律原则和理念的确立便是典型。

"损害担责"与"受益补偿"从"促进"与"约束"两个维度搭建了环境法律功能机制的总体框架,这对于明确环境保护费用分担、抑制环境资源破坏、纠正环境不公具有重要意义,但由于上述理念和原则缺乏对环境养护、生态修复等生态环境增益者的有效关注,在实际适用中也存在诸多缺陷。

首先,"损害担责"的适用对象是生态环境的开发利用者,"受益补偿"的适用对象是生态利益的受益者,两者指向的行为主体均是生态环境的使用者或受益者,对于付出一定代价的生态环境增益者而言,其只能被动依靠利用者或受益者的补偿行为,而缺乏主动要求获得补偿或利益的直接法律依据,这导致社会公众"生产"生态产品、维护生态利益的积极性不足。以生态补偿为例,我国生态补偿实践已经开展多年,国家和地方也有较多关于生态补偿的制度设计,但总体而言,"保护者和受益者良性互动的体制机制尚不完善,一定程度上影响了生态环境保护措施行动的成效。"① 保护者和受益者之间的良性互动机制之所以不完善,很重要的一个原因就是目前的制度设计以"受益者"为适用对象,无法为增益者(保护者)提供直接的、有效的制度激励。

其次,"损害担责"和"受益补偿"都体现了对环境问题的被动和事后应对,缺乏预防为主、积极改善的理念。"担责"和

---

① 参见"国务院办公厅关于健全生态保护补偿机制的意见(国办发〔2016〕31号)",载中国政府网,http://www.gov.cn/zhengce/content/2016-05/13/content_5073049.htm,2016年5月13日。

"补偿"是在对生态环境进行利用甚至是破坏的情况下进行的事后的、被动的回应，"缺乏一种污染或者破坏发生之前的积极地进行环境友好投入的机制。"①

再次，"损害担责"和"受益补偿"的内生缺陷削弱了其应有功能。"损害担责"和"受益补偿"原则的适用需要明确主体范围，但是，无论损害者还是受益者都具有"不确定性"的内生缺陷。环境损害后果和原因行为之间往往难以呈现出确定的因果关系，此外，环境损害还具有潜伏性和累积性，有些环境损害的原因行为发生十年甚至几十年之后，环境损害才显现，导致环境损害者难以确定。而生态环境增益者产生的生态利益具有普惠性和共享性，受益者具有广泛性和不确定性，在各地生态补偿实践中，往往存在补偿主体难以确定或确定成本过高等问题。这种内生缺陷使得"损害担责"和"受益补偿"的约束和促进功能大打折扣。

最后，"损害担责"和"受益补偿"均以义务分配作为基本逻辑，忽视对利益获取的有效保障。"损害担责"主要规制排污者、破坏者等环境负外部性行为主体，解决环境损害的责任分配问题，其设立的基本逻辑是通过规定行为人法律义务、分配法律责任的方式抑制社会成员对环境资源的利用和破坏。"受益补偿"是实现正外部性内部化的尝试，其基本逻辑也是通过"受益者"承担"补偿"义务实现对利益受损者的弥补。两者都是对生态环境使用者或受益者进行利益限制，却无法为生态环境增益者提供有效的利益确认与获取的途径。

三、"增益受偿"的法学蕴含

"增益"相对于"损益"而言。在环境法领域，"增益"意

---

① 刘明明："从'保护'到'回馈'——论环境法义务观的逻辑嬗变"，载《中国人口·资源与环境》2009 年第 3 期，第 47 页。

味着生态利益的添加和维护，并且这种生态利益被其他人共同分享，其产生的原因行为包括环境养护、生态修复等各种正外部性行为。我国传统环境法对生态环境采取的基本措施和要求是"保护环境"，无论立法名称还是具体措施都体现了这种倾向性①。与传统意义上的"保护"相比，"养护""恢复"等增益性行为对行为主体提出了更高的要求。从语义学的角度分析，"保护"是一种较低层次的要求，是指"尽力照顾，使不受损害"，其目的是维持环境现状不使其恶化，其以现存环境状况完整和良好为逻辑前提，对行为主体的要求仅仅是消极的不破坏环境，缺乏积极改善环境的义务要求。"养护""修复"则指"保养维护，调养护理""修整使恢复原样"②，是对现有环境状态的改善与修复，其逻辑前提是现有的环境状况存在瑕疵或问题，需要行为主体通过积极行为使环境状况较之之前达到更好的状态。

与"损害担责"相比，"增益受偿"原则更有利于调动社会主体的积极性、促进社会公众参与生态利益的维护和增进。"增益受偿"是指自然人、法人或其他组织，以契约或实际占有并施以具体行为的方式，对严重污染、损毁或可能遭受严重破坏、危害生存的生态环境进行投资、治理、养护和修复，使生态环境得到保护或改善，经确认、评估或交易享有获得相应报酬或其他经济利益的权利③。该原则通过授予增益者权利的方式确认和保障

---

① 在立法名称上，作为环境领域基本法的《环境保护法》从试行到颁布再到修订，始终冠以并突出"保护"二字，纵观其他国家环境基本法，无论是日本的《环境基本法》（1993）、美国的《国家环境政策法》（1969）还是韩国的《环境政策基本法》（1990），都较少有这种现象。立法名称体现了我国传统环境法的主要功能定位是保护环境，尽管在立法目的中也提出了"改善"的要求，但却缺乏相应的内容规定和制度设计。

② 中国社会科学院语言研究所词典编辑室：《现代汉语词典（第6版）》，商务印书馆2012年版，第45、1509、1312页。

③ 张怡："创建'养护者受益'环保法基本原则"，载《现代法学》2005年第6期，第12~13页。

增益者的利益，鼓励社会公众对生态环境的积极保护和改善，具有丰富的内涵。

首先，增益者必须具有增益行为。增益行为是一种有利于生态环境的积极行为，是具体存在的事实行为。增益行为是指使生态系统的整体功能或某项功能发生了积极的变化，且这种增加的生态利益产生了游离于创造者之外的溢出效果，被其他主体共同分享。① 它包括环境养护者、生态修复者、水源涵养者所进行的森林养护、植树造林、水源涵养、土壤修复、矿区改造等各种行为。当然，无论哪种增益行为都不是人类的"肆意妄为"，而是在充分尊重自然和生态规律的基础上，采取技术上适当、经济上可行、社会能够接受的措施，增强和扩大生态环境的自生能力和自净能力。

其次，增益行为具有"非弥补性"。增益行为不是资源开发利用者对因自己的开发利用活动造成的生态破坏进行的还原性修复，不是环境污染者针对自己的排污行为进行的治理性修复，也不是社会公众针对私人环境进行的局部改善，该行为对象是具有公共性特征的生态环境。这就意味着，养护者、恢复者的投资、养护、恢复等增益行为并不是对自己先前环境破坏行为的弥补，不是环境损害责任的承担，而是其积极、主动、自愿进行的回馈生态环境的行为。

再次，增益行为具有"正当性"和"公益性"。生态环境是人类生存和发展的共同基础，随着环境问题的恶化和生态危机的加剧，对生态利益的追求成为社会公众的普遍诉求。我国环境状况每况愈下，雾霾频发、沙尘肆虐、土壤污染、水土流失等生态顽疾难以遏制，急需人们对生态环境进行积极治理和修复。因此，增益行为具有价值正当性。通过积极主动的投资、养护、修

---

① 谢玲、李爱年："责任分配抑或权利确认：流域生态补偿适用条件之辨析"，载《中国人口·资源与环境》2016 年第 10 期，第 113 页。

复、治理等行为，增益者对已经遭到破坏的生态环境进行修复或者对即将遭到破坏的生态环境进行保护，或者使现存的生态环境得到改善，取得了良好的生态效果，能够满足人们的各种经济需求和生态需求，为人们提供生态安全、美景享受、文化传承等生态利益，生态利益"是不特定公众所享有的非排他性的利益，是公共利益的一部分"①，其并非增益者独自享用而由社会共享，产生了利益外溢的现象。

最后，增益者应该享有受益、受偿的权利。"增益受偿"是"养护""恢复"等增益行为与"受益""受偿"权利的有机结合。在进行环境养护和生态修复的过程中，增益者支付了一定的成本或付出了一定的代价，而产生的生态利益被其他主体共同享有，因此，增益者有权利获得利益或好处，其应该享有一定的报酬请求权或补偿请求权。

四、"增益受偿"的立论依据

从理论上来讲，法律原则具有较强的稳定性，但这并不能成为阻止环境法律原则发展和创建的理由。在我国确立环境法的"增益受偿"原则既有价值合理性，又有现实迫切性。环境法功能的拓展为"增益受偿"原则的确立提供理论根基，"增益受偿"原则正是基于激励机制的原理，通过使增益者获得一定利益，促使他们积极投入到环境保护和生态改善中，从源头上减少环境破坏并形成维护生态利益的"集体行动"。对此部分，前文已有介绍，在此不再赘述。

（一）应对"公地悲剧"、解决"搭便车"问题、完善生态利益公平分享机制的必然选择

生态环境具有公共物品的属性，人们总是倾向于把污染环境

---

① 邓禾、韩卫平："法学利益谱系中生态利益的识别与定位"，载《法学评论》2013 年第 5 期，第 112 页。

和开发资源的代价转移给他人或者享用他人治理和修复生态环境的"免费午餐",在缺乏约束机制和激励机制的情况下,发生"公地悲剧"和"搭便车"问题不可避免。我国传统环境法在解决环境问题时,过于强调公众的环境保护义务、依赖国家的环境保护职责,这种"义务本位观"和"国家责任观"①并没有取得令人满意的效果。由于缺乏明确的法律责任机制,法律对社会公众的环境保护要求呈现出极强的口号性,"环境保护、人人有责"陷入了"环境保护、人人无责"的尴尬境地。对于政府,环境法更多的是赋予职权使其"管好别人",忽视或弱化责任追究,导致决策违背生态规律、偏袒排污企业、"雪藏"负面信息等"政府失灵"问题大量出现。我国正在承受的空前的资源压力和严峻的生态危机告诉我们,"义务本位观"和"国家责任观"指导下的环境法不足以有效解决"公地悲剧"和"搭便车"问题,环境法需要在义务性、禁止性法律规范的基础上,增设更多的权利性、激励性法律规范,设计更多的"生态利益公平分享制度"②。生态利益的公平分享不但包括污染防治责任的公平负担,还包括环境权益的公平享有,不但包括法律义务的公平分配,还包括法律权利的平等授予。通过设立"增益受偿"法律原则,使其一方面体现基本的市场规律和法律规则,使养护者、恢复者"有利可图",不再以牺牲他们的利益纵容社会成员的"搭便车"行为。另一方面,通过赋予增益者报酬请求权、补偿请求权等方式,鼓励更多社会公众做出环境养护、植树造林、生态修复等环境正外部性行为。

---

① 张怡等:《农业水土养护法律制度研究——为"养护者受益"立论》,厦门大学出版社 2009 年版,第 61~62 页。

② 邓禾、韩卫平:"法学利益谱系中生态利益的识别与定位",载《法学评论》2013 年第 5 期,第 115 页。

（二）凸显环境资源生态价值、维护人类生态利益的现实需要

"生态环境对于人的利益是多重的，这些多重的利益取决于环境资源本身的多重物质属性。"① 环境资源的价值具有多重性，以往，人们主要关注其经济价值，认为只有通过开发利用才能实现其使用价值。随着生态系统服务理论的提出和发展，人们发现，环境资源不但具有食物生产、原材料供给、能量资源提供等经济价值，还具有调节气候、处理废物、净化空气、保持生物多样性等生态价值。与经济价值相比，环境资源的生态价值是裨益于人类整体的生态利益的载体，对于维护生态安全、供给舒适环境和优美景观具有基础性的地位和作用。因此，环境法应该改变对经济价值的偏好，在法律中确认环境资源的生态价值、维护人类的生态利益。"增益受偿"原则适用的前提是存在促进生态系统整体功能或某项功能提升的增益行为，是对生态利益外溢现象的有效关照。通过赋予增益者报酬请求权、补偿请求权等方式，可以为人们参与环境资源的保护和改善提供更多的法律保障，这是对环境资源生态价值和生态利益的法律认可和保护，也可以鼓励和提醒更多的人去关注、维护环境资源的生态价值，有利于实现环境资源开发利用与保护改善的平衡。

五、"增益受偿"的法律实现

"增益受偿"是环境法中不曾有过的法律原则和理念，其实现需要环境法的全面保障，通过该原则的落实，也促进环境法的不断发展和进化。

（一）生态利益的确认与补偿

"法律对生态利益调整的意义，是通过相关的制度设计，规

---

① 吴贤静："生态文明建设与环境法的价值追求"，载《吉首大学学报（社会科学版）》2014 年第 1 期，第 52 页。

制人的行为，激励增进生态利益的正向行为，抑制减损生态利益的负向行为。"[1] 这需要我们创设多种类型的环境法律规则，在对环境资源开发、利用、破坏行为进行限制的同时，增强对环境资源保护、养护、修复行为的激励，从环境问题的被动、消极应对转变为生态环境的积极保护和改善，实现生态利益的维护和增进。生态利益具有公共性和外溢性，企业、社会团体以及个人进行生态保护和改善的过程中，产生的生态利益并非由他们独享，而是形成生态利益的共享，出现各种"搭便车"现象。对于增益者而言，生态利益的外溢有悖公平和正义，如果得不到合理解决将有损他们的积极性，因此，法律应该设置各种制度和措施对他们进行补偿。

（二）完善环境法的激励机制

我国环境立法中并不缺乏激励措施和激励制度，《环境保护法》第 11 条规定，"对保护和改善环境有显著成绩的单位和个人，由人民政府给予奖励。"《大气污染防治法》《水污染防治法》《固体废物污染环境防治法》等法律也有类似的规定。《清洁生产促进法》和《循环经济促进法》是我国环境立法中在法律名称中明确使用"促进"等激励性词语的法律，不但明确宣布其立法宗旨是"促进清洁生产""促进循环经济"，还设立专章规定各种"鼓励措施"，通过促进、鼓励而非强制的方式推行清洁生产和循环经济。但总体而言，我国环境法的激励机制尚处于初步发展阶段，在适用中存在如下弊端。首先，许多激励性条款规定的过于原则和抽象，缺乏具体的实施措施和制度，在执行中往往成为具有"摆设性"的条款，无法为养护者、恢复者这样的"善人"提供有效的法律保护和激励。其次，目前的激励

---

[1] 史玉成："生态利益衡平：原理、进路与展开"，载《政法论坛》2014 年第 3 期，第 30 页。

措施主要限于经济手段，对于授权式激励方式应用较少。最后，目前的激励措施和制度主要针对部分企业行为，难以调动其他社会主体的积极性，作用有限。

环境法的激励机制在适用范围、激励方式等方面急需改进和完善。激励措施不同于排污收费等经济惩罚和责任承担，而是一种使人"向上""向善"的激励方式，不是对环境负外部性行为的抑制，而是对环境正外部性行为的鼓励和促进。目前环境法最主要的激励方式是经济激励，但激励不等于经济激励，经济激励仅仅是激励的一种，激励还包括权利授予、专项资金、精神奖励、信息技术支持等多种方式。例如，通过市场优先准入、设立专项资金等方式，激励企业和社会公众参与到环境养护和生态修复中；对于各种生态产品、绿色产品给予价格补贴或优惠，建立政府绿色采购制度。无论哪种激励方式，都不应该是被动地等待或依靠获益者的"补偿"，而是赋予增益者利益确认和实现的法律保障。

（三）构建增益者的法律权利体系

与义务性和禁止性法律规范相比，权利性规范"可以尽可能地涵盖环境利益的全面内容，使环境利益法律化程度深入"[①]。我国环境法主要通过"损害担责""排污收费""按日处罚"等法律义务、法律责任的设置实现环境保护的目的，但义务性、禁止性法律规范在规制范围和功能上有很大的局限性，极大地限制了法律保护生态利益的广度和深度。由于环境法权利体系的不完善，环保投资、资源养护、生态修复等正外部性行为并没有得到法律的有效保护，环境非正义现象频繁出现。因此，需要完善环境法的权利体系，授予增益者报酬请求权等法律权利，通过"受

---

① 王春磊："我国环境法对环境利益消极保护及其反思"，载《暨南学报》2013年第6期，第86页。

益""受偿"为各种增益行为提供法律激励，使增益者对于自己的付出不再被动等待受益者的补偿，而是拥有了直接请求的法律武器以及权利受到侵害之后的救济途径。

增益者享有的法律权利是一种新型权利，其基本构成要素包括权利主体、权利客体和权利内容。享有该项权利的主体是生态增益者，较之于损害者和受益者的不确定性，增益者的范围更加容易确定，主要包括从事环境治理、养护、修复等行为的公民、法人或其他组织。权利客体涵盖行为、生态环境和生态利益。以生态修复为例，权利客体既包括水土治理、植树造林、防沙治沙、矿区修复等行为本身，还包括这些行为所产生的生态环境以及依附于生态环境的生态利益。权利内容包括报酬请求权、损害赔偿请求权等实体性权利以及诉诸司法救济等程序性权利。①

增益者行使请求权的对象是生态利益的获得者（受益者）。增益者以契约或实际占有并施以具体行为的方式进行环境养护或生态修复，受益者理应支付一定的报酬或进行补偿。对于国家而言，保护和改善生态环境、维护生态利益是其职责和义务，在受益者难以确定时，应当承担起给予增益者报酬的义务和责任。此外，生态利益增益部分的计算也不需要非常"精确"，通过宏观估算确定增益即可，我国目前实施的生态补偿制度就是证明。

"增益受偿"原则并不是对"损害担责""受益补偿"等原则和理念的否认，而是在弥补上述原则缺失和不足的基础上，构建"激励"与"约束"的双重功能机制。人类仰仗着大自然的供给实现了飞速发展的梦想，但长期的过度索取和掠夺已经使大自然千疮百孔、伤痕累累，生态危机的警钟告诉我们，人类也应该适时回馈自然、补偿自然，这是建设"美丽中国"、实现人与

---

① 张怡等：《农业水土养护法律制度研究——为"养护者受益"立论》，厦门大学出版社 2009 年版，第 172～175 页。

自然和谐的应然之义。基于此，环境法的理念和制度应该从"末端"向"源头"溯进，从"消极"向"积极"转变，从"生态损益"的被动防止转向"生态增益"的积极添加。"增益受偿"原则是在环境法基本理念指引下，促进生态产品有效供给、增进维护生态利益的有益探索和尝试。

（四）根据"增益受偿"的要求，完善相关环境法律

尽管《环境保护法》《大气污染防治法》《水污染防治法》《固体废物污染环境防治法》都有一些激励条款，但这些规定过于原则和抽象，缺乏具体的实施措施和制度，在执行中成为具有"摆设性"的条款，无法为增益者提供有效的法律保护。养护者、恢复者等增益者的行为涉及多种环境资源和多个领域，需要相关环境单行法的明确规定和支持，具体而言，主要包括《土地管理法》《防沙治沙法》《水土保持法》《水法》《森林法》《草原法》等各种自然资源法和生态恢复法。

第六章　环境法律激励的制度构建

从正外部性视角分析，环境法律制度主要是围绕增加环境公共物品供给、促进环境利益的维护和公平分享进行设计。环境生产制度的主要作用是促进社会公众积极、主动、自愿地参与到环境资源再生产过程中，由于环境资源再生产产生的生态效益具有外溢性，为了实现正外部性内部化，还需创设生态产品交易制度和生态补偿制度。生态产品交易制度主要是基于环境法的效率价值创设，生态补偿制度主要是基于环境法的公平价值设计，两者都是贯彻"增益受偿"法律原则的体现。为了促进消费者的正外部性行为，应该创设绿色消费制度；为了有效救济受到侵害的环境公共利益，应该完善环境公益诉讼制度。

第一节　环境生产制度

环境生产制度是调整环境生产法律关系的一系列法律规范的集合。环境生产的实质是一种积极的环境投入，是在保护环境的基础上提出的更高要求，即要求人们向自然索取的同时对自然进行积极回馈，使社会经济发展给自然的压力不超过其自我调节能力，达到索取与回馈相平衡的目标。

一、环境生产概述

在很长的历史时期中，由于自然界产生的物质和能量能够满足人类社会生存发展的需要，因此人类主要是依赖并直接享用各种环境资源而缺乏保护、修复甚至是"生产"的积极性。根据马克思主义的历史观理论，人类社会生产系统中的生产主要包括生活资料生产（又称为"物资生产"）和人类自身生产（又称为"人的生产"），恩格斯在《家庭、私有制和国家的起源》（第一版）序言中指出："生产本身又有两种。一方面是生活资料即食物、衣服、住房以及为此所必需的工具的生产；另一方面是人自身的生产，即种的繁衍。"① 这便是人们常说的"两种生产理论"。从上述论述中可以看出，"两种生产理论"并不包括环境生产，但它并非是对环境生产的全盘否定，而是在当时的历史条件下把环境生产作为一个当然的前提隐含在社会生产系统中。这从恩格斯的论述中便可窥见，他指出，"政治经济学家说，劳动是一切财富的源泉。其实劳动和自然界才是一切财富的源泉，自然界为劳动提供材料，劳动把材料变为财富。"② 随着人们对于环境资源的需求与日俱增，单纯依靠生态系统的自然演化和自然界的天然供给已经难以满足社会发展的需要。因此，人们认识到，在物资生产和人的生产外，还存在着环境生产。所谓环境生产是指在自然力和人力共同作用下环境对其自然结构和状态的维持和改善，包括消纳污染与产生资源。③ 在三种生产中，环境生产处于最根本的地位，它是另外两种生产（物资生产和人的生产）产生和发展的基础④，三种生产之间的关系如图 6 - 1 所示。

---

① 马克思、恩格斯：《马克思恩格斯选集（第四卷）》，人民出版社 1995 年版，第 2 页。

② 恩格斯：《自然辩证法》，人民出版社 1984 年版，第 295 页。

③ 赵运林、傅晓华："论可持续发展中的循环经济"，载《中国人口·资源与环境》2002 年第 5 期，第 11 页。

④ 刘国涛："'环境生产'的马克思主义理论解读及其法学意义"，载《马克思主义研究》2009 年第 10 期，第 111 页。

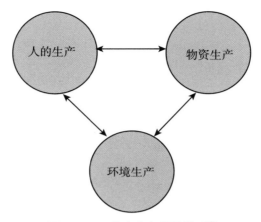

图 6 – 1　三种生产之间的关系①

　　环境生产概念的提出具有重要的意义。面对纷繁复杂的环境问题，人们主要采取各项措施保护环境，但仅仅保护和维持现有的环境状况是不够的，在环境质量需求和资源需求不断增长的前提下，即使是最有效的保护，也只能减缓生态环境恶化的速度，而不可能从根本上扼制其恶化的趋势，而环境生产的提出，其"根本目的就是为了增强和扩大生态环境的自生能力和自净能力，调整和优化它的结构，提高和扩大其自组织水平和生产容量，从而达到对生态环境的控制、改变和创造，使其更加适合人类发展的偏要。"② 这是实现我国环境法规定的"保护和改善环境"的必然要求。此外，环境生产概念的提出使人们对于自然主体的认识更加深入，"尽管自然主体对于环境的生产是'自在的'、'无目的'的，但其生产的意义和效能却是巨大的，单就植物叶绿素光合作用的'生产'来说，就为地球上的所有生命提供了赖以

　　① 王奇、叶文虎："从两种生产理论到三种生产理论"，载《生态经济》2002年第 1 期，第 29 页。

　　② 周志山："从'两种生产适应论'到'三种生产协调论'"，载《浙江师大学报（社会科学版）》1998 年第 6 期，第 19 页。

生存的极为宝贵的有机物。自然主体不仅'生产'着环境，'生产'着动植物，同时也'生产'着人本身。"① 这对于人们认识自然的价值、树立自然的尊严具有重要意义。

二、环境生产的主体与内容

（一）环境生产的主体

对于环境生产学者有不同的理解。有的认为，环境生产的主体是自然界，环境生产是一种自然的生产过程。例如，王奇和叶文虎教授认为，环境生产是指"自然生态系统中生物有机体和非生物有机体，以及生物系统内部进行的物质循环和能量转换过程"②。有的认为，环境生产的主体除了自然界之外，还包括人类，环境生产是自然生产和人的生产的结合。例如，赵云林教授指出，"环境生产是指在自然力和人力共同作用下环境对其自然结构和状态的维持和改善，包括消纳污染与产生资源"③。本书赞同后一种观点，认为环境生产是自然力量和人类力量的结合，它体现出自然性和社会性的统一，承认环境生产的自然性是为了尊重自然界的生态规律和自然的内在价值，承认环境生产的社会性是使人们放弃对自然界肆无忌惮的索取，树立起保护自然、回馈自然的意识。因此，环境生产主体可以分为自然主体和社会主体。

1. 自然主体

环境生产首先是自然界的演化过程，自然界通过物质循环和能量循环不断为人类提供必要的生存条件和生产资源，人类的生

---

① 崔永和、伍胜然："论当代人的环境需要与环境生产"，载《唯实》2007 年第 2 期，第 6 页。

② 王奇、叶文虎："从两种生产理论到三种生产理论"，载《生态经济》2002 年第 1 期，第 29 页。

③ 赵运林、傅晓华："论可持续发展中的循环经济"，载《中国人口·资源与环境》2002 年第 5 期，第 11 页。

存和发展离不开自然界本身的持续生产。自然主体的环境生产大量存在，例如，森林产生碳汇、保持水土，湿地涵养水源、为动植物提供栖息地，土壤分解污染物等。

2. 社会主体

环境生产具有自然性的同时还具有社会性。随着社会的发展，人类对环境资源的需求与日俱增，单靠自然的力量提供自然资源、消纳污染物是不够的，因此，需要人类在向自然索取的同时积极回馈自然，在尊重和维护自然环境再生能力的基础上通过调节自身活动积极防治污染、更新自然资源、恢复生态系统，以实现自然界对于不断增长的物质资料生产和人口生产的持续支持。可以说，"环境生产与其两种生产一样，是人类的社会实践活动，属于人类社会生产的范畴，具有鲜明的'为人性'和'人为性'"①。就环境生产的社会主体而言，又可以划分为以下几种。

（1）国家与政府。根据美国萨克斯教授的环境公共财产理论，空气、阳光等人类生活所必需的环境要素是全人类的"公共财产"，也即经济学理论中的公共物品。环境公共物品具有消费上的非竞争性和非排他性，是环境公共利益的载体，因此，作为公共利益代表者的政府与国家是环境生产的当然主体。我国开展的各种生态修复工程，例如，天然林保护工程、防沙治沙工程、退耕还林还草工程等便是政府进行环境生产的体现。国家与政府进行环境生产具有资金、科技和人员等方面优势，但也存在决策失误、成本过高、效率低下等各种问题。

（2）企业、社会组织。目前，越来越多的企业参与到环境生产过程中，它们进行环境生产的形式主要是开展污染治理和生

---

① 胡素清："论环境生产的性质与特点"，载《浙江海洋学院学报（人文科学版）》2009 年第 2 期，第 36 页。

态修复，这也是我国目前环保产业发展的主流。企业进行环境生产的主要目的是盈利，这就需要环境法确立利益增进的立法理念，使企业供给环境资源的同时获得经济利益，实现经济利益和生态利益的"双赢"。进行环境生产的社会组织主要是各种环保NGO组织，他们积极参与到植树造林、保护濒危物种等活动中，成为环境生产的重要社会主体。

（3）个人。尽管从理论上分析，个人从事环境生产的积极性不高，但出于对大自然的关怀甚至是经济利益的驱动，个人仍然会进行环境生产。

（二）环境生产的内容

环境生产的内容主要包括三个方面：污染治理、资源更新以及生态修复。其中，污染治理最早引起人们关注，也是我国环境保护领域的核心内容。资源更新是随着某些自然资源出现耗竭之后，人们进行反思并积极行动的体现。资源的持续培育和利用是人类存在和发展的基础，对于各种不可再生资源，必须实行保护性开发，以便达到重复利用或尽可能延长利用期限的目的；对于各种可再生资源，在进行开发利用的同时，要采取各种积极措施，促使其质的提高和量的扩大。生态修复主要是在依靠生态系统自我修复的同时，辅以人工措施，协助退化、受损、被破坏的生态系统进行修复。

三、环境生产促进制度

环境生产产生的生态效益具有外溢性，容易出现"搭便车"现象，这导致人们生产环境资源的积极性不高，甚至出现进行环境生产使社会受益却使自己负债累累的现象。为了更大程度上保证环境生产活动的正常开展和顺利进行，克服自发性环境生产的不足，有必要通过适当的政府干预，在法律措施上对环境生产给予特别的鼓励和扶持，这便是环境生产促进制度。对环境生产的促进，主要是通过各种资金支持、科技支持、信息支持等法律制度实现。

（一）资金保障措施

环境生产的促进需要多元的资金保障措施，也即在依靠国家投资的基础上，通过其他多种渠道筹集环境生产的资金。首先，国家投入是关键。环境生产产生的生态效益具有公益性和公共性，政府作为我国环境公共利益的代表者和维护者，理应通过资金投入等方式支持环境生产。在强调国家投入的基础上，还需要对国家资金投入的运营方式进行必要的改革。在我国现行体制下，国家对环境保护的资金投入，一般由有关主管部门负责运营，行政与企业混为一谈导致效率低下，为扭转这种局面，需要改革纯行政的资金投入方式。例如，可以采取法人基金制等方式①，基金的管理者仅负责基金的组织管理。其次，国家除了进行资金投入之外，还需在财政、税收、信贷、产业和技术政策、价格导向、市场准入、政府采购等方面对环境生产项目实行优惠和支持。例如，实行自然资源有偿使用制度，用于自然资源的养护、更新与修复；政府优先采购节能、节水、废物再生利用等有利于环境资源的产品。最后，扩宽社会筹集资金的渠道。在公益性强、影响较大的项目上，可以争取社会企业的捐款或赞助；在有经济效益的项目上，实行"谁投资谁收益"的政策。

（二）技术保障措施

环境生产需要在尊重自然规律和依靠科学技术的基础上进行，需要法律增强环境生产的技术保障。首先，加快培养环境生产方面的专门性技术人才，通过发挥现有大专院校、科研单位的

---

① 肖乾刚、姜建初：《西部大开发和可再生资源营造法——兼论国家资金的运作机制、西部草林植被建设理论与实践》，中国林业出版社 2001 年版，第 201 页。

优势，加强环境生产的技术研究。其次，建立完善的环境生产技术体系，主要包括：有效的防治技术体系、监测体系、生态系统评价体系等。最后，推广先进适用的环境生产技术。我国开展各种环境生产工程已经数年，这期间积累了许多先进技术和经验，对于这些经验和技术，有必要进行总结并推广。

（三）信息保障措施

充分、可靠、科学的环境生产信息及畅通的信息渠道是环境生产的基础和条件，为了促进环境生产的进行，应该向社会积极宣传防污治污、植树造林、生态恢复的作用和效果，同时逐步规范环境生产相关行政主管部门、中介服务机构、生产单位的信息提供、交流职能，建立收集、汇编、传递、利用环境生产信息的交换中心与传播网络，为环境生产提供信息保障。

四、环境生产产业化制度

环境生产的促进需要突破以往政府作为环境生产主体的唯一性，充分利用市场机制，发挥各种企业、组织在环境生产中的作用，促使他们逐渐形成规模化、专业化的生产。环境生产产业化制度是指在环境生产过程中，为了克服政府从事环境生产的缺陷和激发社会公众进行环境生产的积极性，通过发展环保产业的方式促进环境生产而形成的一系列法律规则。

（一）环境生产产业化的缘由

首先，克服"政府失灵"、转变政府职能的必然要求。由于环境生产具有公益性和公共性，传统观点认为，政府是环境生产的主要主体，但是政府进行环境生产也存在诸多弊端，例如，效率低下、权力寻租等现象时常发生，导致环境生产工程的实施效果不佳。为了克服环境生产领域"政府失灵"的现象，有必要充分发挥市场机制的作用，积极发展各种环保产业，通过"把环境保护作为一个存在竞争的产业来经营可以大大地提高效率"。①此外，环境生产产业化也是政府转变职能、确立以市场为基础的环保政策的重要体现。20 世纪 70 年代以后，世界各国政府纷纷开始了治理变革的历程，其中之一便是政府职能的市场化，在环境保护领域，"确立以市场为基础的环保政策，让企业和个人在着手保护环境资源时符合其自身的利益，不是靠制定更加集权化的规则来加强环境资源的保护，而是通过权力下放来加强环境资源的保护，通过财政刺激手段促使千千万万的企业和个人自己认真考虑如何进行生产和消费，用经济激励将环境资源的生产和发展纳入社会再生产之中。"②

其次，激励社会公众参与环境生产的有效途径。无论是防污治污还是资源更新或生态修复都是涉及诸多领域的系统工程，具有较强的综合性和复杂性。一般而言，社会个人对于环境污染、生态破坏、资源耗竭的发展趋势和危害程度，以及社会应对环境危机的行为和措施所产生的后果等信息，往往缺乏充分的认知，而囿于技术、资金等方面的限制，依靠个人力量从事环境生产往往难以进行或者效果不佳。但是从长远来看，环境保护的实现最终离不开社会公众的广泛参与，通过发展环保产业、企业参与的方式可以调动各种社会力量，激发社会公众参与到环境公共利益的维护中。

（二）环境生产产业化的基本要求

一般而言，构成产业有三个方面的规定性：一是产业构成的规模，二是产业构成的职业化，三是产业构成的社会功能，综合

---

① 卢现祥："环境、外部性与产权"，载《经济评论》2002 年第 4 期，第 70页。

② 张璐：《环境产业的法律调整——市场化渐进与环境资源法转型》，科学出版社 2005 年版，第 4～5 页。

以上的单元集合体才可称为产业。① 因此，环境生产要达到产业化的标准，需要包括以下三个方面的要求。

首先，从事环境生产的企业需要达到一定的规模。单个的、分散的企业生产无法形成产业，因此，环境生产的产业化需要从事环境生产的企业在数量上和产出量上达到一定的规模。近年来，我国环保产业发展迅速，潜力巨大。2016 年，国家发改委、环保部印发的《关于培育环境治理和生态保护市场主体的意见》指出，"十三五"绿色环保产业产值年均增长要达到 15% 以上，远高于 CDP 的增长目标。因此，我国环境生产达到产业化的标准具有重要的社会基础和保障。

其次，社会中应该具有大量的从事环境资源再生产的专门化和职业化人员。环境生产活动涉及环境资源以及生态系统的改造和修复，是一项关系到社会长远利益的重要活动，环境生产需要在了解和尊重自然生态规律的基础上进行，具有较高的技术要求，为了保证环境生产不损害环境资源和生态系统并促使它们得到更新和修复，需要一批具有相关知识和技术的专门化和职业化生产人员。

最后，环境生产应该成为社会经济活动的必要组成部分，承担着不可或缺的社会功能。无论是物质生产还是人类自身的生产，都是在消耗和利用已有环境资源的基础上进行，正是由于传统生产使人类对自然的索取超过其供给能力，才造成了人与自然关系的紧张和恶化。而环境生产是旨在保护、维护、更新、修复环境资源的活动，其"不断优化和扩大自然对人类社会的承载能力，通过对生态环境的持续改善以及保证对自然的可持续利用，有效地改善和协调了人与自然的关系，是社会经济生活中直接体

---

① 戴伯勋、沈宏达：《现代产业经济学》，经济管理出版社 2001 年版，第 52 页。

现可持续发展战略思想的产业形态。"①

第二节　生态产品交易制度

随着恢复生态学的发展，人们认识到，可以在充分尊重自然规律和生态规律的前提下，运用人类智慧和人工力量消除环境污染、更新自然资源以及对生态系统进行修复，帮助提高自然的缓冲能力和恢复自然的自净能力，在这过程中，便会产生相应的生态产品，例如，森林碳汇等。对于这些生态产品，应该纳入市场交易体系中，即"通过政策和法律的引导，使市场主体能够看到项目可能带来的潜在生态价值，并通过制度设计，把生态利益转化为现实的经济利益"②，逐步建立我国的生态产品交易制度。

一、生态产品交易概述

在我国，"生态产品"概念首次出现于 2011 年国土资源部发布的《全国主体功能区划》，文中指出我国提供生态产品能力在减弱的现状；2012 年，党的十八大报告又明确提出要"增强生态产品生产能力"。"生态产品是指维持生命支持系统，保障生态调节功能、提供环境舒适性的自然要素，包括干净的空气、清洁的水源、无污染的土壤、茂盛的森林和适宜的气候等。"③ 从形态上，可以把生态产品分为有形生态产品和无形生态产品。有形生态产品，例如，各种有机食品、绿色农产品、节能建筑材料

---

① 张璐：《环境产业的法律调整——市场化渐进与环境资源法转型》，科学出版社 2005 年版，第 4～5 页。

② 邓海峰："发展碳汇交易，改善气候体系"，载《生命世界》2009 年第 2 期，第 1 页。

③ 曾贤刚等："生态产品的概念、分类及其市场化供给机制"，载《中国人口・资源与环境》2014 年第 7 期，第 12 页。

等和人类劳动有着直接的因果关系，人们在日常生活中接触较多，对其认识也较为直观和全面。各种无形生态产品，例如，森林固定的二氧化碳、涵养的水源和释放的氧气，湿地涵养的水源、保护的生物多样性等和人类劳动具有一定的因果联系，尤其是在生态修复过程中，各种生态产品更是人类劳动的结晶，但这类生态产品却常被人们忽视。

劳动价值理论告诉我们，价值是凝结在商品中的一般人类劳动。在生态保护和修复过程中，人们通过植树造林、水土治理、湿地修复等活动使生态系统的功能得到保护或修复，使其使用价值发生巨大变化，因此，各种无形生态产品便有了价值，可以纳入市场交易体系中。生态产品交易是生态价值和生态效益市场化的体现，对于有形生态产品，其主要功能是直接满足人们的生产、生活消费需求，其市场交易规则与其他物品基本无异，可以方便纳入市场流通中。而无形生态产品的市场交易还存在一定的困难，这一方面源于"资源无价"观念的深刻影响，另一方面则是由于无形生态产品的交易在操作中还面临诸多困难。例如，无形生态产品的产权和价格如何确立、采取什么样的交易模式等。由于有形生态产品交易主要遵循一般的市场交易规则，本书不再赘述，本书主要论述的是无形生态产品的交易制度。

尽管存在诸多困难，但无形生态产品的交易还是在世界上许多地区和国家逐渐开展。其中，最为典型的便是碳排放交易。据统计，2006～2010 年全球碳排放权交易规模从 16 亿吨二氧化碳增加到 69 亿吨二氧化碳，成交额从 225 亿欧元增加到 930 亿欧元。[①] Landell‑Mills 等人通过对世界上 287 个森林环境服务交易案例进行分析发现，森林生态产品交易已经顺利开展并遍布多个

---

① 谭志雄、陈德敏："区域碳交易模式及实现路径研究"，载《中国软科学》2012 年第 4 期，第 77～78 页。

领域，其中，碳汇交易 75 例，生物多样性保护交易 72 例，流域
保护交易 61 例，景观美化交易 51 例，其余 28 例则列为"综合
服务交易"。[①] 在我国，林业碳汇交易已经在北京、上海、广西、
重庆等多地开展。由于交易对象的特殊性，生态产品的交易难以
像普通商品那样进入固定的交换场所，它只能进入无形市场通过
所有权或使用权的转移来实现产品价值。作为一种新颖的交易方
式，生态产品交易的发展和完善离不开有效的法律规范，因此，
应该逐步建立我国的生态产品交易法律制度。

二、生态产品交易的前提

（一）生态产品的产权界定

科斯主张的解决外部性问题的主要方式——产权协商、产权
交易都是在产权明晰的前提下进行，生态产品的产权界定成为生
态产品交易的关键和前提。与一般意义上的产权界定不同，生态
产品具有无形性、整体性等特点，直接对生态产品进行产权界定
还存在操作上的诸多困难。但生态产品并非孤立存在，它们都具
有一定的物质载体，通过对生态产品的物质载体——产生生态产
品的环境资源进行产权界定，不失为一种可行的方式。当然，对
于环境资源的产权界定也需要与环境资源本身的属性和特征相结
合，对于那些环境影响大、对经济社会发展具有重要作用以及具
有自然垄断特征的资源，例如，生态公益森林、淡水资源、稀缺
的矿产资源等，一般以公共所有的形式安排其所有权。对于那些
具有明显的排他性和竞争性的资源，例如，一般的商品林以及小
型矿产资源等，可以通过私人所有的产权安排以增加市场的竞争

---

① 何英、张小全、刘云仙："中国森林碳汇交易市场现状与潜力"，载《林业
科学》2007 年第 7 期，第 106 页。

力及发挥市场机制的作用，提高资源配置效率。①

（二）生态产品的价格形成机制

在明确界定生态产品产权的基础上，还需确定生态产品价格，只有两者都具备了，生态产品才能在市场中进行交易。根据经济学的一般理论，商品价格由商品价值决定，并随着市场供求的变化而处于波动状态，有形生态产品价格的形成便是遵循这一基本定律的。但是，对于森林固定的二氧化碳、涵养的水源和释放的氧气，湿地涵养的水源、保护的生物多样性等无形生态产品而言，这样的价格形成机制却难以适用。主要原因包括：无形生态产品中体现的人类劳动存在量化上的困难，无形生态产品的"买方"和"卖方"具有特定性，无形生态产品具有整体性和公共性。此外，就整个社会和人类发展趋势而言，对无形生态产品的需求将会日益增多，难以随着市场供求的变化而波动，因此，应用传统的商品价格形成机制难以确定无形生态产品的价格。

根据生态产品的属性，它的价格最终确定有两种形式：一是直接由政府确定生态产品的价格，二是由竞争或垄断竞争形成均衡价格②，并在此基础上反映生态资源价格。③ 在确定价格的过程中，人们又设计了各种方式确定无形生态产品的价值。以森林生态产品价值核算为例，目前主要有以下几种方式④。

---

① 李云燕："基于稀缺性和外部性的环境资源产权分析"，载《现代经济探讨》2008 年第 6 期，第 39 页。

② 产品的均衡价格由四个基本要素组成：生产成本、环境成本、税金及社会平均利润。但生态产品不是一般的商品，它既具有一般商品的特点和属性，又具有特别"稀缺"的特殊属性，因此，生态产品的价格构成除了一般产品价格的四个基本要素外，它应当还包括由超额垄断利润转化而成的生态资源价格。参见陈辞："生态产品的供给机制与制度创新研究"，载《生态经济》2014 年第 8 期，第 78 页。

③ 陈辞："生态产品的供给机制与制度创新研究"，载《生态经济》2014 年第 8 期，第 78 页。

④ 张小红："森林生态产品的价值核算"，载《青海大学学报（自然科学版）》2007 年第 3 期，第 84 页。

（1）成本法。该方法认为，在森林形成过程中凝结了一般的人类劳动，应按凝结在森林中的社会必要劳动时间来确定森林生态产品的价值。计算公式是：森林生态产品价值＝投入成本＋平均利润。这种方式对于人工林的价值计算较为适用，一般将造林、抚育、管护等活动的工时及材料价值按照成本项目进行汇总并考虑资金的时间价值，便可得出较为准确的计算结果。但这种方式也存在一定的缺陷，例如，对于天然林的成本难以计算，平均利润也可能存在差异。

（2）逆算法。该方法认为，森林生态效益之所以有价值是因为其为人们提供了效用，例如，涵养水源、净化空气、防风固沙、美化环境等，因此，应该依据森林发挥生态功能所产生的实际效果来衡量生态产品的价值。例如，"森林固定的二氧化碳、涵养的水源和释放的氧气等，也可以通过科学的方法，把一定量的无形生态产品折算为能够减排的二氧化碳、二氧化硫，折算为能够稀释的 COD 等，以此作为确定无形生态产品价值或价格的基本依据。"[1] 但一般而言，森林生态功能的价值往往大于其所产生的实际效果，因此这种计算方式在准确性上还需考量。

（3）替代法。该方法认为，直接计算森林生态产品的价值往往比较困难，但可以通过市场模拟的方法间接衡量森林生态产品的价值。具体计算方法是，假设森林不存在，改用其他方法生产同样产品，其花费的成本就是森林生态产品的价值。例如，建造一座与森林蓄水量大小相同的水库、与森林释放氧气量相当的制氧工厂等。但这种方式面临着如何确定替代方式的合理化成本的问题，因为采取不同的工艺和技术所需成本不同，计算结果也不同。

---

[1] 朱久兴："关于生态产品有关问题的几点思考"，载《浙江经济》2008 年第 14 期，第 41 页。

尽管生态产品价值的核算过程非常复杂也存在诸多困难，但通过上述方式人们仍然可以确定生态产品的价值，通过货币手段体现出生态效益的多少，为生态产品交易提供基础，为政府决策提供依据，也为生态补偿提供理论和实践方法。

三、生态产品交易的主体、客体与第三方

生态产品交易的主体，即生态产品交易的参加者，是指在生态产品交易法律关系中权利的享有者和义务的承担者。从理论上看，生态产品交易的主体包括生态产品生产者、政府、企业、社会组织以及个人，其中，生态产品的生产者主要是指从事污染治理、资源更新和生态修复的社会组织、企业以及个人。从社会实践来看，生态产品交易的主体主要是政府、企业以及国际社会中的国家。例如，在国际碳汇交易市场中，"碳汇的买方只能概括为《京都议定书》附件 I 中各国政府以及世界银行属下的碳基金，卖方主要是发展中国家。"①

法律关系客体是法律关系主体权利、义务所指向的对象，因此，生态产品交易的客体应该是生态产品。具体而言，主要包括：森林提供的碳汇、涵养的水源、释放的氧气，湿地涵养的水源、保护的生物多样性、提供的动植物栖息地等。由于生态产品具有整体性、难确定性的特征，为了促进交易的顺利进行，需要对生态产品进行量化。例如，对于森林碳汇，《京都议定书》便把它量化为减排单位，即某一组织为完成京都协议规定的排放限制承诺而使用的单位。

生态产品交易的第三方主要是指生态产品交易的经纪人和计量认证机构。经纪人的作用主要是寻找合适的生态产品买方和卖方，而认证机构的主要责任是认证生态产品的价值。由于我国生

---

① 邹丽梅、王跃先："中国林业碳汇交易法律制度的构建"，载《安徽农业科学》2010 年第 5 期，第 2647 页。

态产品交易还处于刚刚起步阶段，为了规范和完善生态产品交易市场，法律对于经纪人应该做出如下规定或限制：首先，经纪人提供的是报告订立交易的机会或者提供订立交易的媒介服务；其次，经纪人须按委托人（买方委托或者卖方委托）的指示和要求从事活动；再次，经纪人须是专事此项业务的人，具有相应的民事行为能力，并且对鉴定结果的真实性和有效性承担法律上的责任；最后，经纪人收取费用时应考虑是否促成了生态产品交易的成立。[①]

四、生态产品交易的模式

（一）政府与生产者交易

政府与生产者进行生态产品交易的实质是政府向无形生态产品的生产者购买公共产品或公共服务，也即生态购买。生态购买是指政府创建生态银行、生态产品市场和生态购买机构组织，适时收购生态建设者的成果，让生态建设者适时收回成本和投资，用于改善生活和扩大再生产；帮助将"产品生态"转化为"商品生态"，通过生态买卖和生态购买，确保"生态致富"。[②] 在生态产品的生产过程中，自然人、法人以及其他组织付出了一般的人类劳动，使各种无形生态产品具有了价值，因此，自然人、法人应该成为生态产品的卖方。由于无形生态产品具有整体性和公共性的特征，一般而言，从人类社会的存在和发展来看，人们对于无形生态产品的需求具有整体性，是人类整体对生态产品的需求，而政府作为环境公共利益的代表者和维护者，对于企业、社会组织以及个人产生的生态效益，有责任和义务进行"购买"

[①]　邹丽梅、王跃先："中国林业碳汇交易法律制度的构建"，载《安徽农业科学》2010年第5期，第2647页。

[②]　吴晓青、夏峰、洪尚群："生态购买是西部生态建设的新战略"，载《四川环境》2006年第1期，第26页。

以此激励更多的人参与到环境公共利益的维护和增进中。但这种交易模式却具有一定的特殊性，从卖方看，由于无形生态产品与整个自然生态系统有着十分密切的内在联系，在许多情况下，生产无形生态产品的卖方难以以单个法人、自然人的身份表现出来。而生态产品的买方也具有特定性，即购买生态产品是政府的责任和义务，而不像一般的市场交易主体一样是其主观意志的体现。

（二）政府之间交易

政府之间的生态产品交易是指以地方政府作为生产无形生态产品的基本单位，与其上级政府或其他地区开展无形生态产品的交易。这是一种合理且比较现实的交易模式，我国地域辽阔，不同区域之间的环境状况存在诸多差异，许多地区为了维护社会整体生态效益做出了诸多牺牲和贡献。例如，上游地区通过开展各种生态工程产生的生态效益惠及中下游地区，但他们却丧失了许多发展机会、付出了大量人力、物力、财力，因此，通过政府之间的生态产品交易可以有效弥补地区之间发展的差异，实现社会公平正义。政府之间生态产品交易的形式主要是下级人民政府与上级人民政府之间或不同地区的人民政府之间进行公共产品或公共服务的交换，在无形生态产品的交易模式中，卖方为县级（或省级）人民政府，买方为其上一级人民政府或其他地区人民政府，它们之间不是通过市场，而是通过政府财政的转移支付来实现无形生态产品的交易。①

（三）私人之间交易

私人交易主要是指企业、组织、个人等主体之间购买生态产

---

① 朱久兴："关于生态产品有关问题的几点思考"，载《浙江经济》2008 年第 14 期，第 41 页。

品的形式。在欧盟，减排义务主要由发电、纸浆和纸、炼油、建材、有色金属等行业承担，他们除了通过技术革新等方式减少碳排放，还通过购买碳汇等方式抵消排放。此外，一些没有减排义务的企业也开始主动减排并参与到碳汇交易中，导致"一些碳汇交易中介机构生意兴荣，许多企业专门聘请碳汇交易代理人为他们消除碳足迹。"① 尽管根据《京都议定书》的规定，我国目前并没有减排义务，但是作为第二大温室气体排放国，我国也面临着巨大的国际压力。因此，我国政府积极推进植树造林、保护森林和改善生态以增加碳汇能力，与此同时，越来越多的公民和企业也加入到低碳行动中，甚至是通过捐款购买碳汇。2007 年，我国成立了国内第一个以支持林业碳汇事业发展和应对气候变化行动而特别发起的公募性基金——中国绿色碳基金，企事业单位、非政府组织、个人等本着志愿原则出资到中国绿色碳基金，进入该基金的资金将主要用于植树造林和森林管理及其他以增加森林碳汇为目的的相关活动②。2013 年 6 月，河南许昌勇盛豆制品有限公司以每吨 30 元的价格，向伊春市汤旺河林业局购买总价值 18 万元的 6000 吨森林碳汇，成为全国最大国有林区首笔森林碳汇的成功交易；2014 年 10 月 14 日，浙江临安首批 42 户农民碳汇成功售出给建设银行浙江省分行，总计交易碳汇 4285 吨，总交易额 128550 元，这是农户森林经营碳汇交易的首单。③ 尽管私人之间的交易在我国并非频繁，但这种交易模式的存在对于弥补林业生态补偿的弊端、增强农户种植林业的积极性仍然发挥了

---

① "Christopher Joyce. Europe's Carbon Trading Market Sees Brisk Business"，载 http://www.npr.org/templates/story/story.php?storyId=10716772，2007 年 7 月 5 日。

② 李怒云、王春峰、陈叙图："简论国际碳和中国林业碳汇交易市场"，载《中国发展》2008 年第 3 期，第 10 页。

③ 徐杰："4000 吨卖出 12 万国内首例农户森林经营碳汇成功交易"，载《每日经济新闻》2014 年 10 月 16 日。

一定作用。

（四）国际交易

作为发展中国家，我国还和发达国家、国际组织开展生态产品交易。例如，1999 年，沈阳市林业局和日本的庆应大学开展合作，以建设"百里绿色长城"为题，在康平县营造防风固沙试验林。这是在《京都协议书》规定的框架内，中日地方政府与民间相结合的生态产品交易的首次尝试。2004 年 11 月，日本政府（环境省）宣布支持小规模植树造林为清洁发展机制（CDM）项目，康平县试验林项目把 1999 年以来造林吸收的碳素作为排放权卖给日本企业，所得收益用来继续在康平县营造防护林①。这种方式达到了双赢的效果，日本作为经济发达国家有效实现了减排义务，而我国得到了一定的资金支持，对于生态环境的改善和当地人生活水平的提高具有重要意义。此外，"中国广西珠江流域再造林项目"已于 2006 年 11 月获得联合国清洁发展机制执行理事会的批准，成为全球第一个获得注册的清洁发展机制下再造林碳汇项目，该项目通过以混交方式栽植各种树种，预计在未来的 15 年间，由世界银行生物碳基金按照 4 美元/吨的价格，购买该项目产生的 60 万吨二氧化碳。②

五、生态产品交易的监管

生态产品交易在我国仍属于新生事物，由于法律规定的缺失和不完善，政府需要加强对生态产品交易的监管，维护市场秩序，促进生态产品交易的顺利开展。以碳汇交易为例，建议成立由政府监管部门、碳交易市场管理机构和交易所组成的三级监管

---

① 肖映秋、金靖、宋戬："我国首次碳汇交易在沈开盘——中日防沙治沙试验林在沈阳市康平县建设情况"，载《中国城市林业》2005 年第 2 期，第 74 页。

② 李怒云、王春峰、陈叙图："简论国际碳和中国林业碳汇交易市场"，载《中国发展》2008 年第 3 期，第 10 页。

体制，政府部门主要制定和实施碳交易管理办法，市场监督管理机构主要负责碳交易的协调和监管等工作，交易所主要承担制定交易环节、结算环节、交割环节和违约处理等各项工作。①

生态产品交易制度是为了维护环境资源的生产者、养护者、恢复者利益而进行的一种制度创新和尝试，但是目前该制度的实施还存在诸多困难，例如，囿于技术、资金等方面的限制，只有部分无形生态产品的价值得到确认、能够纳入市场交易体系中。对于那些没有纳入市场交易体系的生态效益而言，则需要通过生态补偿制度来加以保护。

第三节　生态补偿制度

生态补偿是促进环境生产、生态修复等正外部性行为，实现正外部性内部化、解决利益外溢问题的重要制度。生态补偿制度已经在我国多个领域展开实践。2013 年 4 月，国务院将生态补偿的领域从原来的湿地、矿产资源开发扩大到流域和水资源、饮用水水源保护、农业、草原、森林、自然保护区、重点生态功能区、区域、海洋领域。② 目前学术界对生态补偿的理论依据、补偿内容和具体制度设计探讨较多。但从已有相关法律规定和实践来看，我国生态补偿制度还存在概念不清、补偿主体不明确、补偿标准模糊、补偿方式单一等问题，本书将从这几个问题入手，

---

① 陈德敏、谭志雄："重庆市碳交易市场构建研究"，载《中国人口·资源与环境》2012 年第 6 期，第 43 页。

② 参见徐绍史在第十二届全国人民代表大会常务委员会第二次会议上所做的《国务院关于生态补偿机制建设工作情况的报告》，2013 年 4 月 23 日。转引自汪劲："论生态补偿的概念——以《生态补偿条例》草案的立法解释为背景"，载《中国地质大学学报（社会科学版）》2014 年第 1 期，第 2 页。

探讨我国生态补偿法律制度的构建。

一、生态补偿的含义

我国实施的"生态补偿"（Ecological Compensation）是国外"生物多样性弥补"（Biodiversity Offset）和"生态服务支付"（Payment for Ecological Services）两项政策的综合体。国内关于生态补偿的探讨在法学、生态学等领域展开，仅就法学界而言，国内学者对生态补偿的含义存在多种认识，按照补偿范围的不同，主要有以下三种。

第一，生态补偿包括对人的补偿和对自然的补偿两个方面，这是从最广泛的意义上对生态补偿进行界定。例如，蔡守秋教授和王清军教授认为：生态补偿包括"从事对生态环境有影响的行为时对生态环境自身的补偿"以及"开发利用环境资源时对受损的人们的补偿"，它既体现了人与人的关系，又体现了人与自然的关系。[①] 秦鹏教授也指出，"生态补偿主要包括两方面含义：一是对资源、环境等生态系统的自然性补偿；二是对受损者（或区域）保护生态系统付出成本代价的社会性补偿……其主要是对社会主体的补偿，通过激励约束人类活动行为达到保护生态环境的最终目的，通过社会补偿实现自然补偿。"[②]

第二，生态补偿主要是对人而言的，这里的人既包括环境资源的开发利用者，也包括环境资源的保护恢复者。例如，杜群教授认为："生态补偿是指国家或社会主体之间约定对损害资源环境的行为向资源环境开发利用主体进行收费或向保护资源环境的主体提供利益补偿性措施，并将所征收的费用或补偿性措施的惠

[①] 王清军、蔡守秋："生态补偿机制的法律研究"，载《南京社会科学》2006年第7期，第73~74页。

[②] 秦鹏："论我国区际生态补偿制度之建构"，载《生态经济》2005年第12期，第19页。

益通过约定的某种形式转达到因资源环境开发利用或保护资源环境而自身利益受到损害的主体以达到保护资源的目的的过程。"①

第三，生态补偿主要指对环境资源的保护者、恢复者进行补偿，这是最狭义的生态补偿概念。例如，李集合教授和成铭教授认为："生态补偿法律关系的实质应是环境正外部性补偿关系。"② 曹明德教授也指出，"生态补偿是指生态系统服务功能的受益者向生态系统服务功能的提供者支付费用。"③

生态补偿概念的选择需要根据法律调整的社会关系而定，本书设计生态补偿制度的主要目的是发挥环境法的激励功能，实现环境资源养护、修复、改善过程中正外部性的"内部化"。针对各种负外部性行为，已经有排污收费、环境资源税费等制度予以规制，不宜再把其纳入生态补偿范围。环境法学领域的生态补偿主要是指运用各种激励手段促进人们对生态环境的维护和保养，调整各种正外部性行为主体或者利益受损主体在环境利益（经济利益）上的分配关系、解决利益外溢问题的法律制度，其本质是"受益补偿"，是对环境资源的保护者、恢复者等正外部性行为主体进行的补偿。

二、生态补偿的主体

生态补偿的主体是指在生态补偿法律关系中享有权利和承担义务的自然人、法人以及国家。从补偿行为的发出者和接受者来看，可以分为补偿主体和补偿对象。

---

① 杜群："生态补偿的法律关系及其发展现状和问题"，载《现代法学》2005年第3期，第186页。

② 李集合、成铭："生态补偿法律制度研究的理论误区及其修正"，载《法学杂志》2008年第6期，第62页。

③ 曹明德："对建立生态补偿法律机制的再思考"，载《中国地质大学学报（社会科学版）》2010年第5期，第29页。

（一）补偿主体

补偿主体是指筹集资金，实施补偿行为的个人和组织。一般而言，补偿主体主要包括国家和生态利益的获得者。

1. 政府

从国家（政府）起源来看，政府是基于人民和社会的需要而产生，提供公共物品、维护公共利益是政府的职责所在。随着风险社会的到来和服务型政府理念的提出，承担环境责任、提供环境公共服务更是成为社会对政府的期望和要求。政府运用单纯的命令手段已不能满足环境保护的需要，当社会主体通过自己的付出或牺牲对环境利益的维护和实现做出贡献时，国家应当对其进行补偿，即"通过调整生态利益受益者和保护者之间的关系，平衡环境保护中生态公益和个人牺牲的私益的生态补偿也就具有了产生的必要性。"[1] 环境公共物品具有公共物品的属性，对于纯粹的环境公共物品，例如，生态安全、生物多样性等，其补偿主体以国家为主。根据生态补偿涉及范围不同，可以分为全国性的生态补偿和区域性的生态补偿。在全国性的生态补偿中，中央政府是补偿主体，在区域性生态补偿中，地方政府是补偿主体。

2. 生态利益获得者

这类主体主要包括企业法人、社会组织、区域集团以及个人。例如，上游地区在对生态保护进行资金投入的同时，还限制了自身若干产业的发展，因此，从中受益的下游地区应对上游地区进行生态补偿。一般而言，对于准环境公共物品，其补偿主体主要是生态利益获得者，例如，"广东东江流域的生态补偿以及

---

[1] 陈晓勤：《生态补偿法律制度研究》，中国政法大学 2010 年硕士学位论文，第 13 页。

北京、天津对河北承德、张家口的生态补偿等小流域的生态补偿。"① 生态利益获得者作为补偿主体在国外环境立法中也得到确认和应用,例如,日本《环境基本法》(1993)规定,中央政府和地方政府应当采取必要措施,使自然环境保全的受益者在其受益限度内,恰当而公平的负担实施自然环境保全活动的全部或部分费用。②

(二)补偿对象

补偿对象是指接受补偿的个人和组织(包括社会组织、政府组织等)。在实践中,可以把生态补偿的对象分为三类:一是特定的生态功能区。2010 年 4 月,国家发改委牵头启动了《生态补偿条例》立法工作,条例草案首次将"生态功能区"纳入生态补偿范围。特定生态功能区具有极其重要的生态功能,国家往往采取限制开发、禁止开发等生态保护措施。生态功能区的公众由此被剥夺或限制了发展的机会,政府或生态受益者理应对其承担补偿责任。生态功能区的地方政府可以代表该区域的公众接受补偿,再按照公平原则合理地分配给具体的受偿主体。③ 二是在生态保护和改善中做出贡献的组织和个人。在当今社会中,完全由政府提供环境公共物品并不现实,因此,很多社会组织和公众参与到污染治理、资源更新以及生态修复行动中,为生态利益的增进付出了许多代价。基于法律的公平正义原则,也为了激励更多的人参与到生态保护中,应该对这些贡献者予以补偿。三是生态保护和改善活动中的利益受损者,一般而言,他们主要是机会成本的损失以及其他不直接表现为收益形式的损失。例如,为保

---

① 李集合、成铭:"生态补偿法律制度研究的理论误区及其修正",载《法学杂志》2008 年第 6 期,第 62 页。

② 参见日本《环境基本法》第 38 条。

③ 史玉成:"生态补偿的法理基础与概念辨析",载《甘肃政法学院学报》2016 年第 6 期,第 15 页。

持下游的水流清洁、避免水土流失，那些利润较多但也污染严重的养殖业和化工业等行业就会得到限制或禁止，而只能发展一些污染少，但可能利润也少的产业，这样上游地区人民就丧失了许多就业机会，并且迟滞了该地区的经济发展，他们为生态保护作出了特别牺牲，也应当成为生态补偿的对象。

三、生态补偿的标准、方式与范围

（一）生态补偿的标准

合理的补偿标准与方式是促进生态保护、实现社会公平正义的重要环节，但与一般补偿标准相比，生态补偿标准的界定还存在着较大的困难："一是生态受损主体的经济损失不易计算，特别是相对于直接经济损失，由于发展权受限等造成的间接经济损失很难统计；二是生态受益主体的受益往往是非物质性的，无法经济量化；三是生态受损主体有时与生态受益主体交叉，即生态受损主体同时也是生态受益主体。"① 标准确立的困难导致我国环境立法存在诸多缺陷，有的规定过于模糊，采用"适当""合理"等过于抽象的词语。例如，《防沙治沙法》第 35 条规定："因保护生态的特殊要求，将治理后的土地批准划为自然保护区或者沙化土地封禁保护区的，批准机关应当给予自然保护区或者沙化土地封禁保护区的合理的经济补偿。"还有的补偿标准过低，不符合社会实际，不利于实现社会公平，有的甚至没有规定补偿标准，使生态补偿制度在实践中难以操作。

生态补偿标准的确立并非明确一个具体的数额，而主要是确定受补偿的范围，目前，主要有两种确立的方式：核算和协商。

核算主要适用于涉及区域广阔，受偿主体众多的生态补偿。

---

① 张莉、唐志红："浅谈我国生态补偿法律机制的构建"，载《经济论坛》2010 年第 8 期，第 219 页。

核算的标准一般有两种：第一种是依照生态服务功能价值来定价，对补偿产权主体环境经济行为产生的生态环境效益进行补偿；第二种是基于生态产权主体环境经济行为的机会成本（或恢复成本）补偿，即根据各种环境保护措施所导致的收益损失来确定补偿标准，然后再根据不同地区的资源环境条件等因素制定出有差别的区域补偿标准。① 前者是一种相对公平的计算方式，但由于生态价值的确定和量化本身存在种种困难，因此在实践中较少应用。后者一般根据市场价格确定，例如，对于财产权受限的生态补偿，以与受偿地区同样经济水平地区的相关收益为确定标准。从国外的实践来看，机会成本法是较为广泛采用的方法，例如，美国的退耕补偿便是采用了这一方法。

协商的方法常常运用于针对生态保护而签订的行政合同中，双方可以就接受补偿的意愿和支付补偿的意愿进行协商平衡，通过讨价还价的形式达成补偿。值得注意的是，协商应当有程序的保障。②

（二）生态补偿的方式

生态补偿的方式具有多样性，总的来说，主要有以下四种：

1. 资金补偿

这是应用最广、最为常见的一种补偿方式，具有直接、快速的优点。在目前实践中，资金补偿表现形式也颇多，主要有补偿金、赠款、税收优惠、贷款优惠、补贴、财政转移支付、贴息和加速折旧等。但受限于经济发展水平，许多地方的补偿资金往往难以到位，因此，在坚持中央财政为主的同时应该积极拓宽筹集

---

① 史玉成："生态补偿的理论蕴涵与制度安排"，载《法学家》2008 年第 4 期，第 100 页。

② 陈晓勤：《生态补偿法律制度研究》，中国政法大学 2010 年硕士学位论文，第 33 页。

资金的渠道，例如，通过征收生态税、发行福利彩票等方式筹集资金。

2. 政策补偿

政策补偿是指"中央政府对省级政府、省级政府对市级政府的权力和机会补偿。受补偿者在授权的权限内，利用制订政策的优先权和优惠待遇，制订一系列创新性的政策，促进发展并筹集资金"①。这种方式具有重要的意义，尤其是在经济发展水平较低、资金来源较少的地区，更具有重要价值。

3. 实物补偿

实物补偿是生态补偿的另一个重要方式，它是对生态保护主体给予一定的实物支持，促进生态保护的实施。例如，当前实施的退耕还林还草工程中的粮食补偿就属于实物补偿。此外，还可以通过种子、农业机械、劳力、土地等方式进行补偿，这种补偿方式对于解决受补偿者的生产要素和生活要素，改善其生活状况、增强其生产能力具有重要意义。

4. 智力补偿

智力补偿主要是指"补偿主体开展智力服务，提供无偿技术咨询和指导，培养受偿地区的技术人才和管理人才，提高受偿主体的生产技能，技术含量和管理组织水平。"② 在实践中，主要体现为宣传科技知识、指导农作物生产、培训技术人才和管理人才等，它对于受偿地区发展能力的提高具有重要意义。

需要注意的是，任何一种补偿方式都有其利弊，应该结合受偿地区的社会状况、综合运用各种补偿方式。

---

① 杜群："生态补偿的法律关系及其发展现状和问题"，载《现代法学》2005年第3期，第188页。

② 洪尚群、吴晓青、段昌群等："补偿途径和方式多样化是生态补偿基础和保障"，载《环境科学与技术》2001年第12期，第42页。

（三）生态补偿的范围

合理设计生态补偿的范围有利于实现受偿主体的权利和社会公平正义。根据受偿对象的不同，可以有两种确定方式：对于受损者的补偿，包括直接损失和间接损失；对于贡献者的补偿，包括直接贡献和间接贡献。以退耕还林项目中的受损者补偿为例，在退耕还林项目中，农户退耕地的损失属于直接损失，而失去土地的农户转变生产生活方式付出的成本则属于间接损失。对于直接损失，一般全部补偿，对于间接损失，一般按比例补偿。在补偿资金不足的情况下，可以结合多种补偿方式进行补偿。

从国外补偿机制来看，其补偿范围较为广泛，除了补偿实际损失之外，还包括奖励性补偿。例如，美国"土地休耕项目"就采用了类似方法。根据《农场法案》的规定，经联邦安全署与自愿参与土地退耕计划的土地所有人达成土地退耕计划，联邦安全署应向参与土地保育计划的土地所有人支付土地年租，包括以下补偿内容：①土地年租；②生态保护成本分担补助；③生态保护激励奖金；④其他激励。生态保护激励奖金是指除年租以外，联邦安全署还支付每英亩4美元一年的额外奖励，以激励土地所有者更好地履行生态保护义务。[1] 激励补偿可以更有效地促进社会公众参与生态保护，在我国经济条件较好的地区，可以先行尝试。

四、生态补偿与生态产品交易辨析

（一）共同点

生态补偿与生态产品交易都是促进环境生产、实现社会公平

---

[1]　Natasha Landell – mills, Ina T Porras, Silver bullet or fool's gold: A global review of markets for forest environmental services and their impact on the poor, 2002 – IIED, 126 – 127. http：//www.iied.org/pubs，2011 年 4 月 7 日）．转引自陈晓勤：《生态补偿法律制度研究》，中国政法大学 2010 年硕士学位论文，第 34 页。

正义的制度，两者都是解决环境保护领域正外部性问题，使正外部性内部化的尝试。由于环境资源具有公共物品的属性，在环境资源的保护和维护中，存在大量的"搭便车"行为，这导致公众和社会参与环境公共物品供给的积极性不高，因此，需要通过一定的法律制度使正外部性内部化。而生态补偿和生态产品交易正是实现正外部性内部化的有效途径，通过使生态环境保护活动中的贡献者和利益损失者获得补偿，通过市场交易使生态价值转化为经济价值可以有效解决正外部性问题，实现正外部性的内部化。两者的最终目的是促使社会公众积极、主动、自愿地参与到环境资源的生产和环境公共利益的维护中，实现社会公平正义。

（二）区别

作为两项不同的制度设计，生态补偿与生态产品交易也存在许多差异。

首先，两者的性质不同。生态产品交易是把生态价值量化为一定的单位，通过在市场上的"销售"，把生态价值转化为经济价值，生态产品交易主要体现环境法的效率价值；而生态补偿是为了补偿生态系统修复活动而做出特别牺牲的部分公民受损的利益，更多体现环境法的公平价值。

其次，两者的适用范围不同。有形生态产品的交易规则容易确定，而囿于技术、资金等方面的限制，只有部分无形生态产品的价值得到确认、能够纳入市场交易体系中，因此，生态产品交易制度主要适用于有形生态产品和部分无形生态产品。从社会实际来看，国际社会的无形生态产品交易主要涉及碳汇交易、生物多样性保护交易、流域保护交易、景观美化交易等，而我国的无形生态产品交易目前还主要是碳汇交易。对于那些没有纳入市场交易体系的生态效益而言，则需要通过生态补偿制度来加以保护。"生态补偿主要是指对尚未纳入市场体系的外部经济性进行补偿。未纳入市场的有益行为一旦纳入市场体系，就不需要补偿了，而是按照市场规律进行生态服务贸易。"① 生态补偿在我国的适应范围较为广泛，例如，森林、流域、区域、饮用水水源保护、农业、重点生态功能区等领域都已适用。

再次，两者的设计原理有所区别。生态补偿是"受益补偿"原则的体现，生态产品交易则体现了"增益受偿"原则。"受益补偿"主要是从受益者的角度进行制度设计，其基本逻辑是通过"受益者"承担"补偿"义务实现对利益受损者的弥补。"增益受偿"体现了一种权利思维，通过赋予环境恢复者、养护者生态产品交易等权利，实现公平正义，促进环境公共利益的维护。

第四节　绿色消费制度

消费是人类社会经济活动的重要组成部分，它和环境问题具有紧密的联系，美国学者拉夫尔甚至认为："消费问题是环境危机问题的核心"②。因此，在积极促进生产者正外部性行为的同时，还需通过法律制度的创设促进消费者的正外部性行为，激励消费者进行绿色消费行为。

一、绿色消费及其正外部性分析

绿色消费又称为生态消费、可持续消费，是伴随着环境危机的深入，人们对传统的过度消费、奢侈消费、不正当消费等生活

---

① 刘国涛："生态补偿概念和性质"，载《山东师范大学学报（人文社会科学版）》2010 年第 5 期，第 148 页。

② ［美］施里达斯·拉尔夫：《我们的家园——地球》，夏堃堡等译，中国环境科学出版社 1993 年版，第 13 页。

方式进行反思提出的一种新的消费理念和消费方式。20 世纪 80 年代以后,随着西方国家"环境标志制度"的建立及环境标志商品的供给,绿色消费运动在较大范围内扩展开来。

我国注重对绿色消费的引导和鼓励。在《中共中央国务院关于加快推进生态文明建设的意见》《国务院关于积极发挥新消费引领作用加快培育形成新供给新动力的指导意见》等文件中都有促进绿色消费的内容。2016 年,国家发改委等 10 个部门制定了《关于促进绿色消费的指导意见》(以下简称《绿色消费指导意见》),界定了绿色消费的定义,规定了促进绿色消费的总体要求、主要目标和具体措施。根据《绿色消费指导意见》的规定,绿色消费"是指以节约资源和保护环境为特征的消费行为,主要表现为崇尚勤俭节约,减少损失浪费,选择高效、环保的产品和服务,降低消费过程中的资源消耗和污染排放"①。绿色消费是一种有利于实现人与自然和谐的消费模式,它既能满足人的消费需求,又不对生态环境造成危害。与传统消费方式相比,绿色消费是一种有益于环境资源和社会发展的正外部性行为。但与生产领域的正外部性行为相比,绿色消费产生的正外部性还没有引起法律足够的重视。因为消费行为常常具有分散性,每个人或每个家庭因其消费对环境产生的影响往往微不足道,但是,千百万人"微不足道"的影响聚集起来,就可能产生巨大的环境效益。例如,对于日常消费品的各种包装,如果大部分消费者和家庭都能做到回收利用,那么全球的白色污染问题将会得到改善,全球的资源利用也将会更加合理。

---

① 参见国家发改委等 10 个部门印发的《关于促进绿色消费的指导意见》,载中国政府网,http://www.gov.cn/xinwen/2016 - 03/02/content_ 5048002. htm,2016 年 3 月 2 日。

绿色消费的正外部性主要体现在如下几个方面：（1）绿色消费具有生态保护功能。绿色消费的正外部性主要是对于环境资源的保护和改善而言的，例如，消费者购买节能汽车、无氟冰箱、进行生态旅游、拒绝使用来自濒危动植物的产品等行为对于能源节约和资源保护都具有积极的意义。但由于环境资源的公共物品属性，消费者上述各种行为产生的环境效益往往具有外溢性。（2）绿色消费具有生态教育功能。绿色消费不但是一种生活方式，更是一种先进的生活理念，消费者的各种绿色消费行为不但有益于环境资源，还会对其他社会主体产生影响，唤醒人们的环保意识。（3）绿色消费具有绿色生产促进功能。没有消费就没有生产，市场以消费者的需求为导向，消费者通过消费活动对市场起着引导作用。因此，消费者绿色产品需求的增长会促使更多的企业加入到绿色产品生产中，从而形成绿色生产——绿色消费的社会经济活动链条，形成全社会节约资源、保护环境的合力。

绿色消费为环境问题的解决和环境资源的保护改善带来积极效果的同时，也往往给消费者带来更多的成本投入。与一般商品相比，绿色产品的价格往往较高，如果缺乏足够的制度支撑，消费者的消费动力常常不足，因此，需要创设绿色消费法律制度为绿色消费的开展提供有力支持。从消费主体来看，可以分为政府和社会其他主体两类。由于政府负有环境保护的职责和义务，并且政府消费的主要资金来源是公共财政，因此，政府理应成为绿色消费的主体。对于普通消费者而言，绿色消费还难以成为其法律义务，但我们可以通过激励性法律制度引导并鼓励消费者进行绿色消费。

二、政府绿色采购制度

政府的绿色消费行为常常称为政府绿色采购，它是基于政府的环境保护职责和采购的公共事务属性对政府提出的新要求。绿色采购是相对于传统采购而言的，在传统采购中，人们往往关注于商品的价格及性能，忽视了所购商品在生产、交换、使用等环节上对环境资源产生的各种危害。传统采购观有其产生的时代背景和历史条件，但在资源日益枯竭、生态危机频繁发生的现代社会，这种采购观已经难以适应社会可持续发展的需要，需要人们树立起绿色采购的观念。

在政府采购中，政府的主要角色是消费者。政府采购作为一种以政府为主体、为满足社会公共需要而进行的采购行为，不仅可以大大提高采购质量、节省采购资金，而且还能在节约资源、保护环境、改善生态等方面发挥极为重要的作用。因此，要求政府进行绿色采购成为国家开展环境保护工作的新手段。政府绿色采购是指以政府为主体的单位和组织在利用财政性资金依法进行采购时，有意选择那些低能耗和污染少的货物、服务和工程，将资源节约与环境保护贯穿于政府采购过程的始终。① 政府通过购买那些资源节约型和环境友好型的产品或服务，不但可以减少对环境资源的损害，还可以对微观经济主体产生积极的影响，产生示范效应和扶持效应。一方面，政府绿色采购能够给消费者带来购买的示范效应，并有助于从消费环节上塑造生态消费模式。另一方面，政府绿色采购活动能够帮助和促进环保型企业的发展，促进清洁生产的推行。② 因此，政府绿色采购已经成为世界各国共同的选择。

自 20 世纪 90 年代初，德国、日本等国开展政府绿色采购以来，政府绿色采购发展迅速，目前，政府绿色采购已经在世

---

① 韩玉玲："生态文明建设视域下政府绿色采购研究"，载《东岳论丛》2015年第 3 期，第 161 页。

② 秦鹏：《生态消费法研究》，重庆大学 2009 年博士学位论文，第 191~195页。

界上 50 多个国家得到认可和推行。许多国家纷纷通过立法规定政府绿色采购的义务、程序，为政府绿色采购提供有力的法律支持。例如，1999 年美国环保署公布了《环境友好型产品采购指南》，2000 年日本颁布了《绿色采购法》，2004 年韩国颁布了《鼓励采购环境友好产品法》，2004 年欧盟公布了《政府绿色采购指南》等。绿色采购在我国起步较晚，也缺乏相应的法律保障。尽管我国在 2003 年颁布实施了《政府采购法》，但其并没有明确规定政府绿色采购制度，而只是在第 9 条笼统规定"政府采购应当有助于……保护环境"，对于如何具体在采购中保护环境则语焉不详。2004 年，财政部与国家发改委颁布了《节能环保政府采购实施意见》，这是我国第一个具体规定政府采购促进节能与环保的政策文件，但由于不具有法律效力和强制执行力，其作用的发挥往往受限。2015 年 3 月 1 日开始施行的《政府采购法实施条例》仅仅有一条涉及绿色采购："国务院财政部门应当根据国家的经济和社会发展政策，会同国务院有关部门制定政府采购政策，通过制定采购需求标准、预留采购份额、价格评审优惠、优先采购等措施，实现节约能源、保护环境等目标。"但该规定过于抽象，缺乏操作性。因此，需要完善我国的政府绿色采购法律制度，为政府绿色采购活动的顺利开展保驾护航。

首先，明确政府绿色采购的职责。具体包括：政府在采购商品以及劳务时，应该注意预算的合理使用，优先购买环保物品。各级政府应该定期开展宣传教育活动，使企业或其他社会主体理解政府绿色采购的意义，增强企业或其他社会主体的环保意识和绿色消费意识。政府应该制定促进绿色采购的基本方针，包括：发布政府绿色采购清单和政府绿色采购标准等。

其次，明确规定政府绿色采购的内容。根据政府采购类别的不同，政府绿色采购主要包括以下两方面的内容：其一是绿色办公用品采购。例如，电话、电脑、打印机、复印机等办公设备、办公用品以及汽车、电动车等交通运输工具的采购。其二是绿色公共工程与绿色装修工程采购。公共工程主要包括：公路、铁路等交通设施，学校、医院等公益设施，水库、防洪堤等保障设施；政府出资建造的国家机关、各党派和社会团体使用的办公场所等。①

最后，构建政府绿色采购法律制度体系。我国已经实施了规范和促进政府绿色采购的相关法律制度，这些制度有待于进一步健全和完善。以政府绿色采购清单制度为例，截至 2014 年 7 月，我国已经公布十六期节能产品政府采购清单和十四期环境标志产品政府采购清单，但是，该制度仍然存在清单列举方式不科学、清单列举范围狭窄等弊端，需要进一步完善采购清单的列举方式和动态管理，进一步扩大绿色产品范围。② 此外，在现有的法律政策框架下，还需要通过修订或颁布适合我国国情的政府绿色采购法律和政策，健全和完善政府绿色采购标准制度、政府绿色采购优惠制度、政府绿色采购考核制度、政府绿色采购评估制度、政府绿色采购监督制度，构建起完善的政府绿色采购法律制度体系。

三、绿色消费促进制度

面对生态环境的日益恶化，许多个体消费者开始审视自己的消费行为，以保护环境为目的的绿色消费逐渐发展起来，但因其处于起步阶段，并且缺少相应的制度规范，我国个体消费者的绿色消费行为发展缓慢。如果说绿色采购在一定意义上是政府的职

---

① 郜文卓：《论我国绿色消费的法律规制》，山东科技大学 2008 年硕士学位论文，第 12 页。

② 韩玉玲："生态文明建设视域下政府绿色采购研究"，载《东岳论丛》2015年第 3 期，第 163 ~ 164 页。

责和义务，对于普通消费者而言，绿色消费则更多是一种道德层面上的期盼，而难以成为他们的法律义务。因此，只有通过创设激励性的法律制度引导消费者形成良好的消费习惯和消费模式，才能促进和鼓励个体消费者绿色消费行为的增多。

（一）完善绿色产品环境标志制度

绿色产品环境标志是商品的证明性商标，是引导消费者参与环境保护、形成绿色消费的一种有效方式，也是对企业进行绿色生产认可和鼓励的一种有效手段。绿色产品环境标志是向消费者传达绿色产品信息的窗口，其完善和规范有利于对绿色产品的认知和保护，也有利于对绿色产品生产行为的促进和鼓励。

但是，目前我国的绿色产品环境标志制度尚处于起步阶段，在法律保障上存在着诸多缺陷。例如，缺乏专门性的立法保障，监督管理体系不够健全，公众参与不足，产品认证标准不够稳定，修改频率快、成本高等。上述缺陷的存在限制了绿色产品环境标志环保价值的发挥，影响了绿色消费行为的推广，因此，需要加以健全和完善。

总体而言，我国绿色产品环境标志制度需要从以下几个方面加以健全和完善①：（1）可以制定专项法规，对环境标志制度进行全面、统一的规范。例如，对环境标志的基本概念进行严格科学的法律界定，明确环境标志的种类、范围，落实环境标志管理机构，规范认证、管理、监督的具体内容以及法律救济、法律责任等相应事项等。（2）建立环境标志的商标保护。环境标志被注册为证明商标后，就取得了与普通商标同等的效力，不仅受《商标法》保护，还受《产品质量法》及《反不正当竞争法》乃至《刑法》等法律的保护。（3）完善绿色产品认证制度。例如，

---

① 参见郜文卓：《论我国绿色消费的法律规制》，山东科技大学 2008 年硕士学位论文，第 32～34 页。

明确认证产品种类、改革产品认证规则、完善产品认证标准等。以认证产品种类的选择为例，在现实生活中，并不是任何产品都适合作为环境标志推行的种类。例如：由于食品和药品与人体健康密切相连，消费者选择商品的唯一标准是是否有利于健康，所以大多数国家的环境标志计划中都不包括食品和药品。因此，在确定环境标志认证产品推行种类时，应该选择与公众联系密切、与环境保护联系密切的产品类别，例如：纺织品、日常生活用品、农药等，而不应对任何种类的产品都颁发环境标志。（4）严格环境标志的监督管理。主要包括对环境标志认证机构的监督以及对环境标志使用的监督，尤其需要加强对认证机构的监督。

（二）建立绿色消费税收促进制度

绿色产品往往因其较高的价格而被许多消费者"拒之门外"，因此，可以通过各种价值工具为绿色产品提供价格方面的支持，解决绿色消费的外部性问题，其中，税收便是一种重要的方式。税收是一种强制性的制度安排，具有权威、高效、公正、透明等各种特点。虽然目前我国并不存在纯粹意义上的促进绿色消费的税收，但为了抑制生态环境的恶化，我国先后采取了一系列与环境保护有关的税费政策，例如，开征资源税、消费税，在增值税、企业所得税等方面采取各种税收优惠措施。但是总体而言，目前的税收优惠还难以为绿色消费的开展保驾护航，亟须建立我国的绿色消费税收促进制度体系。首先，通过调整税率、扩大征收范围、完善计税依据等方式完善现有的资源税和消费税。其次，为实现环境保护开征新税种，主要包括：开征奢侈品和奢侈行为消费税，例如，在对高尔夫球及球具、高档手表、游艇等奢侈消费征税的基础上，增加对豪宅、高档家具、高档家用电器、高级娱乐等项目的消费税收征收；开征消费副产物税，例如垃圾税等；开征环境有害和资源再生较慢商品的限制消费税，例如，对二氧化碳排放量及排氟、氯、氢等开征消费税。[①] 最后，对于各种绿色产品、绿色消费行为给予税收方面的优惠。

第五节 环境公益诉讼制度

一、环境公益诉讼制度概述

环境公益诉讼在本质上属于公益诉讼。公益诉讼可以追溯到罗马法时期，在罗马程序诉讼中，有私益诉讼（Actiones Privatae）和公益诉讼（Actiones Publicae Populares）之分，前者乃保护个人所有权利的诉讼，仅特定人才可以提起；后者乃保护社会公共利益的诉讼，除法律有特别规定者外，凡市民均可提起。

环境公益诉讼是在传统诉讼制度无法应对严重的环境生态危机的情况下产生的一种新的诉讼形式，在近代环境危机时代，其在理论与实践上的系统化为保护环境资源、维护社会公共利益发挥了重要作用。自 20 世纪 70 年代美国建立公民诉讼制度以来，环境公益诉讼制度已经被许多国家纷纷效仿。当然，环境公益诉讼的类型并不限于公民诉讼。根据起诉主体的不同，可以将环境公益诉讼分为公民之诉、国家之诉、后代人之诉和自然物之诉；根据被诉主体的不同，可以将环境公益诉讼分为对环境损害者的公益诉讼和对环境行政机关的公益诉讼等[②]。

---

① 秦鹏：《生态消费法研究》，重庆大学 2006 年博士学位论文，第 225～226 页。

② 别涛主编：《环境公益诉讼》，法律出版社 2007 年版，第 28 页。

目前，我国在立法和司法实践中也确立了环境公益诉讼制度。从起诉主体分析，我国开展的环境公益诉讼主要包括检察机关提起的环境公益诉讼和社会组织提起的环境公益诉讼两种类型。无论哪种类型，环境公益诉讼的根本目的是维护环境公共利益，由于环境公共利益具有"外溢性"，因此存在起诉主体提起公益诉讼积极性不高的风险。如果说检察机关提起公益诉讼是其职责所在，那么，社会组织提起公益诉讼则需要相应制度进行激励和促进。但是，我国检察机关提起公益诉讼仍处于起步阶段，相关立法和实践仍需进一步完善。

二、检察机关提起环境公益诉讼的困境

2015 年 7 月 1 日，全国人大常委会作出授权决定，确定北京、内蒙古、山东、吉林等 13 个省、自治区、直辖市人民检察院开展为期 2 年的公益诉讼试点工作，解决了困扰检察机关多年的诉讼资格问题，促使检察机关公益诉讼从理论呐喊走向司法实践。截至 2017 年 1 月底，试点地区的检察机关办理诉前程序 4155 件，提起诉讼 526 件，法院审结 46 件，除 6 件撤诉、2 件调解结案外，其余 38 件法院均判决支持了检察机关的诉讼请求。[①] 在公益诉讼如火如荼进行的同时，无论是法律规定还是检察实务都暴露出诸多问题，影响着公益诉讼的顺利开展。

（一）检察机关公益诉讼仍需全面的立法确认

2017 年 6 月 27 日，全国人大常委会表决通过了关于修改民事诉讼法和行政诉讼法的决定，在《民事诉讼法》和《行政诉讼法》中规定了检察机关提起公益诉讼制度，弥补了检察机关提

---

① 周斌："试点期限即将届满吉林省人民检察院检察长杨克勤代表建议检察机关开展公益诉讼应获全面授权"，载法制网，http://www. legaldaily. com. cn/judicial/content/2017 - 03/09/content_ 7045875. htm，2017 年 3 月 9 日。

起公益诉讼的制度缺陷。《民事诉讼法》第55条规定，对污染环境、侵害众多消费者合法权益等损害社会公共利益的行为，法律规定的机关和有关组织可以向人民法院提起诉讼。在此基础上，新增加了第2款规定，"人民检察院在履行职责中发现破坏生态环境和资源保护、食品药品安全领域侵害众多消费者合法权益等损害社会公共利益的行为，在没有前款规定的机关和组织或者前款规定的机关和组织不提起诉讼的情况下，可以向人民法院提起诉讼。前款规定的机关或者组织提起诉讼的，人民检察院可以支持起诉。"《行政诉讼法》也作出修改，明确规定："人民检察院在履行职责中发现生态环境和资源保护、食品药品安全、国有财产保护、国有土地使用权出让等领域负有监督管理职责的行政机关违法行使职权或者不作为，致使国家利益或者社会公共利益受到侵害的，应当向行政机关提出检察建议，督促其依法履行职责。行政机关不依法履行职责的，人民检察院依法向人民法院提起诉讼。"

但是，《消费者权益保护法》和《环境保护法》仅仅把公益诉讼资格赋予了消费者协会①和符合一定条件的"社会组织"②，把检察机关排除在公益诉讼起诉主体之外。《最高人民法院关于审理环境民事公益诉讼案件适用法律若干问题的解释》（2015，以下简称《最高院环境民事公益诉讼司法解释》）和《最高人民法院关于适用〈中华人民共和国民事诉讼法〉的解释》也仅仅规定"法律规定的机关和有关组织"有权提起公益诉讼，但该

---

① 2013年《消费者权益保护法》第47条规定："对侵害众多消费者合法权益的行为，中国消费者协会以及在省、自治区、直辖市设立的消费者协会，可以向人民法院提起诉讼。"

② 2014年《环境保护法》第58条规定："对污染环境、破坏生态，损害社会公共利益的行为，符合下列条件的社会组织可以向人民法院提起诉讼：（一）依法在设区的市级以上人民政府民政部门登记；（二）专门从事环境保护公益活动连续五年以上且无违法记录。"

机关具体是哪些机关则不够明确。《人民检察院提起公益诉讼试点工作实施办法》（2016，以下简称《人民检察院实施办法》）虽然对案件范围、诉讼身份、诉前程序、诉讼请求、举证责任等内容做出规定，但对于损害鉴定等重要问题没有涉及，许多规定也比较粗糙，严重制约着检察机关公益诉讼的开展。

（二）公共利益界定存在困难

公益诉讼是一种新的诉讼形式，在我国尚处于初步探索阶段，缺乏成熟的经验可供借鉴。公益诉讼的目的是维护公共利益，我国《宪法》《物权法》《土地管理法》《民事诉讼法》《环境保护法》等法律虽然多次使用公共利益的表述方式，但却缺乏对其概念的明确界定。从学理上分析，公共利益"是由不特定多数主体享有的，具有基本性、整体性和发展性的重大利益"[1]，但在实践中，公共利益概念的抽象性导致在个案判断上存在重重困难，由于个案中案件事实所具有的多样性和差异性，侵犯公共利益的认定成为检察机关环境公益诉讼中面临的首要障碍。

（三）证据收集、鉴定费用等问题长期存在

收集证据在诉讼中占据着非常重要的位置，但是在环境公益诉讼中，却存在一系列亟待解决的问题。环境公益诉讼涉及环境科学、生态学、环境法学等诸多学科的知识，环境污染具有隐蔽性、长期性、复杂性等特征，证据收集需要专业技术和专业知识的保障。但一直以来，人民检察院在人员资源配置方面存在"重刑事、轻民行"的倾向，民事行政检察部门在人员数量、资源配置等方面存在严重不足，受制于传统业务和工作范围的影响，民行部门工作人员往往缺乏应对公益诉讼的专业知识和技能。

---

① 徐全兵："检察机关提起公益诉讼有关问题"，载《国家检察官学院学报》2016 年第 3 期，第 164 页。

此外，我国目前的环境损害评估机构存在数量不多、分布不均衡、鉴定成本较高等弊端，进一步阻碍了公益诉讼实践的开展。

三、社会组织提起环境公益诉讼的困境

（一）社会组织提起环境公益诉讼的意愿不强

环境公益诉讼制度写入《环境保护法》被学者寄予厚望，有的学者认为，环境公益诉讼将真正走进春天[①]。但是，司法实践中，社会组织提起环境公益诉讼的积极性并不高。据《环境公益诉讼观察报告（2015 年卷）》显示，全国大概有 700 余个社会组织符合法律规定环境公益诉讼的主体资格。然而，2015 年，全国仅有 9 家社会组织成为环境公益诉讼的原告。[②] 开展环境公益诉讼不但耗费大量的时间和精力，还需要强大的资金保障。有的社会组织规模小、人员少，即使符合《环境保护法》规定的条件，实际中也没有足够的人员和资源提起公益诉讼。"提起环境公益诉讼需要大量的资金和时间成本，对于缺钱少人的环保NGO 来说，只能望而却步；既有能力又有意愿提起环境公益诉讼的 NGO 则少之又少"[③]。即使有的社会组织有意愿和能力提起公益诉讼，但由于担心存在地方政府保护主义，也难以积极提起环境公益诉讼。

（二）社会组织提起环境公益诉讼缺乏有效激励

社会组织提起环境公益诉讼并不是其自身利益受损，其根本

---

① 刘武俊："环境民事公益诉讼有望迎来春天"，载《证券时报》2015 年 1 月12 日，第 A3 版。

② 叶乐峰："环境公益诉讼为何'遇冷'"，载《光明日报》2017 年 1 月 24 日，第 6 版。

③ 刘晓星："3 个月全国仅 4 起立案，环境公益诉讼为何叫好不叫座?"，载《中国环境报》2015 年 3 月 31 日。

目的是维护环境公共利益，但环境公共利益却不能被社会组织独享，而是出现"利益外溢"的现象。"原告胜诉不仅会为本人带来收益，也会给第三方带来收益"，因此，"由于公益诉讼的原告的诉讼是明显不经济的，必须改变原告诉讼成本与收益严重不对称的状况，重新进行利益分配"。① 根据我国法律规定，社会组织提起公益诉讼并不享有诉讼收益，但在其提起环境公益诉讼的过程中，却需要付出较高的诉讼成本。因此，环境公益诉讼过程中存在大量的"搭便车"问题，环境公益诉讼没有激励就无法运转。②

从我国目前的法律制度分析，《环境保护法》不但缺乏社会组织提起环境公益诉讼的相应激励措施，还对社会组织提出了"不得通过诉讼牟取经济利益"的要求。在司法实践中，社会组织提起环境公益诉讼不但要付出相应的时间、金钱和精力，还要承担败诉的风险。2017 年 1 月 25 日，"常州毒地"公益诉讼案判决结果显示，原告北京市朝阳区自然之友环境研究所与中国生物多样性保护与绿色发展基金会败诉，两名原告共同负担案件受理费 189.18 万元③。该案件是新环保法实施以来第一起社会组织败诉的公益诉讼，高达 189 万余元的"天价诉讼费"对于社会组织而言是一个沉重的负担，也可能对其他社会组织产生不良的影响，削弱其他社会组织提起公益诉讼的意愿。

---

① 章晓民、汪剑敏："公益诉讼及其'外部性'的经济学分析"，载《社会科学》2005 年第 8 期，第 63 页。

② 陈亮："环境公益诉讼激励机制的法律构造——以传统民事诉讼与环境公益诉讼的当事人结构差异为视角"，载《现代法学》2016 年第 4 期，第 134 ~ 137 页。

③ 李超、恽奎照："难以承受的'天价诉讼费'"，载《中国青年报》2017 年 2 月 7 日，第 4 版。

四、检察机关提起环境公益诉讼的完善①

作为国家法律监督机关，维护公共利益是检察机关的职责所在，因此，对于检察机关提起环境公益诉讼，无须"额外"的激励机制，但需要解决目前检察机关公益诉讼中存在的多重障碍。

（一）法律依据的再明确与全面保障

2017 年 6 月 27 日，新修订的《民事诉讼法》和《行政诉讼法》规定了检察机关提起公益诉讼制度，但该规定比较原则，需要在举证责任、诉讼身份、费用承担等方面加以细化。此外，还需要对相关法律进行修订，构建全面、完整的环境公益诉讼法律保障。结合我国法律修订情况和社会实际，本书认为，在《民事诉讼法》和《行政诉讼法》确立了检察机关公益诉讼制度的基础上，构筑全面的检察机关公益诉讼法律依据的可行"路线图"应该是：（1）及时修订《人民检察院组织法》。1979 年制定、1983 年修订的《人民检察院组织法》已经难以适应检察工作开展的需要，应该及时修订《人民检察院组织法》，一方面明确人民检察院的民事、行政检察职权，另一方面规定人民检察院提起民事、行政公益诉讼的权利，并对检察机关公益诉的案件范围、主体身份、举证责任、具体程序等作出相应的规定。（2）在《环境保护法》《消费者权益保护法》等部门法中赋予检察机关提起公益诉讼的权利，为消费者权益维护、生态环境保护等领域公益诉讼的实施提供法律依据和制度支撑。（3）完善关于环境公益诉讼的司法解释。结合 2 年的试点经验，对公益诉讼的案件范围、诉前程序、诉讼程序、诉讼请求、责任分配等内容进行全

---

① 张百灵："检察机关提起环境公益诉讼的困境与完善——以《人民检察院提起公益诉讼试点工作实施办法》为蓝本"，载《江苏大学学报（社会科学版）》2017 年第 4 期。

面、系统的规定。

（二）案件范围的再扩大

《人民检察院实施办法》把检察机关提起环境民事公益诉讼的案件范围限定为"污染环境"案件，而没有规定"生态破坏"案件。检察机关提起的公益诉讼不应受制于"环境污染"的保守型立法，应该在明确"公共利益"核心概念的基础上，把"生态破坏"纳入起诉案件范围。

首先，"生态破坏"与"环境污染"是两种不同类型的环境问题，两者都有可能造成环境公共利益受到侵害。与环境污染相比，生态破坏类型更具有多样化，包括：过度采矿、侵占林地、毁坏植被、乱砍滥伐、非法猎捕等各种行为，这些行为都给环境带来不利影响，造成水土流失、生态系统功能丧失或减退、生物多样性锐减或灭绝等生态恶果，侵害生态利益。

其次，针对"生态破坏"行为提起公益诉讼已经得到法律认可。《环境保护法》第一次把"生态破坏"纳入公益诉讼的受案范围，尽管该法只是赋予社会组织起诉资格，但其和检察机关提起公益诉讼的制度设计殊途同归——都是为了维护社会公共利益，因此，其对于受案范围的规定，对于检察机关公益诉讼制度的未来立法具有极大的借鉴意义。此外，该法关于环境侵权责任的规定也把"环境污染"和"生态破坏"作为两种相对独立、并列存在的原因行为进行规制。如果不把"生态破坏"纳入检察机关提起环境民事公益诉讼的受案范围，当"生态破坏"侵害公共利益而社会组织又怠于提起公益诉讼时，便出现没有适格主体提起诉讼的困境，无法达致维护公共利益的目的。

此外，从长远发展和理论角度分析，检察机关提起的公益诉讼不应局限于"生态环境和资源保护、食品药品安全、国有财产保护、国有土地使用权出让等领域"，公益诉讼需要在明确"公共利益"核心概念的基础上，逐渐扩大案件范围。公共利益是公益诉讼的核心概念，公共利益受到侵害是提起公益诉讼的前提条件。我国法律虽然多次使用公共利益的表述方式，但却缺乏对其概念的明确界定。对公共利益的界定主要有立法安排和司法实践两种模式，结合我国成文法传统和为了维护法律体系的统一性，目前我国更适宜采取立法安排的模式，也即在法律条文中明确界定公共利益的范围①。此外，社会现实中，还存在其他大量侵害公共利益的行为，本书认为，除了保留目前的受案范围，对于涉及"违法使用公共资金""城市规划""医疗保健"等重大社会公共利益的问题也应该纳入公益诉讼范围。

（三）案件来源的再扩展

从理论上分析，检察机关提起公益诉讼的案件来源主要有以下几种：个人、单位、机关或社会组织的举报控告；人民检察院自己发现案件线索；法院建议人民检察院介入；地方党委、人大或政府交办；环境监管部门移交；社会组织提请检察机关起诉的案件。但目前的《人民检察院实施办法》审慎的将公益诉讼案件来源限定在"履行职责中发现"，排除了其他案件来源，不利于公益诉讼的开展。

首先，单渠道案件来源不利于案件线索的及时发现。根据《人民检察院实施办法》的规定，检察机关履行职责包括履行职务犯罪侦查、批准或决定逮捕、审查起诉、控告检察、诉讼监督等职责。但在检察实践中，检察机关各业务部门之间具有明确分工，承担公益诉讼的业务部门主要是民事行政检察部门，其案件线索主要源于两个方面：一是本部门履行职责中发现，二是侦监、公诉、反贪、反渎、预防、控告等其他业务部门在履行职责

---

① 秦前红："检察机关参与行政公益诉讼理论与实践的若干问题探讨"，载《政治与法律》2016 年第 11 期，第 91 页。

中发现并移送民行部门。由于受制于办案人员、办案精力、办案条件等诸多因素的限制，民事行政检察部门在履行职责中发现的案件线索毕竟有限；对于其他部门的线索移送，虽然《人民检察院实施办法》规定了各业务部门在履行职责中发现可能属于公益诉讼案件范围的案件线索，应当将有关材料移送民事行政检察部门，但缺乏强制性规定和具体明确的协作机制，使民事行政检察部门对于案件线索陷于"被动接受"的局面，导致检察机关在"履行职责中发现"的案件线索非常有限。

其次，该规定人为阻断了社会公众的检举、举报途径，与立法精神和法律规定不符。我国《宪法》规定，公民对于国家机关和国家工作人员的违法失职行为，有提出申诉、控告或者检举的权利。近年来，频发的环境污染事件激发了社会公众的环境保护意识和参与意识，为此，《环境保护法》新增一章"信息公开和公众参与"，对公众参与、监督环境保护作出系统规定，并明确赋予社会公众举报权，体现出社会参与、多元共治的环保理念。《水污染防治法》《放射性污染防治法》《固体废物污染环境防治法》等法律也赋予个人对各种污染环境的行为进行检举和控告的权利。检察机关作为国家的法律监督机关，是接受社会公众检举、举报的重要窗口，但《人民检察院实施办法》却把公众举报排除在外，导致检察机关案件线索有限和公共利益屡被侵犯、社会公众却举报无门的尴尬境地。

检察机关提起公益诉讼不是一座孤岛，全社会都应当共同推动我国公益诉讼的建立健全。因此，应该改变目前的单渠道案件来源，从内、外两个方面完善案件线索渠道、拓展案件线索来源。一方面，建立和完善检察机关内部的沟通协调机制。逐步建立检察机关各部门之间的案件信息共享与传送平台，实现案件线索在检察机关内部的及时、有效移送。另一方面，通过受理公众举报、控告，接受有关机构和组织的申请、人大或政府交办、环境监管部门移交等形式，积极扩大外部案件线索来源。检察机关应当构建畅通的公众举报、控告等信息平台，积极发挥社会公众力量，为公众举报、控告提供便捷和宽松的途径，使受损害的公共利益真正享有完整的救济途径。同时，"为防止检察机关怠于履行职责，应规定行政机关与举报人对于检察机关不予立案的决定，有权要求其上级检察机关进行复核"①。

（四）举证责任的分配与完善

《人民检察院实施办法》规定，检察机关提起公益诉讼，必须进行诉前程序并且具备一定的起诉条件，这种规定符合我国司法资源有限的社会现实和检察机关作为法律监督机关的职责定位，也符合维护社会公益利益的根本目的。在司法实践中，诉前程序的规定对防范司法资源浪费和检察机关职权越位发挥了重要作用。只有经过诉前程序后，法律规定的机关或有关组织不依法提起诉讼，行政机关不纠正违法行政行为、不依法履行职责，社会公共利益仍处于受侵害状态时检察机关才可以提起公益诉讼。

目前法律对于公益诉讼的举证责任并没有作出明确的规定，《人民检察院实施办法》的规定也不够完善。对于环境行政公益诉讼，根据《人民检察院实施办法》的规定，检察机关需要承担"起诉符合法定条件"、已经履行诉前程序等证明义务，对于被告的举证责任没有明确。应该根据《行政诉讼法》的精神和规定，由被告对作出的行政行为承担举证责任，提供作出该行政行为的证据和所依据的规范性文件，其根本原因在于，"作为被告的行政机关在作出该行政行为时，必须持有充分的事实根据和

---

① 李艳芳、吴凯杰："论检察机关在环境公益诉讼中的角色与定位——兼评最高人民检察院《检察机关提起公益诉讼改革试点方案》"，载《中国人民大学学报》2016 年第 2 期，第 10 页。

法律依据"①。

检察机关提起环境民事公益诉讼，首先要符合一般的起诉条件，包括：有明确的被告、具体的诉讼请求、符合法定诉讼期限、属于法院管辖范围等。此外，环境民事公益诉讼应该按照一般环境诉讼的规定，采取举证责任倒置的原则。根据《侵权责任法》规定，污染者应当就不承担责任、减轻责任的情形及其行为与损害之间不存在因果关系承担举证责任，也即采取举证责任倒置的原则。从本质上分析，环境公益诉讼属于环境诉讼的一种，环境诉讼中举证责任的法律规定同样适用于环境公益诉讼，因此，检察机关提起的环境民事公益诉讼也应该采取举证责任倒置原则。当然，举证责任倒置并非意味着检察机关不需要承担任何举证责任。根据《人民检察院实施办法》的规定，人民检察院对提出的诉讼请求、所依据的事实、反驳对方意见所依据的事实、履行诉前程序的事实承担证明责任。本书认为，这里的事实证明责任应该是一种较低程度的证明责任，主要是损害后果的证明责任，例如，证明环境被污染、存在损害后果等，损害行为、免责事由、因果关系等证明责任则由污染者承担。

根据《人民检察院实施办法》规定，无论民事还是行政公益诉讼，检察机关都应该提供"社会公共利益受到损害的初步证据"，但对于"初步证据"要达到何种证明程度，目前的司法解释等均没有涉及。"初步证据"的要求是为了防范公益诉权被滥用，但在公益诉讼开展实践中，这一要求"难以保障公益诉讼的司法化解决"②。虽然检察机关拥有法定的调查权，和其他机关和社会组织相比，有利于调查取证和解决举证困难问题，但由于

---

① 徐全兵："检察机关提起公益诉讼有关问题"，载《国家检察官学院学报》2016 年第 3 期，第 170 页。

② 汤维建："评司法解释中的公益诉讼"，载《山东社会科学》2015 年第 7 期，第 54~59 页。

环境污染具有极强的隐蔽性、滞后性和复杂性，非经专业机构鉴定一般难以发现，即使检察机关仅仅承担"公共利益受到侵害的初步证据"，在现实中仍然是困难重重。有的企业常常趁下雨天向河流排入大量污水，污染物被河水和雨水冲走，即使检察机关有诸多调查权或者委托专业鉴定机构进行鉴定，也难以获取国家和社会公共利益受到侵害的证据。对于私益诉讼案件，法律要求的起诉条件是"有具体的诉讼请求和事实、理由"，这一要求明显低于公益诉讼中社会公共利益受到损害的证明责任。因此，对于检察机关提供的"公共利益受到侵害的初步证据"，亟须相关司法机关做出明确的解释和规定，防范不同地区在适用中出现起诉条件的差异化。此外，司法机关做出解释和规定时应该遵循相对宽松的标准，以防因"初步证据"门槛过高而阻碍了公益诉讼进入司法程序。

五、社会组织提起环境公益诉讼的激励机制

"法律的首要目的是通过提供一种激励机制，诱导当事人采取从社会角度看最优的行动。"① 环境公益诉讼是以维护环境公共利益为目的的诉讼制度，诉讼受益人是包括原告在内的广大社会公众，但是在诉讼中，社会组织提起公益诉讼会耗费大量的时间和精力，还要承担高昂的诉讼费用。为了鼓励更多的社会组织参与环境公益诉讼，有必要对原告采取利益激励机制。

（一）建立生态环境修复专项基金制度

根据我国法律规定，社会组织提起环境公益诉讼的主要类型是环境民事公益诉讼，在环境民事公益诉讼中，一个重要问题就是损害鉴定费用较高。早在 2011 年云南铬渣污染事件中，鉴定

---

① 张维迎：《信息、信任与法律》，生活·读书·新知三联书店 2003 年版，第66 页。

机构开除了 700 万元的生态环境损害评估费用，曾让原告"自然之友"一度被迫停滞诉讼；湖北省唯——起由社会组织提起的环境民事公益诉讼中评估费等诉讼支出也高达 200 余万元。[①] 此外，在诉讼过程中，社会组织需要大量的资金投入，从案件线索的发现到调查取证、固定证据等，无不需要资金的支持。这些高昂的费用对社会组织而言是一个沉重的负担，阻碍了其提起环境公益诉讼的积极性。

与此同时，社会组织提起公益诉讼胜诉之后，被告支付的生态环境修复费用却不能支付给社会组织。根据《最高院环境民事公益诉讼司法解释》的规定，"人民法院可以在判决被告修复生态环境的同时，确定被告不履行修复义务时应承担的生态环境修复费用；也可以直接判决被告承担生态环境修复费用。生态环境修复费用包括制定、实施修复方案的费用和监测、监管等费用。"对于生态环境修复费用的用途，该解释做出了明确规定，主要是用于修复被损害的生态环境，"其他环境民事公益诉讼中败诉原告所需承担的调查取证、专家咨询、检验、鉴定等必要费用，可以酌情从上述款项中支付。"但是，对于该费用如何管理和使用，目前的规定并不明确。

对于生态环境修复费用的管理，目前实践中形成了以下几种模式：一种是政府管理模式，即直接上缴国库，统一预算和管理；另一种是社会组织参与模式，例如，贵州与公募基金会中国绿发会合作，把部分案子的判决费用交由中国绿发会代管，建立专项资金，用于贵州环境治理项目，昆明则是采取第三方运作的方式来管理生态修复费用。[②] 具体采用哪种管理方式，目前我国

---

① 杨康："首起环境公益诉讼成本超 200 万元"，载《湖北日报》2017 年 5 月 31 日。

② 南都社论："建立公益金制度，助力环境公益诉讼"，载《南方都市报》2017 年 6 月 7 日，第 AA02 版。

仍在探索中。

为了推动我国环境公益诉讼的顺利开展，建议成立专门的生态环境修复专项基金，把公益诉讼中涉及的资金纳入基金统一管理。首先，基金设立需要解决的是资金来源问题。一般而言，资金来源主要包括以下几个方面：财政拨款、公益诉讼中被告承担的生态环境修复费用和社会捐赠等。资金来源不同，涉及的管理方式也有所区别。"如果资金属于财政拨款，国家要承担管理责任；如果资金属于社会捐助及公益诉讼赔偿款，管理方式可以不同。"[1] 对于社会捐赠和被告承担的生态环境修复费用，可以通过设立生态环境修复专项基金进行管理。其次，基金管理过程中要实现信息公开。为保证基金合法合理的使用，完善的信息公开和管理、监督制度必不可少，具体包括：基金的管理主体、基金管理委员会成员组成、基金来源及使用用途、使用程序等都需要明确和公开；此外，还需要加强对基金管理的监督。在目前我国环境管理体制下，可以由环保部门作为主要监管部门，同时发挥社会监督的作用。再次，明确基金的使用用途。基金的主要用途应该用于生态环境的修复，同时，为了解决社会组织等主体在公益诉讼中负担过重的问题，公益诉讼原告在诉讼过程中承担的费用，一部分也可以由损害赔偿金或者修复资金来支付，支付费用需要有一个上限或者比例。[2]

（二）完善法律援助制度

在环境公益诉讼过程中，环境损害具有隐蔽性、潜伏性、复杂性等特征，环境公益诉讼呈现出极强的专业性，社会组织在证

---

[1]　蔡守秋："可尝试现有基金会管理生态环境修复专项基金"，载 https：// mp. weixin. qq. com/s，2016 年 11 月 25 日。

[2]　于文轩："从法律主体和资金用途看生态环境修复基金制度的完善"，载 https：//mp. weixin. qq. com/s，2016 年 11 月 25 日。

据收集、专业术语理解和法律规则应用等过程中存在种种困难。但根据《律师法》和《法律援助条例》的规定，法律援助的对象是"经济困难者、残疾者、弱者，或者经人民法院指定的特殊对象。"因此，按照法律规定，社会组织往往难以成为法律援助的对象。

目前，地方立法已有对公益诉讼提供法律援助的尝试。2017年8月1日开始实施的《南京市法律援助条例》把社会组织对环境污染、破坏生态等损害公共利益的公益诉讼纳入法援范围，从而实现了法律援助受援对象向社会组织的延伸。① 在社会组织提起环境公益诉讼动力不足、能力不够的现实条件下，建议把法律援助的对象扩大到社会组织等环境公益诉讼中的原告。此外，法律援助的范围并非局限于法律专业知识，还包括环境专业知识和损害鉴定等方面的援助②。

（三）胜诉人奖励制度

胜诉人奖励制度已经在国外立法和实践中得以确认和应用。美国在《防止欺诈请求法》中专门规定了"告发人诉讼"规则，对欺诈国家的行为，组织和个人有权以政府的名义提起诉讼，如果胜诉，原告将获得被告支付罚金数额的一部分作为奖励。③ 我国也应该在法律制度设计上将诉讼利益适当向原告人倾斜，构建起社会组织提起环境公益诉讼的激励机制。"原告胜诉奖励机制的设置不仅仅是为了激发适格主体提起公益诉讼的热情，更大的

---

① 范晓林："社会组织公益诉讼纳入法援范围"，载《扬子晚报》2017年7月28日。

② 颜运秋、罗婷："生态环境保护公益诉讼的激励约束机制研究"，载《中南大学学报（社会科学版）》2013年第3期，第46页。

③ 周晗隽、姚贝："环境公益诉讼激励机制比较研究——以美、印两国为参考"，载《环境保护》2016年第16期，第75页。

作用在于促进原告在诉讼中积极的作为。"①

　　社会组织提起环境公益诉讼的激励机制是一系列制度的结合，除了上述制度之外，还包括环境公益诉讼费用减免制度、诉讼启动的评价与奖惩制度等。同时，在进行环境公益诉讼法律激励的同时，仍然需要通过加强诉前程序、限制处分权等法律规则防止公益诉讼的"泛滥"。

---

　　① 颜运秋、罗婷："生态环境保护公益诉讼的激励约束机制研究"，载《中南大学学报（社会科学版）》2013 年第 3 期，第 47 页。

结　语

应对环境问题是环境法永恒的主题和使命。关于环境问题，分类很多，从人类对环境资源的行为方式来看，可以把环境问题分为两种类型：环境资源的过度使用与环境资源的生产供给不足。环境问题的解决应该从规制"过度利用"和激励"生产供给"两个方面入手，相应的环境法制建设也应该涵盖环境法的"正向构建"和"负向构建"两个方面。传统环境法在负外部性理论指导下，关注环境资源使用消费的抑制，忽视其生产供给的促进，这成为环境保护工作效果不佳的重要原因。本书正是从与传统外部性理论相反的视角——正外部性出发，以环境法律激励为主线，进行环境法的"正向构建"，构建起促进环境资源生产供给和环境利益维护的法律体系。

在行文过程中，笔者常常有这样的顾虑，主张增强环境资源的生产供给是否给人一种凌驾于自然之上的错觉，是否会成为人类征服自然、改造自然思想的翻版？当然，答案是否定的。促进环境资源的供给是在环境危机面前深刻反思之后的理智选择，它表达了人类对人与自然未来命运的深切关注和自觉安排。它和征服自然、改造自然思想有着本质的差别，无论"生产"还是"供给"都不是人类的"肆意妄为"，而是在充分尊重自然、遵守生态规律的基础上，采取技术上适当、经济上可行、社会能够接受的措施，增强和扩大环境和生态的自生能力和自净能力。目前，环境资源生产、供给已经在社会中大量存在并且形成了较为成熟的研究学科，例如，环境科学、生态恢复学、生态经济学等，它们研究的污染治理、生态系统修复、生态价值核算等技术成果已经在社会中广泛应用，这些新的社会事实给环境法提出了新要求，也为环境法制建设提供了新素材。

促进环境资源生产、供给是一种经济学语言表达，转换为法律语言便是对环境利益的维护和增进。环境问题的背后常常是经济利益与环境利益、个人利益与公共利益的冲突，作为"解决各种利益冲突，实现利益平衡"的法律规则，环境法除了具有利益限制的平衡功能之外，还有不可或缺的利益确认和利益增进功能①。面对公众日益增长的环境需求和实现社会可持续发展的人类夙愿，环境法的理念应该从"末端"向"源头"溯进，从"消极"向"积极"转变，从对环境利益的损耗与救济发展为对环境利益的促进与补偿，而这正是本书写作的主旨和落脚点。

环境资源生产供给和环境利益维护增进理念的提出体现了人类自然观和环境法义务观的嬗变，即从保护自然发展为改善自然、回馈自然。在人类从自然界大量索取导致人与自然关系恶化之后，人类提出了"保护环境"的要求，这当然不可或缺，但从语义学的角度分析，"保护"是一种较低层次的要求，其仅仅是使环境资源不受到损害，其目的是遏制环境的进一步恶化，但其内涵中并未包含使环境质量得以提高的积极作为的义务要求。在环境资源已经遭到严重破坏的现实面前，这样一种消极应对的义务要求显然已经难以适从，而"改善""回馈"的义务要求则需要行为主体通过采取积极的行动，做出有益于环境资源的行为并使其达到较之以前更好的状态、更高的水平，这正是环境资源生产供给和环境利益维护增进的题中之意。

当然，强调环境法的"正向构建"并非是对环境法"负向

---

①　钭晓东：《论环境法功能之进化》，科学出版社 2008 年版，第 73 页。

构建"的否定或忽视。其实，规制环境负外部性本身没有问题，对负外部性理论的应用也没有成为"过去式"，它将继续在我国环境法制建设中发挥作用。由于我国环境法已经存在大量的规制环境负外部性的法律规定，因此，本书不再对环境法的"负向构建"进行阐释，而是从正外部性视角出发，围绕如何发挥环境法的激励功能，进行环境法的"正向构建"展开论述。

环境法的"正向构建"任重而道远，环境法的"负向构建"仍需完善，无论"正向构建"的加强还是"负向构建"的完善，两者的共同目的都是实现"环境法制体系的协调"，促进环境质量的改善和提高。

参考文献

一、外文著作

1. ［英］戴维·皮尔斯、杰瑞米·沃福德：《世界无末日——经济学·环境与可持续发展》，张世秋等译，中国财政经济出版社 1996 年版。

2. ［英］杰里米·边沁：《论道德与立法的原则》，程立显、宇文利译，陕西人民出版社 2009 年版。

3. ［英］E. 马尔特比等：《生态系统管理——科学与社会问题》，康乐、韩兴国等译，科学出版社 2003 年版。

4. ［美］埃利诺·奥斯特罗姆：《公共事物的治理之道——集体行动制度的演进》，余逊达、陈旭东译，上海三联书店 2000 年版。

5. ［美］P. 诺内特、P. 塞尔兹尼克：《转变中的法律与社会：迈向回应型法》，张志铭译，中国政法大学出版社 2004 年版。

6. ［美］克鲁蒂拉、费舍尔：《自然环境经济学——商品性和舒适性资源价值研究》，汤川龙等译，中国展望出版社 1989 年版。

7. ［新加坡］黎莲卿、［菲］玛利亚·索科罗·Z. 曼圭亚特：《亚太地区第二代环境法展望——世界自然保护联盟/全球环境战略研究所/亚洲开发银行研讨会论文集》，邵方、曹明德、李兆玉译，法律出版社 2006 年版。

二、中文著作

1. 冯汝：《环境法私人实施研究》，中国社会科学出版社 2017 年版。

2. 丰霏：《法律制度的激励功能研究》，法律出版社 2015 年版。

3. 付子堂：《法律功能论》，中国政法大学出版社 1999 年版。

4. 巩固：《环境伦理学的法学批判：对中国环境法学研究路径的思考》，法律出版社 2015 年版。

5. 胡元聪：《外部性问题解决的经济法进路研究》，法律出版社 2010 年版。

6. 何艳梅：《环境法的激励机制》，中国法制出版社 2014 年版。

7. 贾丽虹：《外部性理论研究——中国环境规制和知识产权保护制度的分析》，人民出版社 2007 年版。

8. 刘国涛：《和谐社会之环境立法研究——生物自然力法制构建与农业实践》，知识产权出版社 2012 年版。

9. 刘建辉：《环境法价值论》，人民出版社 2006 年版。

10. 李郁芳、李项峰、蔡彤：《政府行为外部性的经济学分析》，经济科学出版社 2009 年版。

11. 李楯：《环境公益诉讼观察报告（2015 年卷)》，法律出版社 2016 年版。

12. 倪正茂：《激励法学探析》，上海社会科学出版社 2012 年版。

13. 秦鹏：《生态消费法研究》，法律出版社 2007 年版。

14. 史玉成、郭武：《环境法的理念更新与制度重构》，高等教育出版社 2010 年版。

15. 钭晓东：《论环境法功能之进化》，科学出版社 2005 年版。

16. 吴鹏：《"以自然应对自然"——应对气候变化视野下的生态修复法律制度研究》，中国政法大学出版社 2014 年版。

17. 王彬辉：《基本环境法律价值——以环境法经济刺激制度为视角》，中国法制出版社 2008 年版。

18. 张璐：《环境产业的法律调整——市场化渐进与环境资源法转型》，科学出版社 2005 年版。

19. 张怡、王慧等：《农业水土养护法律制度创新研究》，厦门大学出版社 2009 年版。

20. 卓泽渊：《法的价值论（第二版）》，法律出版社 2006 年版。

三、期刊文章

1. 蔡守秋：《从综合生态系统到综合调整机制——构建生态文明法治基础理论的一条路径》，《甘肃政法学院学报》2017 年第 1 期。

2. 陈德敏、董正爱：《主体利益调整与流域生态补偿机制——省际协调的决策模式与法规范基础》，《西安交通大学学报（社会科学版）》2012 年第 2 期。

3. 杜群：《生态保护及其利益补偿的法理判断——基于生态系统服务价值的法理解析》，《法学》2006 年第 10 期。

4. 邓禾、韩卫平：《法学利益谱系中生态利益的识别与定位》，《法学评论》2013 年第 5 期。

5. 冯嘉：《负载有度：论环境法的生态承载力控制原则》，《中国人口·资源与环境》2013 年第 8 期。

6. 郭武：《论中国第二代环境法的形成和发展趋势》，《法商研究》2017 年第 1 期。

7. 郭武：《论环境行政与环境司法联动的中国模式》，《法学评论》2017 年第 2 期。

8. 巩固：《守法激励视角中的〈环境保护法〉修订与适用》，《华东政法大学学报》2014 年第 3 期。

9. 巩固：《激励理论与环境法研究的实践转向》，《郑州大学学报（社会科学版）》2016 年第 4 期。

10. 胡元聪：《法与经济学视野中的外部性及其解决方法分析》，《现代法学》2007 年第 6 期。

11. 柯坚：《我国〈环境保护法〉修订的法治时空观》，《华东政法大学学报》2014 年第 3 期。

12. 李启家：《环境法领域利益冲突的识别与衡平》，《法学评论》2015 年第 6 期。

13. 李启家：《中国环境立法评估：可持续发展与创新》，《中国人口·资源与环境》2001 年第 3 期。

14. 李嵩誉：《生态优先理念下的环境法治体系完善》，《中州学刊》2017 年第 4 期。

15. 刘国涛、张百灵：《从"环境保护"到"环境保健"——论中国环境法治的趋势》，《郑州大学学报（社会科学版）》2016 年第 2 期。

16. 刘明明：《从"保护"到"回馈"——论环境法义务观的逻辑嬗变》，《中国人口·资源与环境》2009 年第 3 期。

17. 刘超：《环境修复审视下我国环境法律责任形式之利弊检讨——基于条文解析与判例研读》，《中国地质大学学报（社会科学版）》2016 年第 2 期。

18. 马波：《论环境法上的生态安全观》，《法学评论》2013 年第 3 期。

19. 史玉成：《生态利益衡平：原理、进路与展开》，《政法论坛》2014 年第 3 期。

　　20. 王树义、皮里阳：《论第二代环境法及其基本特征》，《湖北社会科学》2013 年第 11 期。

　　21. 王曦：《新〈环境保护法〉的制度创新：规范和制约有关环境的政府行为》，《环境保护》2014 年第 10 期。

　　22. 王灿发：《论生态文明建设法律保障体系的构建》，《中国法学》2014 年第 3 期。

　　23. 吴鹏：《生态修复法律责任之偏见与新识》，《中国政法大学学报》2017 年第 1 期。

　　24. 吴贤静：《生态文明建设与环境法的价值追求》，《吉首大学学报（社会科学版)》2014 年第 1 期。

　　25. 谢玲、李爱年：《责任分配抑或权利确认：流域生态补偿适用条件之辨析》，《中国人口·资源与环境》2016 年第 10 期。

　　26. 徐祥民、时军：《论环境法的激励原则》，《郑州大学学报（社会科学版)》2008 年第 4 期。

　　27. 徐全兵：《检察机关提起公益诉讼有关问题》，《国家检察官学院学报》2016 年第 3 期。

　　28. 周珂、竺效：《环境法的修改与历史转型》，《中国地质大学学报（社会科学版)》2004 年第 4 期。

　　29. 竺效：《论中国环境法基本原则的立法发展与再发展》，《华东政法大学学报》2014 年第 3 期。

　　30. 张怡：《创建"养护者受益"环保法基本原则》，《现代法学》2005 年第 6 期。

　　31. 张璐：《从利益限制到利益增进——环境资源法研究视角的转换》，《法学评论》2004 年第 3 期。

四、学位论文

　　1. 陈晓勤：《生态补偿法律制度研究》，中国政法大学硕士学位论文, 2010 年。

2. 林成:《从市场失灵到政府失灵:外部性理论及其政策演进》, 辽宁大学博士学位论文, 2007 年。

3. 孟庆磊:《环境责任论——兼对环境法若干基本理论问题的反思》, 中国海洋大学博士学位论文, 2008 年。

4. 蒙禹诺:《环境法视野下的环境利益本位论》, 西北政法大学硕士学位论文, 2016 年。

5. 皮立阳:《论我国第二代环境法的形成与发展》, 武汉大学博士学位论文, 2013 年。

6. 石声萍:《经济外部性问题研究》, 西南农业大学博士学位论文, 2004 年。

7. 杨琼:《环境外部性与环境法相关制度的构建》, 西南政法大学硕士学位论文, 2005 年。

8. 张祥伟:《中国环境法研究整合路径之探析》, 中国海洋大学博士学位论文, 2014 年。

后 记

本著作的主体内容是本人的博士学位论文。在追求学术梦想的道路上，我是一个幸运者，诸多良师益友给予我很多帮助和鼓励。

衷心感谢恩师蔡守秋先生！恩师长期耕耘于环境法学领域，他宽广博大的胸怀、勤奋执着的学术品格和宽厚豁达的人格魅力深深感染着我，对我的学术生涯和人生道路都产生深远的影响。衷心感谢武汉大学环境法研究所王树义教授、李启家教授、秦天宝教授、杜群教授、柯坚教授、张梓太教授等老师的帮助和支持！感谢各位同学的帮助和支持！

本著作是司法部法治建设与法学理论研究课题"正外部性视野下环境法的激励功能与制度研究"和山东省社科普及与应用重点研究项目"环境权益维护法律宝典——案例与图解"的成果，衷心感谢司法部和山东省社会科学界联合会领导们在项目立项、完成和结项过程中给予我的帮助和支持！本著作也是上海政法学院上海市高原学科法学环境资源法建设项目成果，衷心感谢上海政法学院对本项目的大力支持！衷心感谢有关专家、领导对项目的指导和肯定！

衷心感谢给予我帮助和支持的山东师范大学法学院的领导、老师和同事们！谢谢你们对本书内容提出的宝贵意见和对本书出版的支持!

衷心感谢知识产权出版社的领导和编辑们!谢谢你们的辛勤付出!

衷心感谢所有给予我帮助和支持的人!

张百灵

2017 年 6 月于泉城